金融瞭望译丛

"十二五"国家重点图书出版规划项目　　[瑞士] 布鲁诺·S.弗雷　著
当代财经管理名著译库
2013年度国家出版基金资助项目　　　　　熊毅　译

你幸福吗？一本开启民智的幸福书

APPINESS

Bruno S. Frey

A Revolution in Economics

真实幸福探秘

一场经济学中的革命性突破

东北财经大学出版社
Dongbei University of Finance & Economics Press

大连

ⓒ 东北财经大学出版社 2013

图书在版编目（CIP）数据

真实幸福探秘：一场经济学中的革命性突破／（瑞士）弗雷（Frey，B. S.）
著；熊毅译 . 一大连：东北财经大学出版社，2013. 3
（金融瞭望译丛）
书名原文：Happiness：A Revolution in Economics
ISBN 978-7-5654-1003-1

Ⅰ. 真… Ⅱ.①弗… ②熊… Ⅲ. 经济学-研究 Ⅳ. F0

中国版本图书馆 CIP 数据核字（2012）第 241321 号

辽宁省版权局著作权合同登记号：图字 06-2010-464

Bruno S. Frey，in collaboration with Alois Stutzer，et al. ；Happiness：A Revolution
in Economics

Copyrightⓒ2008 by Massachusetts Institute of Technology

东北财经大学出版社出版
（大连市黑石礁尖山街 217 号 邮政编码 116025）
教学支持：（0411）84710309
营 销 部：（0411）84710711
总 编 室：（0411）84710523
网 址：http：//www.dufep.cn
读者信箱：dufep @ dufe. edu. cn

大连图腾彩色印刷有限公司印刷 东北财经大学出版社发行

幅面尺寸：170mm×240mm	字数：222 千字	印张：15 3/4 插页：1
2013 年 3 月第 1 版		2013 年 3 月第 1 次印刷

责任编辑：李 季 王 玲 张士宏	责任校对：赵 楠 那 欣
封面设计：冀贵收	版式设计：钟福建

ISBN 978-7-5654-1003-1
定价：39.00 元

译 者 序

  现在的学术作品，曲高和寡者多如牛毛，而雅俗共赏者少似凤毛，得到著名经济学家梯若尔和伊斯特林力荐的本书，可归属为后者。作为阳春白雪的内行，可以来此看门道，本书具有学术性——严谨的方法，如实证分析、学科交叉；作为下里巴人的外行，也可来此看热闹，本书充满趣味性——百姓的话题，如升官、发财、婚姻、失业、涨价、看电视、当老板等经济因素，以及习惯、攀比等心理因素，它们对于幸福的影响。总之，无论何人，皆能从中各得其所、各得其乐，个中原因在于本书的主题和水平。

  若问世上任何人，想不想生活幸福，答案恐怕千篇一律。幸福是大多数人向往的最终生活目标，无论是达官贵族，还是贩夫走卒。然而，如此天大的一个问题，却没有受到主流学者的关注，甚是可惜。其实，在经济学的孕期，它就与人之幸福相依为伴。这一点有史为证，早先的经济学就是研究家庭管理的，如理想的婚伴标准是：白天忙里酬外，晚上人见人爱。萨缪尔森说过：经济学这个"睡美人"曾经遭受到两次强有力的"亲吻"，一次是数学，一次是凯恩斯。经济学作为人们幸福生活的"至爱亲朋"，却没有得到幸福研究的强有力"亲吻"，不能不说是一种缺憾。结果，缺乏幸福研究"关爱"的经济学，俨然成了一位冷艳犹雪、冷漠似霜的"冰美人"。经济学与幸福的疏离，致使经济世界怪象万千，信手拈来就有：为增长而增长的"破窗理论"、"挖沟经济"，有增长无发展的"发展病"、"拉美病"，有增长无幸福的"鲍莫尔病"、"尹斯特林悖论"、"政绩工程、形象工程"……其实，诸如此类问题，若用幸福研究的目光审视一番，我们必会眼前一亮，甚至，大到新古典经济学与凯恩斯经济学的理念纷争，若能放在幸福的天平上一称，想必也可免去不少舌战笔争。

本书作者布鲁诺·S. 弗雷是一位幸福研究的行家里手，用伦敦经济学院教授理查德·莱亚德勋爵的话说，他是该领域的世界级权威。弗雷先生著述颇丰，领域极广。本书是其又一力作，是对先前幸福研究的进一步拓展和深化。弗雷教授的研究思维严谨、视野辽远、富有创见，这也使得本书呈现以下几个特点：

一是强调实证分析。本书的分析绝非黑板经济学那样，玩的是从概念到概念的把戏，而是注重经验研究，以调查数据为"原料"，利用计量经济学"机器加工"，所生产的学术产品实用可信。作者反复强调：本书的创见是经验证据证明，而非纯粹理论推测。这也是本书译作《真实幸福探秘》的原因。本书介绍的数据收集方法，对于经济学家来说，也很有启发性。其实，单纯运用依据这些科学方法收集的数据，就可证明理论的正确与否（如本书中对投票悖论的否定），就可扩展经济学实证研究的空间。特别值得一提的是，作者对因果关系方向反复强调，这点特别重要，因为它不仅涉及政策的切入点和有效性，而且也告诉我们一定要将相关性和因果性区分开来。两者不分在当下仍较多见，特别是在有关中国经济史的文章中更是常见。常态的玩法是，大量史料的罗列和堆积之后，突然得出结论，没有对数据的计量分析，缺乏相关性和因果性之分，缺乏实证（事实）和规范（愿望）之别，结论自然是自娱自乐，结果正如伏尔泰所言："历史成了活人玩弄死人的纸牌游戏。"

二是注重学科交叉。弗雷书中广泛引入了心理学的成果，如适应效应、比较效应、自我决定、预测错误、自我控制、记忆、愿望、直觉等理论。人的幸福作为一种主观心理感受，必然涉及心理学的方方面面，单纯进行经济分析难免片面，甚至难以解释行为的心理动因。如果能汲取其他学科的养分，特别是心理学的养分，无疑分析也会更有说服力。就如本书所言：在人们的消费过程中，快乐适应过程与社会比较，甚至竞争过程形成了补充。作为其结果，储蓄率往往取决于收入分配中的百分数位置，而不像传统的储蓄函数那样，单独取决于收入水平。本书也体现了经济学发展的一个方向。经济学和心理学的"联姻"，是学术之幸，它们优良的"学术基因"，是学术"优生优育"的途径，经济学与心理学"杂交"所生的"混血经济学"，必定身壮体健，容美貌俊，可亲可近。

三是展示学术创新。尽管本书并非宏幅巨制，但是，就其学术性来说，犹如希克斯的《经济史理论》，堪称一本薄薄的巨著。作者提出了很多令人耳目一新的概念或视角，如程序效用和结果效用的区分，产品的内在属性和外在属性、位置外部性等等。作者对广为人知的"痛苦指数"的批评，也很有见地。特别是作者一再强调，经济学中的效用概念，完全可用心理学中的主观幸福感来测量。由此，就彻底颠覆了效用不可测量的传统观点，这也是本书声称的革命性的缘由所在。如果针对效用的理解和测量问题解决了，我们就可以对许多理论进行检验，由此必然促使更多的数量分析进入经济学，必将对很多理论产生难以估量的影响。另外，作者提出的"FOCJ"也是一个极富冲击力的概念，但是，对此恐怕世人难以接受。

本书的很多见解，对于扭转当下中国经济增长而快乐并未同比增长的困境，也很有现实意义。例如，如何看待目前收入分配差距悬殊的问题，依据弗雷观点，收入分配并非简单的结果问题，也是一个程序公平的问题。如果社会给每个人都提供了公平的机会，这种机会可以让每个人获得成功和变得富裕，那么即使收入差距再大，问题也不大；反之，问题就会非常严重。再如，政府质量（如诚实、治理效率、能力、监管效率、法治、极少腐败）和制度质量，二者要比经济增长和生产率提高，对于人们幸福感的影响大得多。据计算，民主制度增加 1 分，相当于个人年收入增加 4 500 美元。如此看来，国人幸福感的增加，当务之急是要使分配程序公平，要让社会流动顺畅，提高政府质量和制度质量。总之，对于增进国人幸福，书中拥有很多可资借鉴的见解。

人生蒙幸，有机会翻译世界顶级权威的作品。说起这次翻译，还有一段花絮，它所弥散的芬芳，将成为我人生美好的回忆。2011 年的 9 月底，在辽宁大学召开的一次全国性学术研讨会上，我提交了一篇论文《让国民快乐：中国经济增长有余而发展不足的一个选择》。很幸运，会议期间，小文被参会的《经济学家》杂志编辑杨锦英看中，很快就被刊载在第 11 期上。之后不久，我就接到了东北财经大学出版社李季主任的翻译邀请，事情就是这样偶然、突然。当然，我很高兴，也很为难。高兴的是，我早对时下国人苦闷之因饶有兴趣，由此正好满足了我的学术偏好。为难的是，一方面囿于造诣，难载重托，尽管我登过文章，出过专著，尽管我是经济学人，也是社会心理学票友，还是法律执业者，然而我却未曾于译海扬帆远航；另一方面时间不裕，难保品质。我一直认为，无论是写作还是翻译，品质都是时间的增函数。所以，如果本书存在不足，首因当是术业不精，次因确是时间太紧。但是，可以聊以自慰的是，在术业和时间双重约束下，为了不致过分荒腔走板，遗珠失玉，本人尽了最大努力。

翻译一个交叉学科，遇到的问题和困难自是不少，如非经济学理论较多，由此需要耗费大量的时间思考和查找资料，这也反映在本书中译者注较多上，它们主要是针对心理学方面的内容。当然也有这样的考虑，本书的最适对象乃经济学人，他们大多对心理学有隔行如隔山的感觉，因此我也希望借助译者注，提升同行的心理学兴趣。我经常阅读译作，一个很大的感触就是翻译腔太重，句子太长，因此在本书的翻译中，本人尽量依据汉语的阅读习惯，安排句位，缩短句长，调整句意。简单地说，尽量依据自己的理解追求文辞的"达"；坦率地讲，不知如此是否失去原文的"信"；遗憾的是，时间紧迫难以神形皆"雅"。不过，对于尚需化蛹为蝶的拙译，不足之处，欢迎读者"说三道四"，大家可通过电邮方式（369xiongyi@sina.com），"指手画脚"，评头论足。

最后，在即将结束首次译海扬帆之际，除了感谢给予我帮助的、遥居深圳的女儿熊梦雅，我还要表达两个真切的心愿：

一是衷心地希望，本书中，有关幸福的真知、有关幸福的箴言，能给所有的读者的人生，增抹一片玫瑰般的色彩。

二是特别地感谢，东北财经大学出版社的李季，感谢她的殷殷邀约，感谢她的深深信赖。由此，我才能在迎春的隆隆花炮中，在暖春的阵阵花香中，以西文为媒，与作者为伴，默默地展开心房对话，静静地享受心流体验。

熊 毅

2012 年 5 月 18 日于武昌阅马场

前　言

　　经济学正在经历非同寻常、全然一新的发展，这种发展甚至可以称之为革命性的发展。将来，这种发展很有可能极大地改变经济学。然而，与此同时，由于根深蒂固的知识体系隔阂，我们的学科却持有一种保守的偏见，而且是一如既往地持有这种偏见。时至今日，经济学的核心依旧被非常普遍地应用，在世界各地，经济学的原理还在一成不变地讲授。如此这般，虽然方便了学者之间的交流，但是，对一种知识奉若神明般地顶礼膜拜，会产生一个非常不幸的后果，那就是很难接受与现有理论不一致的新思想。

　　从某种程度上说，幸福研究是一个例外，它的研究成果正被逐渐地吸收到标准经济学理论之中。事实证明也的确如此，有关幸福的研究已经成为学者们热衷的一个话题，特别是在年轻的经济学者之中。

　　幸福经济学研究取得的革命性突破，可以说表现在以下三个方面：

一、效用测量

　　幸福（happiness）或生活满意度（life satisfaction）作为一个可测量的概念，让我们能够将其作为效用概念的代表，并且这种代表方式还获得了令人满意的效果。然而，我们这里提出的观点，与曾经的一场经济学革命所提出的观点，两者是针锋相对的。当时，这场革命发生在 20 世纪 30 年代，约翰·希克斯爵士（Sir John Hicks）、莱昂内尔·罗宾斯勋爵（Lord Lionel Robbins）和其他人声称，效用不可能测量，并且也不需要测量。应该说这场革命是一个很大的进步，它为微观经济学的运用开辟了广阔的道路，而且

这种运用是卓有成效的。目前，它不仅可以用来分析经济问题，而且也可以用来分析远远超出经济学范围的问题，并且是广泛地分析这些问题。但是，自从 20 世纪 30 年代起，情况发生了戏剧性的变化。心理学家教会了我们如何测量幸福，由此，就将丰富多彩的现实生活填进了经济学的效用概念之中。尽管这些测量方法还不是非常理想，当然，肯定也不会非常理想，但是，它们依然可以应用到经济、政治和社会问题的分析之中。而且这种运用是行之有效的。与此同时，测量体验效用（experienced utility）[①] 的方式本身也在持续不断的改进。

　　通过测量人们的主观幸福感（subjective well-being），我们可以得到大致的体验效用，这种效用能让我们拓展经济理论，并将它运用于一些新的领域。特别重要的是，它能让我们分析很多的决策错误。标准经济理论往往将两种不同的效用等同起来：一种是在消费束（consumption bundles）之间做选择时，人们所期望的效用；一种是在实际消费时，人们所体验的效用。并且认为，人们总是能够正确地追求自身效用最大化，仅仅只在一个随机的情况下才会犯错误。与此相反，幸福研究表明，当人们在多种选择中做出最佳决策时，往往会犯系统性的错误。例如，人们常常错误预测了这样一种效用，也就是从未来消费中获得的效用。表现在，他们高估了未来一个较高收入带来的满足感，低估了人们从非物质方面获得的效用，诸如友谊和社会关系等。作为这些错误判断的结果，他们发现自己的生活满意度较低，也就是低于他们依据自己的评价本可获得的生活满意度。与此相似，当人们受制于重要的自我控制（self-control）问题时，他们得到的效用也是较低的。例如，当他们被诱导观看了较多的电视时，也就是多于他们认为自己本该观看的电视时，结果也是如此。

　　一些经济学家已经指出，在标准经济理论中，对于人们日常行为的分析，也可能存在着上述偏差，但是，这种见解却没有影响到经济学原理。如

---

　　① 1997 年，Kahneman、Wakker 和 Sarin 三人在前人研究的基础上，把效用进一步区分为决策效用（decision utility）和体验效用（experienced utility）。决策效用是指决策处理过程中的主观感受。体验效用是由特定的刺激所产生的主观感受——译者注。

果运用幸福研究成果，它不仅可让我们知晓这些行为的特点，而且也可运用实证方法分析这些行为。而如果运用标准经济理论，也就是扎根于显示性偏好土壤中的标准理论，则不可能分析这些行为，因为这种理论假设，观察到的人们的行为就是他们计算效用最大化的结果，在这种计算中，人们不会犯任何错误。

二、崭新见解

幸福研究告诉我们，人们是如何评价产品和服务的价值的，以及他们是如何评价社会状况的价值的。特别重要的是，这些评价可以用来分析很多经济因素对人们幸福感的影响，包括收入、失业等经济因素。这些全新的见解超越了标准的经济学，表现在非物质价值方面，例如自主的价值和在家庭内、外社会关系的价值。

幸福研究成果表明，同标准经济理论中奉若神明的个人评价相比，幸福研究中的个人评价要更为广泛。最为重要的是，幸福研究中的个人评价表明，人们不仅可以从收入中获得效用（就像现有理论中，很多内容所表明的那样），而且也可以从良好的社会关系评价和自我决定（self-determination）① 中获得效用。同样，还可以从发挥他们的能力中获得效用。此外，人们不仅仅只从结果中获得效用，而且常常也可从过程（processs）中获得效用。

三、政策建议

幸福研究提出了许多政策建议，这些政策建议偏离了原有政策，也就是以标准经济学为基础制定的政策，而且这种偏离是非常显著的。幸福研究显

----

① 自我决定理论（self-determination theory，SDT）是20世纪80年代，由美国心理学家Deci和Ryan等人提出的。作为一种关于人类自我决定行为的动机过程理论，自我决定理论强调人类行为的自我决定程度，认为社会环境可以通过支持自主、胜任、关系三种基本心理需要的满足，增强人类的内部动机，促进外部动机的内化，促使人类健康成长——译者注。

示，现行经济政策以增加收入为目标（或用平均水平表示，或用国民生产总值增长率表示），这个目标常常隐含在现行经济学之中，甚至明确地体现在当前经济学的假定之中。从可持续发展方面来说，设置这个目标不是一种增加效用有效的方式。在较高收入带来的最初效用增加中，其中的相当一部分很快就会消失。人们对较高收入适应得非常快，由此，又会导致更高的收入愿望。此外，人们还常常将自己同他人进行比较。因此，人们并不是在绝对意义上评价收入水平，相反，正是在相对意义上评价这种水平。

幸福研究特别强调，就业和闲暇对个人幸福感的影响非常重要，这种强调远比标准经济学多得多。此外，这种研究还明确考虑了影响幸福的诸多决定因素，包括遗传基因、社会人口统计、文化和政治等方面的因素。作为这种考虑的结果，人们可从中获得很多全新的见解，也可更好地理解，政府的政策是如何影响人们的幸福感的。幸福研究提出的增加人们生活满意度的建议，包括提高最低休假福利（增加闲暇时间，从一年两周增加到一年四周），也包括其他的特别政策，诸如控制电视广告和减少人们过多的地理性流动等。在立宪设计层面上，幸福研究有助于法律制度的构建，以便这种制度能够让人获得最高水平的幸福感。幸福研究还提出，扩大政治参与权和分散国家的政治决策权，对于增进人们的生活满意度，有着非同小可的影响。

通过对以上提出的三个主张的证明，我们进而提出这样一种观点，也就是一场经济学革命正在进行。需要强调的是，本书提出的重要观点，不是建立在纯粹的理论推导基础之上，而是建立在经验证据证明的基础之上。

本书的第一篇追踪经济幸福研究方面的主要发展：这种研究为什么值得做？这种研究与标准经济理论中使用的效用是什么关系？这一篇也证明了我们获得的一些全新见解，这些重要的见解是，下列这些经济因素对人们幸福感的影响，包括收入、失业、通货膨胀和收入分配等。

本书的第二篇通过关注这样一些问题，从而把上述研究进一步引向深入。截至目前，这些问题要么被学者忽略了，要么被学者用许多不同方式研究过。这些探讨的问题包括民主和联邦制、自我雇佣和志愿工作、观看电视（这已经成为现代人主要的活动之一）。除此之外，本部分研究还证明了下面几个问题：通过考虑程序效用（procedural utility）（超越标准经济学中使用的结果效用），了解效用概念是如何被赋予了一个崭新的生命的；在丰富多彩的消费类型中，人们是如何错误地预测了未来消费效用的变化趋势的（这种效用有时被高估，有时被低估）；对于一种采用经验测量公共品价值的新方法（作为一种传统自愿付费方法的补充），它到底有哪些特点。

本书的第三篇探讨幸福研究对于政策的重要性。媒体和"积极心理学"（positive psychology）运动①已经运用了这些探讨的成果。然而，我们依然需要保持高度的谨慎，不要成为"仁慈的独裁"（benevolent dictator）方法的牺牲品，这种方法极力想告诉人们如何实现幸福，并强迫人们采取相应的行动。我们宁可说，政府的作用应该只是创造条件，以便人们通过自己的选择能够获得和保持幸福。在增加人们幸福感的过程中，令人满意的政治制度，特别是分散的公共决策制定权和直接的政治参与权，是非常重要的条件，发挥着非常关键的作用。

本书的最后一部分得出了一个结论，经济幸福研究是经济学上的一次革命性突破。然而，尽管我们已经取得了大量的成就，但是，就未来的研究来说，这个领域仍然是广阔、开放的处女地。

本书不是对幸福研究的概述，这方面工作已经有人做过。虽然我们正在见证一场革命，但是，要给予这场革命非常充分的解释，也还不大可能。目前，做出这种解释还为时尚早，如果参与者太专注于这种解释，他就难以保持足够的客观。确切地说，本书力图证明的是，在经济学中，进行幸福研究到底可以实现什么。

在很大程度上说，本书是建立在一个研究团队工作的基础之上的，这个团队与我在苏黎世大学经济学实证研究所（the Institute for Empirical Research in Economics at University of Zurich）的职位相联系。因此，这个团

---

① 20世纪末，在美国掀起了一场积极心理学运动，这场运动以塞利格曼和奇克森特米海伊（Seligman and Csikzentmihalyi）的《积极心理学导论》的出版为标志。由于他们以人的积极力量、善端和美德为研究对象，强调心理学不仅要帮助那些处于"逆境"中的人，让他们知道如何求得生存并得到良好发展，更要帮助那些处于正常环境下的普通人，让他们学会如何构建高质量的社会和个人生活。因此，这场运动一出现就吸引了心理学界众多人士的目光，并很快成为一种世界性的心理学运动。伴随着西方积极心理学运动影响的日益扩大，许多人把这场运动称为一场心理学的革命，一种心理学研究范式的转变——译者注。

队的所有成员，他们都应该列为本书的共同作者。在本书的所有论文中，除了一篇之外，我只是所有作者中的一位共同作者。在我们的共同研究中，苏黎世团队工作的特点，可以表现在如下几个方面：

＊ 研究工作是高度跨学科的。特别重要的是，不仅介绍了许多出自心理学的见解，而且也介绍了出自政治科学和社会学的见解，它们也发挥了重要的作用。

＊ 研究成员一致认为，如果自己的研究背离了标准经济学，那么，只要这种背离是有利于研究的，他们宁愿作出这种背离。

＊ 研究工作是经验性导向的，尽管我们认为理论是非常重要的，但是，仅有理论是远远不够的。

＊ 甚至在证据（因为它们是以事例形式说明的）仅仅只是初步的情况下，研究成员还是准备提出一些政策结论。

能够带领苏黎世团队工作，这是一个令人激动的经历，并且使我异乎寻常的激动。在此，我要特别感谢我的长期合作者——阿洛伊斯·斯塔特勒（Alois Stutzer），[①] 在幸福研究方面，他是一位应用实证分析的大师。他非常和蔼可亲地审阅了整个手稿。尽管如此，我个人依然要对本书的任何错误负责。

在世界各地的许多会议和演讲中，本书的很多部分已经公开发表过。2005 年，慕尼黑大学的 CESifo 授予我杰出会员的荣誉。在这次授予仪式上，我发表了演讲，本书主要思想的发展就与这次演讲有关。在发展基金（progress foundation）的资助下，在奥地利的施瓦曾伯格（Schwarzenberg, Austria），举办了有关幸福研究的跨学科会议，这次会议的讨论也让我获益匪浅。

在本书的写作过程中，克里斯廷·贝尼希（Christine Benesch）给予了我技术上的支持。我要特别感谢罗斯玛丽·布朗（Rosemary Brown）、罗斯玛丽·菲茨杰拉德（Rosemary Fitzgerald）、西利亚·安吉（Silja Ang）和伊

---

① 阿洛伊斯·斯塔特勒（Alois Stutzer）为苏黎世大学教师，他与本书作者合著的《幸福与经济学》一书，已由北京大学出版社于 2006 年 9 月出版，读者可参阅——译者注。

莎贝尔·埃伦伯格（Isabel Ellenberger），是他们改进了我的英语水平，检查了我的原文。

布鲁诺·S. 弗雷（Bruno S. Frey）

目　　录

第一篇　幸福研究的主要发展

第1章　关于幸福研究/3

  1.1　为何研究幸福？/4

  1.2　文献/15

第2章　幸福与效用的关系/17

  2.1　客观效用和主观效用/17

  2.2　测量个人幸福的方法/20

  2.3　评价/27

第3章　收入对幸福的影响/31

  3.1　幸福与收入差异之间的关系/32

  3.2　收入和幸福随时间变化/44

  3.3　国家之间的收入和幸福差异/47

第4章　失业对幸福的影响/51

  4.1　个人失业/52

  4.2　失业的整体影响/59

第5章　通货膨胀和不平等对幸福的影响/62

  5.1　通货膨胀/62

  5.2　不平等/65

第二篇　进一步的幸福研究

第6章　公共领域/70

6.1　民主制度/70

6.2　联邦制/79

第7章　自我雇佣和志愿工作/82

7.1　自我雇佣产生的幸福/83

7.2　志愿工作者的幸福/92

第8章　婚姻和幸福/101

8.1　婚姻理论/101

8.2　实证分析/103

8.3　结论/107

第9章　观看电视/109

9.1　电视过度消费/111

9.2　文献/113

9.3　估计结果/116

9.4　结论/123

第10章　程序效用/124

10.1　概念/124

10.2　程序效用的来源/129

10.3　经济领域中的程序效用/131

10.4　政治和社会领域中的程序效用/134

10.5　程序效用与结果效用之间的关系/141

10.6　结论/145

第11章　错误预测效用/147

11.1　错误预测效用的来源和结果/148

11.2　为何没有或极少有人学习？/157

11.3　影响/159

第12章　公共品价值/161

12.1　测量方法/151

12.2　比较可选择的方法/163

12.3　恐怖主义对生活满意度的影响/166

12.4　结论/169

第三篇　幸福研究对于政策的重要性

第13章　幸福政策/173

13.1　大众媒体/173

13.2　"积极心理学"/176

13.3　经济政策/177

13.4　政府应当承担国民幸福指数最大化的责任吗？/183

13.5　应当增加税收减少位置外部性吗？/195

第14章　幸福和政治制度/203

14.1　直接政治参与权/204

14.2　分散的政治决策/217

第15章　一场经济学革命/227

15.1　方法/228

15.2　理论/229

15.3　政策/230

15.4　革命只是开始/232

第一篇

幸福研究的主要发展

第 1 章我们提出，关于幸福的研究是非常重要的，因为大多数人的主要目标就是生活幸福。虽说有关个人幸福感的研究，有助于改善人们生活的诸多方面，但是，它最适用于以下这些目的：研究什么条件有助于增进个人幸福感；理解人的行为选择，并检验针对这些选择所做的解释；研究人们的偏好变化和社会的相互影响；分析有关行为引起的幸福结果；探究幸福到底是原因还是结果（例如，是失业让人不幸福，还是不幸福的人更容易被解雇?）；解释经验性观测与标准经济理论的差异（例如，为什么人均收入增加，幸福不一定增加）。最后，幸福研究对于制定经济政策也是大有裨益的。对于目前的决策来说，掌握许多决定幸福因素的相对重要性（例如，当需要在较高通货膨胀和较低失业之间选择时），这是非常有用的。幸福研究还有一个更为重要的方面，就是它有助于回答这样一个问题，哪些制度能够增加人们的生活满意度。

第 2 章抛弃了标准经济学的观点，这种观点认为，效用既不可能测量，也没必要测量。现在，通过测量人们的主观幸福感，我们可以用许多方法表示效用。其中，最为杰出的一种方法，就是全球生活满意度调查评价。表示效用的方法多种多样，从评价人们日常生活的幸福经历到大脑扫描。

第 3 章致力于分析收入和幸福之间的关系。在人们生活的社会中，较高的收入与较高的主观幸福感之间，两者有着非常显著的关系。然而，特别重要的是，较高收入是从相对意义上来说的，而非从绝对意义上来说的。这可归因于社会比较和适应两个效应①。依据这两个效应，较高的收入会导致人们进行愿望向上的调整。作为这种调整的结果，随着时间的推移，较高的人均收入对于幸福有着极少影响，或者根本就没有影响。人们的愿望常常是不稳定的。尽管在不同国家之间，较高的平均收入与较高的平均幸福之间存在着联系，然而，在世界各地，同样贫穷的国家之间，主观幸福感方面的差异却非常大。在一些人均收入的阈值（threshold）上，就人均收入和主观幸福感的关系而言，两者之间仅仅存在一个弱的正相关关系。

第4章关注失业和幸福之间的关系。最有说服力的，也是最为普通的研究成果之一，就是失业的人常常比就业的人拥有更少的幸福。即使考虑到失业者相对较低的收入水平，这种结果依然不变。由此表明，失业的精神成本和社会标准是很重要的。在社会存在失业的情况下，即使人们自己没有失业，他们的整体幸福感也会受到影响。失业对于经济和社会有着更为广泛的影响。

第5章分析通货膨胀和不平等对幸福的影响。运用国际横截面（cross-section）和时间序列（time-series）数据进行的研究表明，价格上涨对人们的幸福感存在着消极的影响。关于收入不平等影响的差异，存在一个有趣的研究成果：同样有着收入不平等问题，欧洲人的幸福感减少了，而美国人的幸福感却没有减少。这可以归因于美国人持有的一种信念（也可能是一种幻想）：在他们的社会里，存在着向上的社会流动性，而且这种社会流动性是如此之大，以至于穷人也希望从将来较高的收入中获益。

---

① 在社会心理学中，社会比较和适应效应可以说是两个最重要的效应——译者注。

第 1 章

关于幸福研究

幸福被认为是很多人生活的终极目标，事实也的确如此，实际上每个人都想生活幸福。美国殖民地时期的独立宣言，就把"追求幸福"当作人的一项"不可剥夺的权利"，并将拥有这项权利视作不证自明的公理加以规定，而且还将这种权利与生命权和自由权等量齐观。20 世纪 80 年代后期，不丹（Bhutan）的第四代国王吉莫·辛吉·旺楚克（Jigme Singye Wangchuck）也明确地表示，要将增加"国民幸福总值"（gross national happiness）① 作为一个具有指令性的原则，在他的国家加以执行（Ura and

① 1972 年，不丹国王吉莫·辛吉·旺楚克提出，要自力更生地发展经济，保持不丹的主权和独立，并且创造性地提出了由政府善治、经济增长、文化发展和环境保护等四项内容组成的"gross national happiness（GNH）"指标，强调政府应该关注幸福，并以实现幸福为目标。该理论受到国际社会的高度关注，成为美国、日本等一些国家研究机构和专家学者非常感兴趣的经济学课题——译者注。

Galay 2004)。

经济学是——或应该是——关于个人幸福的学问。特别是在涉及以下问题时，更是如此：经济增长、失业、通货膨胀、不平等以及良好的制度（例如，良好的治理）等。这些问题，是如何影响个人幸福的？

长期以来，经济学一直将收入作为人们福利水平的合适代表，不过，这种代表是不完全的。关于幸福的研究显示：自陈的主观幸福感（reported subjective well-being）是一种更好的个人福利测量。"自陈的主观幸福感"是一个心理学中使用的科学术语，心理学家用它来反映个人评价的程度，这种评价是针对他或她体验的积极和消极影响、幸福或生活满意度的。对于影响、幸福或生活满意度三种说法，它们各自有着不同的含义。无论何时，只要是进行专门的实证研究，我们就应该使用精确的术语。然而，在文学上，幸福、福利和生活满足感等说法，它们一般是可以替代使用的。

1.1 为何研究幸福？

对于幸福问题的研究，经济学家除了天生就饶有兴致之外，他们还有各种重要的理由沉浸其中。

1.1.1 确定幸福的决定因素

在日常生活中，人们为何体验到了某一水平的生活满意度？幸福取决于很多因素。因此，幸福研究最为重要的工作之一，就是找出影响个人和社会福利的因素，它们的影响程度有多大。[①] 有一点需要特别的强调，经济幸福研究并不限于研究经济因素对主观幸福的影响。事实也的确如此，幸福研究最重要的成果之一，就是发现人们生活中非物质方面的因素——特别是存在

---

① 这是一个贯穿本书的主题。特别强调了收入（第3章）、失业（第4章）、通货膨胀和不平等（第5章）、民主和联邦主义者（第6章）、自我雇佣和志愿工作（第7章）、婚姻（第8章）、观看电视（第9章）和恐怖主义者（第12章）。

于家庭成员、朋友和邻居之间的社会关系——对于幸福是非常重要的。[①] 幸福研究致力于定量分析各种影响因素的相对重要性，包括基因、性格、社会人口统计、经济、文化和政治等因素的相对重要性。在很大程度上，决定主观幸福感的基因和性格因素，超出了经济学研究的领域，但是，在经济学中它们仍然是非常重要的，因为至少计量经济学估计的其他决定因素的影响精度，要取决于可能混杂其间的人格差异作用。然而，研究——就如哈里维尔（Helliwell 2006b）研究的那样——提出，人口统计、经济和政治等因素对于幸福的影响，并没有受人格差异很大的影响。不过，牢记文化差异是很重要的，也就是说，在不同文化之间，不仅特定文化的幸福含义不同，而且幸福的动机和预言也不同（Uchida, Norasakkunkit, and Kitayama 2004）。同样，需要记住的是，不同社会对于幸福的解释，也可能有着长短不一的尺度。

1.1.2 理解幸福的性质

人们将幸福作为自己生活的最终目标，这种说法并非毫无争论。幸福不一定是人们生活的唯一重要目标。社会生产函数理论（social production function theory）（Lindenberg 1986，1990；Lindenberg and Frey 1993）就确定了两个最终目标，它们是所有人都追求的最优目标（身体健康和社会福利），还确定了五种工具性目标（刺激、舒适、身份地位、行为确认和情感），通过它们来实现最优目标。其他学者——其中莱福（Ryff 1989）和莱恩（Lane 2000）——认为，诸如责任、个人成长、生活目的、人们对于环境的掌控、自我导向和对他人的忠诚等，这些价值也是很重要的。还有一些学者认为，长期幸福就如资本品一般重要，诸如健康、娱乐或营养等（Kimball and Willis 2006）。一些自由主义思想者认为，个人自由甚至比幸福还要重要，甚至认为人们应该有权利选择不幸福。这种观点或许有些道理，人们不应该变得过于踌躇满志，不应该保持强烈的愿望而变得贪得无厌。从

---

① 有关"关系商品（relation goods）"，参见布鲁尼和波尔塔（Bruni and Porta 2007）或吉和萨格登（Gui and Sugden 2005）。一个较高水平的如此社会资本（Putnam 2000）表明，它在相当大的程度上增加了生活满意度（Helliwell and Putnam 2005；Björnskov 2003；经济合作与开发组织 2001；Powdthavee 2007）。

这个意义上讲，不幸福甚至可能是有收益的。

幸福不是一个静态的目标，这个目标不是人们仅凭愿望就能达到的。幸福是一种"美好的生活"（good life）（幸福 eudaimonia① 或公民幸福，就像亚里士多德阐述的那样）的副产品，这种"美好的生活"可以让人长久地满意。那些企图通过有目的的行动收获幸福的人，恰恰是难以获得长久幸福的。进化理论告诉我们，人类并没有进化成越来越幸福，进化只是提高了人类的生存和繁衍能力（Camerer 2007；Camerer，Loewenstein，and Prelec 2004；Rayo and Becker 2007）。

尽管存在着诸如此类的保留，但是，毫无疑问，在大多数人的生活当中，幸福还是压倒一切的目标。不信，如果这个问题从反面提出来，那么，我们就会看得更加清楚：在生活中有谁真的愿意不幸福？无论如何，告诉人们丰富多彩的行为和他们幸福感之间的关系，这种知识是非常重要的。但是，他或她想怎样利用这种知识，他或她想在什么程度上利用这种知识，对于这些问题，还是应该留给每个人自己来考量。

有关幸福的三个概念或者说层面，我们可以有效地加以区分（Nettle 2005）：

人们喜悦和快乐的瞬间情感，涉及心理学上积极和消极的影响。这些情感常常被称为"幸福"。

人们对于生活的总体满意情况，常常称为"生活满意度"。

人们通过发掘和实现自身潜力所达到的生活质量，被称为 eudaimonia 或"美好的生活"。

另一个问题是，运用"自陈的幸福感测量"（self-reported measures of well-being），是否可以获得人们的瞬间幸福水平？就人们自陈的主观幸福感来说，实际体验的快乐和对于这种快乐体验的准确评估之间，存在差异吗（Schooler，Ariely，and Loewenstein 2003）？有时，人们会全身心地投入到富有挑战性的活动之中，并从中获得极大的身心愉悦体验，这时，他们就会完

---

① eudaimonia 希腊文，意为幸福——译者注。

全沉浸在一种"心流"体验之中①（Csikszentmihalyi 1990）。当人们处于这样一种状态时，他们不仅不会评价自己的主观幸福感，而且也不能自陈自己的主观幸福感。这就意味着测量瞬间效用的方法存在着缺陷。对于自陈的主观幸福感和测量的生理幸福之间的关系，当我们能够知晓得更多时，我们就会获得一些全新的见解。随着时间的推移，不同人的幸福之间存在着相关性，这种相关性能够让我们运用不同的参照系研究人们的幸福。采用生理测量的时间序列方法，将容许我们做出这样的评估，随着时间的推移，人们是否会改变自陈幸福的参考标准。鉴于目前幸福测量方法可能存在的缺点，必须牢记在心的是，对于幸福数据质量的要求，取决于数据的预定用途。当需要测量幸福时，我们应该考虑这种测量到底是用于什么。在很多情况下，甚至不完善的幸福测量也是有用的。除此之外，用来测量人们幸福感水平的概念具有选择性，幸福数据质量也应当与这些可供选择的概念进行比较。

对于经济学来说，幸福研究能否取得成功，取决于研究成果进入现有经济理论的程度。将来，幸福研究要想对经济学的核心做出贡献，看来可以在两个主要方面有所作为：一个依赖于我们对效用的理解；另一个依赖于我们对理论的检验（这部分内容将在后面进行讨论）。

计量经济学和实证研究方法，作为测量幸福感的代表方法，可以告诉我们经济学的效用概念，这种概念蕴含着更多的心理内容。这种对实际体验过的效用的理解，比行为显示更接近人们的幸福感。循着这一思路，学者已经取得了大量的研究成果（关于评论，参见 Frey and Stutzer 1999；Kimball and Willis 2006）。特别是卡尼曼（Kahneman）和合作研究者（1991，1997，2006）、围绕着普拉格（Praag）先生的莱顿（Leyden）团队和伊斯特林（Easterlin 1995，2001，2003），这些学者已经做了最重要的工作。个人幸福

---

① 心流体验是心理学中一个理论。美国芝加哥大学心理学教授米哈里·奇克森特米海伊（Mihaly Csikszentmihalyi）观察了艺术家、攀岩者、舞蹈家、职业棋手和篮球运动员的行为，探讨他们的工作与心理愉悦的关系。结果发现当研究对象投入的工作时，会有一种特定的感觉：感到个人能力足以应付工作需要，对活动回馈非常清楚，注意力集中，失去自我的知觉，感到能够掌控行为和环境，自发而不需要外在报酬等。这些感觉使得个人在没有外在报酬的情况下，也能兴高采烈地全身心地投入工作，而且工作后还想再次进行类似的活动。由于研究对象一再描述，自己的感觉如同有内在逻辑可循，顺畅无比，因此，他就将此种感觉命名为"心流体验（flow experience）"——译者注。

感作为一个更好反映效用的心理概念，已经向经济分析方法中的各种基本假设发起了挑战。然而，遗憾的是，这些基本假设还停留在当前经济学的效用理论之中。

这些挑战表现为下列几个问题：

1. 人们有追求最大化效用的意识吗？

极少有人问到这种问题，因为人们追求自身效用最大化，被视作理所当然之举。在西方社会，追求幸福常常是人类动机的主要源泉，这种信念甚至被视作一种道德义务（换言之，就如他们的价值观所描述的那般）。特别是，经济学是建立在有意识的理性选择基础之上的。然而，如此方法由于自身的不科学，已经遭到了学者的诟病。当现代经济学建立之时，威廉·詹姆斯（William James 1890）和其他心理学家就已经提出，科学家在他们的理论中应当考虑一切可能的动机。人们的行为不一定总是以效用最大化为目的，它或许只是一时冲动之所为，它也可能只是遵循一种责任感（关于这一争论的概述，参见 Lewin 1996）。人们明确追求幸福最大化的目标，这种说法不应当仅仅当作一种假设，而应当经过公开的实证研究（参见，例如，Kitayama and Markus 2000）。

2. 人们应当设法追求效用最大化吗？

之所以提出这种问题，是因为人们评价自身效用水平的企图，对于增进效用可能是弄巧成拙。人们对快乐进行的内省，可能会降低对于快乐体验的敏感性，且常常会削减想要达到的效用。一些实证研究（例如，Lyubomirsky and Lepper 1999）发现，幸福的人比不幸福的人更少进行内省。因此，人们明确地追求幸福最大化，会妨碍他们追求幸福最大化能力的发挥。斯库勒、阿雷利和洛温斯顿（Schooler, Ariely, and Loewenstein 2003）提供的一个例子，就很好地说明了这一点，他们研究了 1999 年新年前夕"设法玩得快乐的成本"。在节日开始之前，通过 e-mail 发送调查问卷，斯库勒等人调查了 475 人，询问其计划举办多大规模的庆祝活动，预期能从庆祝活动获得多少享乐，预期花费多少金钱和时间用于庆祝活动。在节日过完之后，为了了解这些人的实际体验，他们再次被问及与前面同样的问题。斯库勒等人发现，期待一个大规模聚会的人，与仅仅期待一个小小庆祝的那些人相比，或与根本就不准备庆祝的那些人相比，可能会感到更失望。在实际体验的享乐与期待的享乐之间，不仅存在着差异，而且这种差异与人们的预期负相关，也与人们花费在准备活动上的时间负相关。因为人们拥有的幸福理论有缺点，所以，人们积极地追求幸福，到头来可能却弄巧成拙。那些更多地将美好生活的源泉视为财务成功的人，一向自陈较低的自尊、活力和生活满意度（Kasser and Ryan 1993；Diener and Oishi 2000；Kasser 2002）。

3. 除了结果以外，人们还偏好过程吗？

在进行制度评估时，有一点是非常重要的，就是理解过程本身是否也为效用的源泉。对于自治、参与或自主决定等这些方面，如果人们喜欢它们独立于结果，那么要想提出有关制度设计的建议，可能就会相当困难。然而，有关主观幸福感的数据，却允许我们直接进行这些方面的经验调查，这些调查可以告诉我们，自治、参与或自主决定是否也是人们幸福的来源（这个问题将在第 10 章讨论）。

4. 人们能够正确地预期未来效用吗？

标准经济理论假设，下面两种效用之间不存在系统性的偏差：一种是在不同产品之间进行选择时，所预期的效用；一种是在未来消费产品时，所体验的效用。塞托夫斯基（Scitovsky 1976，p. 4）批评这个观点为"非科学的"，因为"它似乎排除了——作为逻辑不可能性——任何冲突，这种冲突发生在他选择得到的东西和他感到最满意的东西之间。"在许多周密实施的实验和调查中，心理学家一直都非常关注这样一个问题，人们在预测未来的体验效用时，他们的正确程度如何（有关评论，参见 Loewenstein and Schkade 1999）。结果研究发现，对于决定幸福的因素而言，人们常常运用了错误的直觉理论。最重要的是，人们低估了适应新体验的速度。作为这些错误预测的结果，人们在做出决定时，就已经存在着系统性的错误。当人们在不同产品之间进行选择时，相对于产品的内在属性（intrinsic attributes）而言，他们更看重产品的外在属性（extrinsic attributes）。因此，人们低估了产品内在属性产生的未来效用。作为其结果，人们往往拿出了太少的时间，给予家庭成员、朋友和自己的业余爱好。人们高估了产品的外在属性，因此，他们付出了过多的努力，要求得到更多的收入，并竞相争取身份地位，由此，导致他们的总体生活状况变得更糟（参见第11章）。

1.1.3　检验经济理论和预测

前面讲过，计量经济学和实证研究方法，可以作为测量效用的代表方法，那么，现在运用这种现成的代表方法时，在相互竞争的理论之间，找出它们的区别是可能的。这些理论对于人们行为所做的预测相同，但是，它们对于人们的效用水平所做的分析却不同。在证明理论的虚假过程中，计量经济学和实证研究方法检验可以作为一个强有力的工具。出于这种目的，一些范例解释了幸福研究的潜在作用。

＊一些理论试图解释，在整个商业周期中，劳动的供给和失业状况。在新古典宏观经济学中，假设存在一个完善的劳动市场，假设随着工资和利率的变化，人们会随时调整自己的劳动供给。如此，即使存在着失业，那也纯属自愿性失业。依据这种观点，即使失业导致了收入损失，那也只是人们自愿选择的结果，失业人员没有遭受效用的损失。与此相反，在新凯恩斯主义的宏观经济学中，将非自愿性失业原因归结于价格和工资刚性。在目前的工资率水平上，虽说失业人员愿意接受一个工作，但是，他们依然找不到工作。因此，如果他们失去了自己的工作，那么，必然要遭受效用损失。

＊就失业者的行为而言，评价上述两个劳动市场模型的表现孰好孰坏是很困难的。然而，就个人自陈的主观幸福感而言，它可以提供有关失业人员效用水平的信息。与那些具有同样收入水平，但是闲暇时间较少的人相比，失业人员的生活状况是变得更好还是更坏，这个是完全可以研究的。在有关幸福的经济学研究中，最强有力的研究成果之一，就是失业人员耗费了大量的非金钱方面的成本（参见第4章）。这个研究的发现与自愿性失业的思想，两者是截然不同的。

＊社会规范影响失业人员的行为（Stutzer and Lalive 2004）。在一个社区中，如果具有较强的社会工作规范（social work norms），那么，这个社区

的居民就会积极地寻找工作。如此，就会缩短居民失业持续的时间，而且这种时间的缩短是非常显著的。不过，这种研究成果还不容许我们就以下方面作出评价：作为社会制裁的结果，一个较强的社会工作规范是否有效？或在一个具有较强社会工作规范的社区，失业人员是否得到了社会的支持？是否得到了让他们能够很快找到工作的信息？然而，针对失业人员的幸福感，两种情形导致了不同的预测。如果失业人员得到了社会支持，而同时人们又期待他们生活得更好，那么一个较强的社会工作规范的存在，就是对失业人员的社会制裁，如此，失业人员可能会遭受更多的不幸。在瑞士各地的社区中，针对失业人员生活满意度进行的测量，结果同这种观点完全一致。

　　* 当对一种产品征税时，尽管经济模型预测人们会减少自己的消费，但是有关消费税对人们效用的影响，经济模型依然可以做出系统性的不同预测。正常情况下，人们可以假设，消费者将反对针对他们消费的商品征税，因为由此他们会遭受效用损失。然而，当征税帮助他们克服了一个不良嗜好时，他们的效用却上升了。就消费活动来说（诸如吸烟、饮酒、吃巧克力），人们可能主张征收"罪恶税"（sin taxes），以便帮助他们克服意志薄弱的缺点。关于幸福方面的研究可能有助于平息这种争论。这种研究容许我们直接分析税收对人们主观幸福感的影响。在对美国和加拿大的两项纵向分析中，运用来自美国综合社会调查（general social survey，GSS）的数据，格鲁伯和姆莱纳森（Gruber and Mullainathan 2005）二人对此进行了检验。他们分析了国家烟草税变化对于人们自陈幸福的影响，这些人很可能成为吸烟者。他们发现，对于这些可能成为吸烟者的人来说，一个实际 50 分而不是目前的 31.6 分的香烟税，显著降低了他们感到不幸福的可能性。这个结果支持了时间非连续性（time-inconsistent）的吸烟行为模型，在这个行为模型中，人们存在着自我控制问题。

　　* 在区域、城市和公共经济学的许多理论中，人们都假定，在其他条件不变的情况下，不同市场和空间之间的套利活动收益，被期待等同于人们的效用水平。例如，只要人们能从一份较高的薪水中得到补偿，或者只要人们能从一个较便宜的住房中获得利益，那么在通勤（commuting）方面，他

们就准备花费更多的时间。因此，这种分析中运用了一个牢固的均衡概念，这种概念也构成了定居和联邦竞争经济模型的基础。运用主观幸福感数据估计的同等效用水平，可以得到直接的检验。在德国社会经济面板数据库（german socio-economic panel，GSOEP）7 次调查的基础上，学者研究发现，通勤时间和生活满意度之间，呈负相关（Stutzer and Frey 2007a）。对于标准的经济学来说，这一调查结论分明就是一个悖论。

1.1.4　分离幸福的结果

满足自己生活现状的那些人，同不满足自己生活的那些人相比，人们可能会认为两者的行为存在差异。幸福的人更加乐观、更好交际、更有进取心，在他们的私人、经济和社会活动之中，也更易于获得成功。而作为这种成功的结果，在他们的婚姻中，同样在他们的工作中，他们又会获得更多的幸福。此外，他们还可能被认为更有远见卓识，更愿承担风险，而这些秉性又可让他们成为更成功的企业家（Bosman and van Winden 2006）。迄今为止，大多数有关幸福行为结果的研究，已经在心理学领域做过。在这个领域之中，大量的文献资料已经证明，积极和消极的情感（例如，心情（mood）、情绪（emotions）、情感（feelings））与制定决策之间的关系（Hermalin and Isen 1999；Isen 2000；Lyubomirsky，King，and Diener 2005）。特别重要的是，甚至在幸福方面一个相对小的变化，也可以显著地影响人们的日常思维过程。例如，积极的情感很容易增加一个人帮助他人的意愿。研究已经发现，对于那些较幸福的人来说，他们在帮助他人时，能够得到较多的愉快感受，或他们帮助他人的精神成本较低（Isen and Levin 1972），并且他们具有更多的创造力（Isen，Daubman，and Nowicki 1987）。除此之外，人们的情感状态也为重要的信息和动机功能提供了帮助（Schwarz 1990）。

迄今为止，学者用来制定决策的经济模型，实际上已经忽视了人们情感的作用。经济学家已经分析了强烈情感状态（唤起 arousal）的不利后果，以及对内心深处认知能力的影响（MacLeod 1996；Kaufman 1999；Loewenstein 1996，2000）。其他经济学家则专注于分析"合理化"情绪

（Frank 1988；Romer 2000），他们的目标是解释为何进化的力量会导致产生一些特别情绪。

1.1.5　幸福是原因，还是结果？

同样的一些因素，它们可能是幸福的原因，也可能是幸福的结果。因此，是失业让人不幸福，还是不幸福的人具有较少的积极性和进取心，因而具有较小的可能性找到就业机会，这些还需要进一步研究。与其相似，婚姻可以增加人的幸福，但是，较幸福的人更可能结婚，因为他们对于异性具有更大的吸引力。确认因果关系的方向是重要的，因为政府为了增加人们的幸福，会设法运用政策进行干预，那么确认因果关系的方向就成了政策有效的先决条件。然而，确定因果关系又是很困难的，研究幸福的经济方法受制于一种挑战，这种挑战如同计量经济学面临的挑战一般，也就是在检验行为决定因素的研究中，存在着遗漏变量的可能性，存在着产生内生性偏差的可能性。

1.1.6　帮助理解自相矛盾的观察

标准经济学发现，解释各种各样的经验谜题绝非易事。在此，有一个特别重要的悖论需要解释，就是自从二战结束以后，在一些国家，实际收入得到大幅的提高，但是人们自陈的主观幸福感却没有相应地增加，甚至还出现了略微的下降。例如，在1946年到1991年间的美国，尽管人均实际收入约上涨了1.5倍（从大约11 000美元增加到27 000美元），但是平均说来，同一时期人们的幸福水平却保持不变。在幸福研究中，这一被广为接受的成果，被称为"伊斯特林悖论"（easterlin paradox）（Easterlin 1974，1995，2001；Kenny 1999；Blanchflower and Oswald 2004b；Diener and Oishi 2000）和"幸福悖论"（happiness paradox）（Pugno 2004a，2007）。毫无疑问，较高的收入与人们的幸福存在联系。但是，如果纵观一个人的生命周期，人们的幸福变化却是非常小的。对此，我们将在第3章提出一些幸福研究的见解，它们有助于我们理解上述针对幸福感的观察。

另一个悖论是，尽管自从遥远的古时起，人们就一直认为工作是一种负担，但是有关幸福的经验研究却鲜明地指出，甚至仅仅考虑收入方面的损失，失业也显著地降低了人们的幸福感。

1.1.7　改善经济政策

在大多数的情况下，由于任何一个社会行动都会使一些人承担成本，所以要想提出一个完全符合帕累托最优的政策建议，显然是不可能的。因此，在个人效用方面，我们需要进行一个净效应的评估。在制定经济政策时，人们必须进行权衡（tradeoffs），特别是在宏观经济学中有一种重要权衡，也就是在失业和通货膨胀之间进行的权衡。运用1975—1991年间欧洲12个国家自陈生活满意度的数据，学者经过计算得出这样一个结果，失业率每上升1个百分点，相应地就可得到通货膨胀下降1.7个百分点的补偿（Di Tella，MacCulloch，and Oswald 2001）。这个结果明显偏离了"痛苦指数"（misery index），由于缺乏相关的信息，这种指数被简单地定义为每年的失业率和通货膨胀率之和。另一个权衡是失业与拥有一份工作相比的补偿变化，这种补偿可以利用估计的幸福函数计算出来。仅仅从前面提到的12个欧洲国家来看，一个从最低收入的四分位数①向最高收入四分位数的移动，不能完全抵消失业的负面影响，由此表明，失业者承担了很高的非金钱成本。

经济政策也部分地与这样两个变量间的关系有关，也就是幸福的制度条件（例如，政府治理的质量和社会资本的规模）如何影响个人幸福感。在20世纪八九十年代，针对49个国家的研究表明，有大量的幸福受益于问责制的改进、政府的有效性、政府的稳定、法治、政府对腐败的控制。资料显示，就对幸福影响的程度而言，直接来自制度质量所产生的影响，往往远大于间接来自生产率和经济增长所产生的影响（Helliwell 2003）。幸福研究的一部分成果，已经给经济学注入了一些更加精确的知识，这些知识已经成为经济学的标准观点；幸福研究的另外一些成果，则与标准经济学的观点相矛

---

① 四分位数（quartile）为统计学术语，即把所有数值由小到大排列并分成四等份，处于三个分割点位置的得分就是四分位数——译者注。

盾。幸福研究的一个成果是非经济变量对自陈满意度的影响，而且这种非经济变量的影响是一贯的、重大的。当然，这并不意味着收入、就业和价格稳定等经济变量就不重要，只是这种研究的确表明，最新的兴趣——也就是有关良好政府和社会资本方面的兴趣——已经很好地建立起来。幸福研究的成果也丰富了我们关于歧视影响的知识，这些歧视存在于性别、种族、民族和年龄之中。

1.2　文献

在长达数个世纪的时间里，幸福一直是哲学研究的主题。[①] 长期以来，幸福的经验研究一直属于心理学的领域（Argyle 1987；Csikszntmihalyi 1990；Michalos 1991；Diener 1984；Myers 1993；Ryan and Deci 2001；Nettle 2005）。不过，社会学家（Veenhoven 1993，1999，2000；Lindenberg 1986）和政治科学家（Inglehart 1990；Lane 2000）对此也做出了一些重要贡献。[②] 直到最近，心理学研究才与经济学联系起来。很多经济学学者注意到了理查德·伊斯特林（Richard Easterlin 1974）的早期贡献，然而，当时发现极少有追随者。蒂博尔·塞托夫斯基（Tibor Scitovsky）的著作《无快乐的经济》[③]（*The Joyless Economy*（1976））[④]，它的命运可说同样如此。1993 年，在伦敦召开了一次研讨会，正是在这次会议上，对于自陈主观幸福感的测量和决定因素，引起了经济学家的兴趣，后来，研讨会的会议记录发表在《经济杂志》（*Economic Journal*）（Frank 1997；Ng 1997；Oswald 1997）和其他的地方（Clark and Oswald 1994，1996）。在 20 世纪 90 年代后期，经济学家开始大规模地发表幸福决定因素的经验分析，这种分析涉及在不同国家和不同时

---

① 有关哲学家如何谈论幸福话题，参见 McMahon 2006；Bruni 2006。有关 Aristotle, Bentham, Mill and Kant 的贡献，也参见 Bruni and Porta 2007；Sugden 2005；Nussbaum and Sen 1993。
② 在社会学和政治科学方面，有关幸福研究的著名先驱是 Cantril（1965）and Brickman and Campbell（1971）。
③ （美）蒂博尔·塞托夫斯基：《无快乐的经济》，高永平译，北京，中国人民大学出版社，2008——译者注。
④ 甚至更早，伯纳德·梵·普拉格（Bernard van Praag）和他在莱顿（Leyden）的团队基于自陈的主观评价，发展了个人福利函数的概念（van Praag 1968，1971）。但是，在跨学科幸福研究中，他们的见解极少被接受。

期的幸福状况。

幸福研究在跨学科方面具有优势。研究各个不同学科的学者，他们可能会强调自己的这一方面多于其他的方面。经济学家特别感兴趣的一个方面是，决定幸福的经济因素和经济政策引起的后果，然而他们的研究已远远超过了这个方面。与此相似，心理学家虽说专注于心理过程，但是他们对于经济因素（特别是收入）如何影响人的主观幸福感，也已经做出了重要的贡献（参见，例如 Diener and Biswas-Diener 2002）。目前，幸福研究已与社会科学的其他领域形成了鲜明对照，学科间的整合走得如此之远，以至于确定一个特别的贡献，到底应该归功于哪方面的学者都不大可能，例如，它应该归功于一个经济学家、一个心理学家或一个社会学家，还是一个政治科学家？更为难得的是，目前，在经济学与其他社会科学的分化广泛增加的情形下，这种学科间的整合本身，就是一个不小的成就。

在本书中，我不打算提供幸福研究的一般性考察。莱恩（Lane 2000）、弗雷和斯塔特勒（Frey and Stutzer 2002a）及内特尔（Nettle 2005）已经写过这方面的著作。本书所用的文献资料来自多个方面，包括很多学者贡献的调查报告，他们是黄有光（Ng 1978），迪纳、苏、卢卡斯和史密斯（Diener, Suh, Lucas, and Smith 1999），伊斯特林（Easterlin 2004），弗雷和斯塔特勒（Frey and Stutzer 2002b，2004b，2005 a，b），迪纳和塞利格曼（Diener and Seligman 2004），迪特利亚和麦卡洛克（Di Tella and MacCulloch 2006）。也包括很多非常有用的论文集（例如，Strack, Argyle, and Schwarz 1991；Kahneman, Diener, and Schwarz 1999；Easterlin 2002；Hupper, Kaverne, and Baylis 2004；Bruni and Porta 2005，2007）。还包括专注于经济幸福研究各个方面的重要专题论文（例如，Graham and Pettinato 2002a；van Praag and Ferrer-i-Carbonell 2004；Layard 2005；Bruni 2006），这些论文涉及幸福研究的各个方面，包括发表在很多不同期刊上的研究成果，特别是发表在《幸福研究杂志》（*Journal of Happiness Studies*）上的成果。

第 2 章

幸福与效用的关系

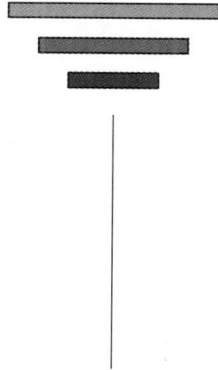

2.1 客观效用和主观效用

对于效用决定的问题，标准经济学理论通过观察人们做出的行为选择，采用了一个"客观主义"立场。个人效用仅仅来自有形产品、服务和闲暇。依据人们的行为选择（或显示性偏好（revealed preferences）），可以推断出他们的效用；反过来，也可以运用人们得到的效用，解释人们作出的行为选择。这种效用的"现代"观点，深受哲学上实证主义运动的影响。主观主义的经验（例如，通过调查获得的经验）被视作"不科学"的，进而遭到排斥，因为它不是客观的、可观察的。最为重要的是，对于真实的需求理论来说，基数效用和人际间的可比性两者都是不必要的。依据奥卡姆剃刀原理，这种需求理论具有一个很大的优势（Robbins 1932；Hicks and Allen 1934）。公理性显示性偏好方法认为，人们做出的各种选择，本身就提供了推断效用结果所需要的信息，而且是全部的信息。与此相对应，卡尼曼等人（Kahneman et al. 1997）对此特别提出了决策效用（decision utility）的概念。除此之外，这种公理性方法不仅可用于推断个人效用，而且也可用于测量社会福利。社会福利比较则是建立在家庭消费行为基础之上的（Slesnick 1998；Ng 1997，2001；Sen 1996）。

在经济学中，实证主义观点仍然占据着主导地位。对此，森（Sen 1986，p. 18）曾批评说，"在经济学中，这种观点的流行，可能是由于一个令人困惑的关系，这种关系混合了显而易见的、使人着迷的关心和一个独特的信仰，这个独特的信仰就是选择……是唯一的、可以观察到的人的方面。"在微观经济学教科书中，实证主义的这种统治地位得到充分反映。然而，并非所有现代经济学家都认同这个观点。

为数众多的学者已经从不同角度，挑战了经济理论中的标准效用观点。在经济学中，存在许多非客观主义理论分析的范例。在各种各样的范例中，学者的分析考虑了情感（emotions）（Elster 1998）、自我表现（self-signaling）、目标实现（goal completion）、征服（mastery）和有意义的生活（meaning）（Loewenstein 1999）、内在动机（intrinsic motivation）（Frey 1997b；Osterloh and Frey 2000，2004，2006）、利他主义（altruism）、互惠（reciprocity）、合作（cooperation）（Schwarze and Winkelmann 2005；Fehr and Gächter 2007）、身份（identity）（Akerlof and Kranton 2005）、地位（status）（Frank 1985a，1999；de Botton 2000）、自尊和社会认同（esteem and social recognition）（Brennan and Pettit 2004；Frey 2006）。为了更好地解释人的行为，需要考虑的是相互依存的效用函数，而不是人际间独立的效用函数（Clark and Oswald 1998；Sobel 2005）。这种观点已经向现有的福利概念发起了挑战（Boskin and Sheshinski 1978；Holländer 2001；Layard 1980）。在大量有关异常决策的分析文献中（例如，Thaler 1992；Frey and Eichenberger

1994），对于效用通常来自于观察到的行为选择的观点，学者已经提出了大量的质疑。[1] 许多研究（开始于 Allais 1953，也包括 Ellsberg 1961）已经证明，人的偏好是反复无常的。人类常常不知道的是，他们喜欢的事物往往会受到"投射偏差"（projection bias）[2] 的制约（Loewenstein，O'Donoghue，and Rabin 2003），从而未能实现体验效用最大化（与消费者行为选择中的决策效用相反）。[3]

功利主义（utilitarianism）是结果主义（consequentialism）的一个特别例子，结果并不是人们行为的唯一重要方面。程序效用对于幸福的影响也应加以考虑（参见第 10 章）。因此，标准经济理论对客观主义方法独有的信赖，必须公开地接受理论上和经验上的怀疑。无论如何，标准经济理论所使用的方法，限制了我们理解和影响人们幸福感的可能性。

效用分析主观主义方法的出现，为人们研究世界开辟了另外一条道路，并且这是一个富有成效的道路，其理由如下：

第一，这种方法容许我们直接测量个人的幸福感。从最宽泛的意义上讲，它采用享乐主义的术语解释效用。这种效用通过体验效用术语得到强调，体验效用（experienced utility）是由卡尼曼等人（Kahneman et al. 1997）提出的，它可以根据自陈的主观幸福感来测量。对于很多问题的研究，采用体验效用代表决策效用是非常有用的。它为检验经济理论中的主要假设和命题奠定了一个基础，也为发展和检验新的更广阔的人类行为理论奠定了一个基础。如果我们把分析的重点放在这方面，也就是错误预测效用的经济后果（参见第 11 章），那么存在于两个概念之间的系统性的差异，就可以为我们提供一些全新的见解。金博尔和威利斯（Kimball and Willis 2006）提出了主观主义和客观主义两种方法之间的概念联系，他们将幸福分为两个部分：一

---

[1] 神经经济学提供了一个新方法，研究独立于动机的行为。见 Fehr and Singer 2005；Fehr et al. 2005；Camerer 2007；Camerer et al. 2007。

[2] 对于"projection bias"一说，国内也有学者将其译作"预测偏差"。将金钱等同于幸福就是"投射偏差"所致，人们通常会以现在的自己投射未来的自己。投射偏差的实质在于，人们目前的状况是否与想象中的未来状况相符。如果不相符，人们的预测就始终无法精确。在现实中，人们在"投射偏差"下获取的实际效用往往低于此前的预测。这就是为什么人们总以为收入越高就会越幸福，而当收入真的增加时，情况却并非如此。因此，要追求真正的幸福，就必须注意到"投射偏差"的作用，平衡工作和闲暇的关系，而非工作与金钱——译者注。

[3] 参见 Kahneman and Thaler 2006 和第 11 章下面。

部分是短期幸福或兴高采烈（由最近的好消息引起，这种消息可以增加个人一生的效用），一部分是长期持续的幸福。

第二，自陈的主观幸福感作为一种经验概念，它可以应用到记忆效用（remembered utility）和预测效用（predicted utility）[1]的研究之中（Kahneman et al. 1997，2004b；Kahneman and Riis 2005），同样也可以应用到程序效用的研究之中。

第三，幸福是很多人梦寐以求的一个最终目标。这个目标不像我们可能想要的其他东西，可以逐一列举地说明，例如工作保障、身份、权力，特别是金钱（收入）。对于这些东西而言，我们不是就它们本身而要它们，而是想借助它们，让我们获得一种可能，也就是生活更加幸福的可能。

因此，幸福研究构成了经济学和心理学学科交叉领域的一个重要部分，有时，人们误称其为行为经济学（behavioral economics）。[2]

2.2　测量个人幸福的方法

作为一种主观主义效用观点，幸福研究承认，每个人都可以有他或她关于幸福和美好生活的梦想，观察到的行为只是反映个人幸福感的一个指标，而且还是一个不完善的指标。如果人们接受了这种观点，那么人们的幸福就可以记录和分析，即我们可以询问一个人，他对自己的生活感到多大程度的满意。依靠有关人员自己的直接判断，这是经济学中的一个合理传统。人们被认为是自己生活总体质量的最好法官，询问人们自己的幸福感，这是一个直截了当的策略。当然，询问人们的幸福感如何，还是存在一些不同方法的。这些方法可以提供很多的信息，用来反映人们的情感状态，或用来反映人们对于自己生活的满意度或幸福的评估。许多调查包括了总体的自陈生活

---

[1]　Kahneman et al 将体验效用分为三类：瞬时效用、记忆效用、预测效用。其中，记忆效用是个体回忆式的总结性评估结果，即个体对过去某个情景进行回忆式总结性评估时，所产生的快乐或悲伤的情感性评价——译者注。
[2]　有关经济学和心理学，参见 Frey and Stutzer 2007；Rabin 1998；Frey and Stutzer 2001；Camerer et al. 2003；Frey and Benz 2004。

满意度问题，或"全球的"自陈生活满意度问题。在一个人所得的分数背后，存在一种认知的评估，即在什么程度上，人的总体生活质量用了一种合适的方式得到评价（Veenhoven 1993）。这些测量所用的概括性术语就是主观幸福感（subjective well-being）。在某种程度上，测量主观幸福感所用的不同方法，都体现了感情和认知两个基本概念。感情（affect）是一个依附于情绪和情感的标签。对于发生在人们生活中的事件，感情使他们对事件做出立即评价。认知的构成涉及主观幸福感的理性和理智方面。认知常常用来评估满意的程度。令人愉快的感情、令人不愉快的感情和生活满意，它们是可以分离的三个概念（Lucas，Diener，and Suh 1996），关于这一点已经得到证明。

这些"传统"的主观幸福感测量方法，在什么程度上精确地反映了幸福和个人幸福感的各种概念，是可以争论的，在前面关于美好生活的文献中，提到过这些概念（Ryan and Deci 2001）。在关于个人幸福感调查的问题中，一个常见的顾虑涉及对于短暂积极情感的强调。快乐主义的福利并不必然等同于幸福。依据自我实现（eudaimonic）[1]的幸福观点，人们应当依据他们真实的自我展现生活（daimon）。然后，依据深深根植于他们自身的价值观采取行动。幸福的根本原因可以看成是自治、胜任和社会关系。这种观点与内在动机的价值密切相关（Deci 1971；Lindenberg 2001）。[2]瑞安和德西斯（Ryan and Decis 2001）的自我决定理论认为，这些基本心理需要的满足，一般支持快乐主义以及自我实现的幸福。

我们可以运用各种各样的方式，测量个人幸福感或生活满意度，下面将仅仅讨论其中的一些。

---

[1] 有关幸福的概念与理论，可以归结为两种基本的类型：快乐论（hedonic）与实现论（eudaimonic）。快乐论认为，幸福是一种快乐的体验；而实现论则认为，幸福不仅仅是快乐，更是人的潜能实现，是人的本质实现与显现。基于不同的哲学传统，现代幸福感研究从一开始就存在两种取向，即主观幸福感（subjective well-being，SWB）和心理幸福感（psychology well-being，PWB）。主观幸福感是从快乐论发展而来，认为人的幸福是由人的情感所表达的，幸福就是对生活满意，拥有较多的积极情感和较少的消极情感；而心理幸福感则是由实现论演化过来的，认为幸福并不只是情感上的体验，而更应该关注个人的潜能实现——译者注。

[2] 有关经济分析，参见 Frey 1997b。

2.2.1 询问人们：个人生活满意度全球评价方法

学者试图运用这样一种方法，也就是通过询问构成样本代表的人，他们的总体生活满意度状况，来记录人们的幸福状况。在这方面，有一个单项问题调查的例子，这个例子非常著名，它调查的问题用 1～3 的等级形式表示，这个例子来自综合社会调查（GSS）（Davis，Smith and Marsden 2001）："总体说来，你如何评价这些日子的生活——你是生活得非常幸福、相当幸福还是不太幸福？"在世界价值观调查（world values survey）中（Inglehart et al. 2000），生活满意度用 1～10 的等级形式表示，从 1 级（不满足）到 10 级（满足），人们被问"考虑所有的事情，在整个这些日子里，你的生活满意度怎样？"欧元晴雨表调查（the euro-barometer surveys）覆盖了所有欧洲联盟成员国，它询问了一个相似的问题："总的来说，就你所过的生活而言，你是非常满足、相当满足、不非常满足，还是根本不满足？"在多项问题调查方法中，最著名的要属生活满意度量表（the satisfaction with life scale）（Pavot and Diener 1993），它由 5 个问题组成，每个问题用 1～7 的等级形式表示。[①]

因为主观调查数据是建立在人们判断的基础之上的，所以这些数据很可能存在大量的偏见。因此，对于事关人们幸福感的问题，必须检查人们是否确实能够和愿意给出有意义的答案。此外，人们自陈主观幸福感时，可能还会受到下列因素的影响：问题的排列顺序、问题表达的措辞、应用的规模、实际的心情和处理选择的信息。然而，这些相关错误的影响，取决于学者运用数据做什么。通常，测量幸福的主要目的，不是在绝对意义上比较水平，而是试图找出决定幸福的因素。出于这个目的，要求自陈的主观幸福感是基数的、可测量的，或者要求自陈的主观幸福感是人际间可比较的，都是没有必要的。由于自陈的主观幸福感越高，反映出个人的幸福感也越高，因此运用计量经济学分析，可以将主观数据排出一个顺序。在心理评价研究中，幸

---

① 有关主观幸福感的各种测量方法调查，参见 Andrews and Robinson 1991。

福测量是否能够满足这个条件，这个问题已被广泛地评估。①

测量主观幸福感的不同方法，相互之间具有很强的关联性（Fordyce 1988）。无论对于自陈还是非自陈的幸福感来说，幸福感的因素分析都已显示出一个统一的架构，这种架构成为这些测量方法得以有效的基础（Sandvik，Diener，and Seidlitz 1993）。可靠性研究已经发现，自陈的主观幸福感对于生活环境改变的反应，是适度稳定和敏感的（Ehrhardt，Saris，and Veenhoven 2000；Headey and Wearing 1991）。一致性检验表明，在社会交往过程中，幸福的人常常更多地保持微笑（Fernández-Dols and Ruiz-Belda 1995），朋友、家庭成员（Lepper 1998；Sandvik，Diener，and Seidlitz 1993）和配偶（Costa and McCrae 1938）也认为他们是幸福的，他们通常也不大可能自杀。在其他影响得到控制的情况下，哈里维尔（Helliwell 2006a）发现，国民的自杀率和生活满意度的测量之间呈很强的负相关。② 然而，对于生活在斯堪的纳维亚的人来说，他们主观幸福感的高评价，并没有匹配相当低的自杀率。这可以归结于上帝信仰率低和离婚率高。由于自杀涉及显示行为（同前所述），因此有时，自杀也被认为是获得幸福更有效的方法。然而，自杀引起的精神幸福，它呈现的仅仅是一种尾分布（the tail end of the distribution）。研究人们幸福感高低的决定因素，尽管这不是一个很大的问题，但是它却妨碍了对于平均幸福感进行有意义的说明，从而也妨碍了对于福利进行的比较。运用心理学的测量方法，学者的进一步验证表明：脑电活动和心率的变化，解释了自陈负面情感方面的重大变异（Davidson，Marshall，Tomarken，and Henriques 2000；Pugno 2004b）。相应地，在一项早期的调查中，迪艾内（Diene）推断"（上述）测量方法似乎包括了大量真实有效的差异"（1984，p. 551）。

到目前为止，在经济幸福研究方面开展的实证工作，几乎全部建立在生活满意度全球评价基础之上。该评价来自具有代表性的、大规模的抽样调

---

① 有关测量问题的广泛讨论，参见 Andrews and Robinson 1999；Michalos 1991；Veenhoven 1993；Larsen and Fredrickson 1999；Schwarz and Strack 1999；Di Tella and MacCulloch 2006。
② 也参见 Koivumaa et al. 2001；Stevenson and Wolfers 2006。

查。这种评价也被应用在本书的计量经济学研究之中。这种测量方法有一个很大的优点，就是相对于该法的费用来说，相对于大量国家和大量时期的数据可得性来说，它具有良好的效果。例如，关于生活满意度的调查，就利用了当今世界价值观调查的数据，这项调查覆盖了 80 个国家，其代表了超过80% 的世界人口，总共进行了 4 次以上调查。

2.2.2 体验取样法

体验取样法（experience sampling method，ESM）收集的信息，来自人们在自然环境中的实时体验（Csikszentmihalyi and Hunter 2003；Scollon，Kim-Prieto，and Diener 2003）。由于全球满意度调查中存在着一些不足，因此设计该法就是用来处理其中存在的部分不足。

运用无线传呼机和便携式计算机工具，可以从人群中选择一个具有代表性的群体，然后，随机要求他们快速回答一系列问题，这些问题是关于积极和消极情感的。被调查者还会被要求说出他们的感情强度。这种电子操作的日记式记录，试图运用埃奇沃思（Edgeworth 1881）测量效用的一个特别想法，也就是运用可以立刻引起体验的一种"快乐度量"。通过汇集这些瞬间情感的陈述，人们的幸福因此得以计算。

到目前为止，这种方法并未大规模地运用，其主要原因在于，比起全球生活满意度评估的代表性调查来说，这种方法花费的成本太高。

2.2.3 日重现法

日重现法（day reconstruction method，DRM）收集的资料，描述了被调查者在某一天的具体体验，反映这种体验的资料，由随后一天被调查者的一个系统性再现形成（Kahneman et al. 2004b）。该法依靠"时间预算"（time budgets），记录人们在某项具体活动方面花费的时间。如此，就使得该法与体验抽样法（ESM）存在一个合理的近似。

通过询问与具体事件相联系的感觉（事件回忆方法（the event recall method）），也可以收集到同样的信息。被调查者会被要求填写结构式问卷，再现前一天（昨天）的活动和体验。首先，被调查者回忆前一天进行的活动，并将其转换成表现为一系列事件的工作记忆（working memory）[①]。然后，被调查者通过确定事件发生的时间、原因、地点和与谁在一起，详细描述每一个事件。最后，被调查者依据不同的情感对这些事件进行评价，包括积极的影响（幸福的、温暖的/亲切的、享受自己）或消极的影响（失意的/气恼的、沮丧的/忧郁的、滋扰的/受摆布、发怒的/敌对的、发愁的/焦虑的、批评/奚落）。被调查者也会被问，是否他们感到有能力，不耐烦地结束事件或感到疲倦。

日重现法已经实际运用到一个样本之中，这个样本为来自得克萨斯的妇女。结果表明，具有最高积极情感的活动，是男女之间亲密的性接触。[②] 然而，平均来说，在性活动方面，每天大约只花费 10 分钟的时间。相当大的愉悦也源于社交和放松活动，它们占据了每天 2 个多小时的时间。作为一个典型的得克萨斯妇女，祈祷、礼拜和冥想这些活动可以带来一个高的积极情感，平均说来，在这些活动方面，她们每天大约要花费 25 分钟的时间。得克萨斯妇女每天观看 2 个多小时的电视，并且还非常喜欢这项活动。对于她们来说，白天最不让人愉快的活动是做家务、上班和通勤。长时间通勤给她们带来了高的消极情感（平均说来，在通勤时间上，她们每天要花费 100 分钟）。在德国，人们这种高的消极情感也已经被发现。

比起限制在某个问题的典型性调查来，运用日重现法记录的每天体验，可让我们得到一个更精确的幸福测量。仔细划分一天前的事件，使被调查者不必再仔细思考在每个时间段他们感觉如何，被调查者也不易扭曲记忆。在情感回忆中，扭曲记忆也被认为是特别严重的问题（Robinson and Clore 2002）。

DRM 是一种全新的方法，目前，仅仅在实验的基础上凭借经验使用。幸福研究将在什么程度上和哪一个特别的问题上使用该法，还有待于以后的

[①] 工作记忆属程序性记忆、短时记忆，是一短暂时刻的知觉，是一系列操作过程中的前后连接关系，后一项活动需要以前项活动为参照——译者注。

[②] 也参见 Blanchflower and Oswald 2004b。

观察。

2.2.4 U 指数

目前，在讨论的所有测量方法之中，我们还不能保证一点，也就是使用的等级分（scales）描述的感觉，完全反映了基数价值数量的多少，而这种基数价值是用来进行不同人之间比较的。如此，也就存在着这样一个问题，回答"非常令人满意"的价值，是否真的就是"不令人满意"价值的两倍。对此，卡尼曼和克鲁格（Kahneman and Krueger 2006）提出了一个"U 指数"（the U-index）（U 表示不幸福），以避免基数问题对于分析比较有所影响。U 指数被定义为个人每天处在不幸福状态的时间部分。在某个事件中，如果某个人体验的最强烈情感是一个消极情感，这个事件就是令人不愉快的。U 指数依赖于观察，这种观察处于这样的一种情形之中，也就是大多数人在大多数时间的主导感情状态是积极的，因此引起消极情感产生的任何事件，都是一个重大事件。由此，可以假定一个处于主导地位的消极情感，它会给整个事件抹上相应的色彩。显然，这是一个相当特别的假定，它专注于一种特殊的、不愉快的精神状态，而同时积极的体验却被忽略了。这种对消极情感的强调，不同于幸福研究中"积极心理学"（Diener and Seligman 2002）的理论，两者形成了强烈的对比。"积极心理学"作为一种运动，专注于幸福感分布的愉快部分（在这方面，过去的心理学过多地专注于消极状态，例如沮丧）。

2.2.5 脑成像

现在，测量效用还有一种非常特别的方法，就是扫描人的脑活动，运用脑成像（brain imaging）方法，可以测量出人们效用的大致数量。该法依靠功能性磁共振成像（fMRI）技术，使用血液氧合在磁性能方面产生的变化，跟踪人脑中的血液流动（Camerer, Loewenstein, and Prelec 2005；Zak 2004；Fehr, Fischbacher, and Kosfeld 2005）。测量结果表明，幸福的人会显示出一个特有的电皮质活动图形。他们的左前额叶皮层的活动，比右前额叶皮层的活动要大（Davidson 2003；Pugno 2004b；Urry et al. 2004）。在比较幸福与不太幸福的人之间，他们前额叶皮层所呈现出的不平衡，不仅与自陈的幸福感测量相互关联，而且也与行为的激活相互关联（而不仅仅是抑制），甚至也与流感疫苗的抗体反应相互关联（Kahneman 2004；Urry et al. 2004）。

2.3 评价

　　除了以上讨论的五种方法之外，还存在着一些其他的测量方法。社会生产函数方法就是其中一种，它区分了普遍的情感目标、行为确认、身份地位、舒适和刺激，并通过测量它们，反映人们的主观幸福感，这种方法通过构造方程模型（Nieboer，Lindenberg，Boomsma，and Van Bruggen 2005），已经得到了运用。目前，还有一些其他的测量方法正在研究之中。很明显，没有一个单一的方法是完美的，而且评定各种各样的方法是否有效，还必须依据以下两个方面，加以进一步的评判：这些方法试图说明的是什么，它们使用的目的又是什么。

　　目前，从事幸福研究的大量经济学家，他们正在运用自陈的生活满意度调查报告分析问题，这种报告的效果远远超过任何一个理想的效用测量。然而，特别值得注意的是，在运用这种调查报告进行跨国比较时，我们必须采取一种有保留的态度。纵观不同国家的生活满意度报告，表面看起来似乎很相似，然而，有时会存在显著的不同。例如，欧洲晴雨表调查显示，在丹麦的被调查者中，64％的人说"非常满意他们的生活"，但是仅仅只有16％的法国人认为如此。对一些学者来说（Kahneman et al. 2004a；Kahneman and Riis 2005），这些国家间的幸福感的差异大得似乎令人难以置信，而且这种情况也已经遭到质疑（Helliwell 2006b）。有时，如果重复进行同样一组国家的横截面研究，那么对于具体国家生活满意度水平的高低，即使不用自陈的生活满意度调查报告，而是运用幸福方程组，也可以得到解释。如此，在研究综合变量与主观幸福感间的相关性时，估计具体国家的常数项是可能的。

　　主观幸福感的测量还有一个潜在的缺陷，也就是存在这样一种可能性，即随着时间的推移，人们认为的"幸福"的含义，或许存在发生变化的可能性。比起运用调查方法得出的答案，运用健康测量方法（例如，临床抑郁症、食欲不振、睡眠缺乏）得出的答案较少是主观的，提供的结果也类似于运用幸福测量得到的答案（Luttmer 2005）。

实践已经证明，就许多任务而言，运用测量自陈生活满意度的方法，可以达到令人满意的效果。特别重要的是，对于经济学家最感兴趣的一些问题研究，效果更是如此。对于经济理论中使用的个人福利概念来说，目前，自陈的生活满意度是一个经验近似概念，也是一个最容易得到的经验近似概念。

如果我们运用微观计量经济学的幸福函数（microeconometric happiness function）（$W_{it} = \alpha + \beta X_{it} + \varepsilon_{it}$），那么可将主观福利建成模型。这个函数必须通过序次 probit 模型或有序 logit 模型的估计，因为生活满意度作为因变量，由于使用级别不同（在世界价值观调查中是 1~10 级，在欧洲晴雨表调查中是 1~4 级，在美国综合社会调查 GSS 中是 1~3 级），它是不连续和受限制的。然而，在许多例子中，经验已经显示，普通最小二乘回归是一个很好的近似，并且人们也更喜欢运用这种方法，因为估计的系数是较容易解释的（Eerrer-i-Carbonell and Frijters 2004）。

将真实幸福感作为潜变量（latent variable）。$X = x_1, x_2, \cdots, x_n$ 为已知变量，例如社会人口统计、社会经济特点，以及制度在时间 t 约束个人 i。模型使得我们可以单独分析每一个与自陈的主观幸福感相关联的因素。在很多与幸福相关的研究中，这种方法已经得到成功的应用。现在，幸福回归分析的成果，已经被反复运用在成百上千的实证研究中。最近，学者已经采用了一些先进的方法，解释非随机的测量误差。

测量误差以及未被观察到的特征，都被记在误差项 ε 中，它们是潜在偏差的来源。然而，在被调查者的回答中，许多错误都是随机产生的，因此不会偏离估计的结果。偏差问题常常真实地发生于以下几个情况，包括问题排列的顺序、问题表达的措辞、实际的心情等。

然而，非抽样误差并非总与所关注变量（variables of interest）不相关。

关于估计误差，有一种观点（Bertrand and Mullainathan 2001；Ravallion and Lokshin 2001）认为，存在未被观察到的人格特质问题，这种特质会影响社会人口统计和社会经济特征，以及存在人们会如何回答主观幸福感的问题，这两个问题都可能使得推断变得模糊不清。例如，对于从事志愿者工作的人来说，他们自陈有较高的生活满意度（Argyle 1999；Meier and Stutzer 2008；参见后面的第 7 章）。但是，志愿服务本身并不必然让人生活得更为幸福。如果外向的人常常提供了更多的志愿服务，我们还要考虑到作为外向的人，他们往往也自陈了较高的生活满意度水平（DeNeve and Cooper 1998），如此，观察到的相关性就会出现偏差。除了部分相关的无偏估计问题之外，随后还有因果关系的问题。提供志愿服务可让人生活更加幸福，但是也有证据清楚地表明，较幸福的人更愿意增加他人的幸福（Myers 1993）。因此，观察到的部分相关，它也可能意味着较幸福的人乐于从事更多的志愿工作。由此可见，因果关系的方向不是很容易就能确认的，甚至运用面板数据进行分析时，结论同样如此。来自定性研究方面的信息，或以工具变量（instrumental variables）形式表现的信息，它们二者对于解决因果关系问题是必需的。然而，随着时间的推移，如果重新调查同一群体的人，那么时不变（time-invariant）特性的影响是可以得到控制的。在纵向或面板分析中，对于每个人考虑一个特定的或"设定值"（set point）的幸福感（Clark et al. 2006；Easterlin 2005）是可能的。在经历了一个积极的或一个消极的体验后，人们往往会回想起他们幸福的特定底线水平。特别引人注意的是，他们在某种程度上是能够妥善处理痛苦体验的，如有害的事故、离婚或一位深爱的人死亡（Stroebe and Stroebe 1987；Pearlin and Schooler 1978）。

在微观计量经济学的幸福函数中，有时，造成偏差的深层次原因可能是相关性：估计误差与人格特质之间存在着相关性。例如，比起老年人来，年轻人自陈的生活满意度水平往往较低。一方面，这可能意味着年轻人事实上体验了较低的幸福感；另一方面，也可能是由于年龄的原因，影响了人们如何理解和回答有关主观幸福感的问题。一个人们观察到的统计关系，可能仅仅反映了一种虚假的相关性。对于这种偏差而言，计量经济学的分析技术几乎是不能克服的。然而，正在逐步发展的心理学测试和新一代的数据，有助于减少这些失真。

目前，由于作为统计的前提条件存在着问题，所以讨论的幸福决定因素还需进一步研究。除了统计的前提条件问题之外，如果以自陈的主观幸福感为基础，计划进行福利比较，那么还需要满足进一步的条件。这些条件是个人陈述幸福感的基数比较和人际比较。对于要求的这两个条件，经济学家很可能抱有怀疑的态度。然而，值得我们注意的是，经济学家的这种怀疑态度，其实与他们在文献中根深蒂固的主张，是同时存在的，这些主张体现在收入不平等和贫穷、征税、风险等分析之中，经济学家在对这些问题进行的分析之中，已经隐含了基数效用的测量和人际间的比较。

即使从实践层面上看，而不是从理论层面上看，研究积累的证据也表明，对于基数效用和人际间的比较，这两方面存在的问题可能都不大（Kahneman 1999）。黄有光（Ng 1996）运用一个容易理解的增量概念，发明了一种新的方法，运用这种方法进行的幸福测量，可以满足人际间比较、时际间比较和国际间比较的需要。对于满意度分数进行的序数和基数处理，在数量上产生的结果，可以与微观计量经济学幸福函数非常近似（Frey and Stutzer 2000）。这种结果与收入评估方法（the income evalution approach）确认的结果相一致，收入评估方法专门将语言估计转换成数值数据，这些数据与上下文设置无关（van Praag 1991）。由于基本间隔是大致相同的，一系列语言符号的含义与样本中所有人使用的含义相同，因此语言等级也可以有效地加以应用。

目前的研究状况表明，对于许多用途来说，采用自陈的主观幸福感测量所得到的数据，具有很好的质量，可以满足我们研究经济和制度对幸福影响的需要。对于检验经济理论而言，运用这种方法可以得到一个经验上近似于个人福利的结果，而且这是一个令人满意的近似结果。

第 3 章

收入对幸福的影响

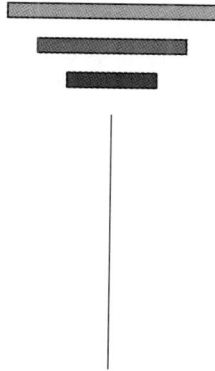

在本章中，我们将从三个方面探讨收入和幸福之间的关系[1]：

在一个给定的时点上，对两者的变化进行比较，与低收入者比起来，高收入者的生活会更加幸福吗（参见3.1）？

随着时间的推移，收入增加能够增进幸福吗（参见3.2）？

与贫穷国家的人比起来，富有国家的人生活得更幸福吗（参见3.3）？

---

[1]　有关论述，参见 Easterlin 2001；Diener and Biswas-Diener 2002。

3.1　幸福与收入差异之间的关系

3.1.1　较高的收入意味着较多的幸福

拥有较高收入的人，他们也拥有更多机会得到他们渴望的任何事物，特别重要的是，他们可以购买更多的物质产品和服务。此外，在社会上，他们往往还拥有一个较高的身份地位。了解具体时间和具体国家中的收入和幸福之间的关系，已经成为大量实证研究的主题。作为一个稳健估计的结果，并且是一个一般性的结论，学者研究已经发现，平均来说，较富的人自陈了较高的主观幸福感。[①] 关于收入和幸福之间的关系，运用简单的回归分析，或在大量其他因素被控制时，运用多元线性回归方法分析，两者都证明了统计上（和正常高）的显著性。从这个意义上说，收入的确能够"买到幸福"。

表3—1中的数据来自综合社会调查，运用美国1994—1996年间汇集的样本，该表显示了等值收入（equivalent income）和平均幸福等级之间的关系。将家庭收入除以家庭成员数量的平方根，就可以得到等值收入，等值收入可以避免家庭规模对收入水平的影响。该表显示，平均幸福等级（幸福等级越高，人们越幸福）随收入的增加而上升。对于收入排在最低的十分位数，平均幸福分数是1.94；对于收入排在第五的十分位数，平均幸福分数是2.19；对于收入排在第十和最高的十分位数，平均幸福分数是2.36。显然，在美国，拥有较高收入的人，他们也拥有较多的幸福。

欧洲的数据也显示出相似的关系，这些数据来自欧洲晴雨表调查系列（1975—1991）。例如，位于收入等级四分位数较上部分的人，在他们当中，

① 有关美国情况，参见 Blanchflower and Oswald 2004b；Easterlin 1995，2001；Di Tella and MacCulloch 2006。有关欧洲联盟成员国的情况，参见 Di Tella，MacCulloch，Oswald 2001。有关瑞士的情况，参见 Frey and Stutzer 2000。

表 3—1   1994—1996 年间，美国的等值收入和幸福

	平均幸福等级[1]	等值收入（单位：美元）[2]
全部样本	2.17	20 767
收入十分位数 1	1.94	2 586
收入十分位数 2	2.03	5 867
收入十分位数 3	2.07	8 634
收入十分位数 4	2.15	11 533
收入十分位数 5	2.19	14 763
收入十分位数 6	2.29	17 666
收入十分位数 7	2.20	21 128
收入十分位数 8	2.20	25 745
收入十分位数 9	2.30	34 688
收入十分位数 10	2.36	61 836

资料来源：Frey and Stutzer 2002b；based on data from General Social Survey by National Opinion Research Center.

注：1. 变量数 34 157 和 1 028；"不知道"和"无"的回答省略。

2. [1]根据分数"不太幸福"=1，"相当幸福"=2，"非常幸福"=3。

[2]全部家庭收入除以全部家庭成员数量的平方根。

88% 的人认为自己是"相当满意"或"非常满意"的；而位于收入等级四分位数最低的人，在他们当中，仅仅只有 66% 的人认为自己是"相当满意"或"非常满意"的（Di Tella，MacCulloch，and Oswald 2003）。另一个分析也支持这种结论，这个分析是关于统一后德国东部情况变化的，也就是人们迅速增加的实际收入对他们幸福的影响（Frijters，Haisken-DeNew and Shields 2004）。结果表明，在德国东部人体验到的生活满意度增加中，35%～40% 可归结于家庭实际收入的大量增加（其他重要的因素是个人自由增加和公共服务改善）。

然而，增加的收入所增加的幸福并非无穷无尽。收入和幸福之间的关系并不是线性的，随着人们绝对收入的增加，收入的边际效用会出现递减。这个研究成果与收入的效用函数保持一致，也同标准的经济学教科书所表明的相同。表 3—1 中的数据也表明，在收入水平较高的情况下，人们收入同样比例地增加，只能引起幸福较小幅度地增加。增加一倍收入所增加的自陈的幸

福感，对于底部的十分位数来说，平均增加0.05等级分；但是对于顶部的十分位数来说，平均增加仅0.03等级分。相继进行的三次世界价值观调查，也为收入的边际效用递减提供了证据，这些调查覆盖了1980—1982年、1990—1991年和1995—1997年三个时期，包括国家的数量在18～30个之间（总共进行了87 806次观察）。据估计，在家庭收入分布中，一个人的十分位数从第四变动到第五，主观幸福感可以增加0.11等级分（用十分制等级形式表示，1.0代表最低的满意水平，10.0代表最高的满意水平）；与此相反，一个人的十分位数从第九变动到第十，主观幸福感仅仅增加0.02等级分（Helliwell 2003）。

关于个人收入和幸福之间关系的研究，其中的大多数是在先进的工业国家进行的。但是，所得结论实质上涵盖了发展中国家和处于转型中的国家（Graham and Pettinato 2002a，b；Hayo and Seifert 2003）。可以说，一个社会只有在一个具体时期之内，它的个人收入和幸福之间的关系才是确定的，这是一个非常稳定的现象。

然而，人们之间存在的收入差异，仅仅解释了幸福差异之中的较小部分。例如，在美国，两者纯粹的相关系数仅为0.20（Easterlin 2001，p.468）。有时，这些研究成果遭到了错误的解释，也就是认为收入与个人幸福无关。当评估收入的相关性时，我们必须考虑多元回归分析中系数的大小。在解释一些人为何比另一些人更加幸福时，一个低相关性可能表明其他因素也是重要的。特别重要的是，其他经济因素（特别是失业）和非经济因素（特别是健康，当然也包括个性因素）对幸福具有很大的影响。或许是因为相关分析方法中的个性因素，会让人们对于事物的评价产生差异。在生活中，那些评价物质产品比其他东西价值更高的人，他们往往拥有相当少的幸福（Sirgy 1997）。与此相反，拥有内在目标的人（换言之，自己定义自己价值的人），常常比那些追求外在目标的人（即以追求外在奖励为目标的人，例如财政上的成功或社会上的赞许）（Kasser and Ryan 2001；Kasser 2002）更加幸福。

具有相关性并不表明具有因果性。较高的收入可能让人生活较幸福，但是生活较幸福的人也可能挣得较高的收入（因为他们可能更加努力地工作，具有更多的进取心）。通过观察有关人员非工作挣得收入的变化，我们可以检验收入和幸福之间关系的直接原因。在英国，彩票中奖者和遗产继承者，在获得一笔财富之后的一年时间里，他们自陈了较高的精神幸福感。一个价值 5 000 英镑的意外礼物，估计增加的主观幸福感在 0.1 ~ 0.3 个标准差（standard deviation）之间（Gardner and Oswald 2001）。[1] 由此表明，较高的收入确实可让人生活得更加幸福。

然而，从获得收入到感到幸福存在着许多过程，这些过程的作用或许可以用来解释以下这个问题，为何较高的收入没有对幸福产生更多的影响。在这些过程的作用下，最为重要的是：人们会逐渐适应他们新的生活标准，人们还会将自己与其他人进行比较。最重要的不是收入的绝对水平，确切地说，最重要的是人们相对于自己过去的位置，相对于其他人的位置。这种相对收入思想是愿望水平理论（theory of aspiration levels）的一部分，它是一种相当普遍的理论。

3.1.2 幸福是相对的：收入愿望的作用

人们不会做出绝对的判断，也不愿意做出这种判断。确切地说，他们是持续不断地进行各种各样的比较，与他们的周围环境进行比较，与他们的过去进行比较，或与他们期待的将来进行比较。[2] 如此这般，人们对于偏差的注意和反应，就取决于其愿望水平的高低。[3]

大多数经济学家都不会否认，效用天生就是相对的。然而，大多数关于人类行为的经济模型却假定效用函数不变。在极少的例外中，偏好变化[4]理论关注于习惯形成（Marshall 1890；Modigliani 1949；Pollack 1970；Carroll，Overland，and Weil 2000）。在与有关其他人进行的比较中，可以引出一个相互依存的偏好概念（Layard 2005；Frank 1985b；Pollak 1976；Clark and

---

[1] 也参见 Smith and Razzell 1975；Brickman，Coates and Janoff-Bulman 1978。
[2] 适应过程是一种普遍现象，这种效应远远超越了对收入变化的适应。运用德国社会经济面板数据库中 1984—2003 年间的数据，克拉克等人（Clark et al. 2006）研究发现，对于离婚、守寡和第一个孩子的出生来说，人们具有一个完全的适应，会恢复到幸福感的"设置水平"。与此相反，对于结婚来说，人们的适应却是不完全的。对于失业来说，男人往往（不同于女人）不适应失业。
[3] 证据来自实验室实验，参见 Mellers 2000；Smith et al. 1989；Tversky and Griffin 1991。
[4] 有关论述，参见 Bowles 1998。

Oswald 1998；Sobel 2005），然而，这种概念现在也极少能够见到了。还有其他种类相互依存的效用模型，它们关注的是公正，而不是位置（Becker 1974b；Fehr and Gächter 2000）。

人们对于收入的愿望，不仅引起了对相对收入的关心，而且也引起了对先前收入水平的适应。在一个给定收入和消费水平的体验中，较高的收入愿望减少了人们的幸福感（Stutzer 2004）。在针对德国面板数据的实证检验中，收入愿望对人们主观幸福感的影响非常明显，具体原因可以解释如下。[①]

1. 人们评价相对效用的原因

从挣得收入到获得幸福，有两个主要过程发挥着作用，正是它们塑造了人们的收入愿望，导致了人们效用评价的相对性。

（1）社会比较过程

人们非常关心自己在收入阶梯上的位置。收入的绝对水平不是最重要的，最重要的是自己相对他人的位置。正是这种相对收入（relative income）思想，构成了愿望水平理论的一部分，而且是一个较为主要的部分。人们对于自己位置的关心，并不是人性呈现出的一个崭新方面，而是社会比较的可能性的增大，造成这种关心现在显得更为重要。过去，许多经济学家已经注意到，在收入、消费、身份地位或效用等方面，人们将自己与值得注意的人进行比较。凡勃伦（Veblen 1899）为此创造了"炫耀性消费"的概念。杜森贝利（Duesenberry 1949）假设了一种非对称的外部性结构，将"相对收入假说"模型化，并对这种模型进行了计量经济学检验。人们在进行比较时，眼睛总是朝上盯，而不是往下看。如此，造成自己的愿望常常比已经达到的水平高。较富有的人强加了一个消极的影响给较贫穷的人；但是，反之却并非如此。作为社会比较的结果，储蓄率往往依靠收入分配中的百分数位置，而不像传统的储蓄函数那样，单独地依靠收入水平。然而，人们在进行比较时，对于参照群体的选择，一部分是外部强加的，在相当程度上更大部分是自己积极选择的结果（Falk and Knell 2004）。甚至在人们观看喜欢的肥

---

① 有关一个较为充分的解释，参见 Stutzer and Frey 2004。

皂剧时，剧中家庭成员生活也可成为人们进行比较的对象（Schor 1998）。在一项针对 5 000 名英国工人的研究中，学者发现，这些工人选择的参照群体，都是与他们具有相同劳动力市场特点的那些人（Clark and Oswald 1996）。研究结果也显示，参照群体的收入越高，工人对工作的满意度也就越低。社会比较甚至也可能发生在一个家庭之中（Neumark and Postlewaite 1998）。妇女决定是否参加有报酬的工作，取决于她们的姐妹、姑嫂是否工作，挣取多少收入。具有相似教育水平和年龄的人，他们也可以形成外源性的参照群体（有关德国的情况，参见 Ferrer-i-Carbonell 2005）。在这个群体之中存在的收入比较，对于自陈的生活满意度有一个消极的影响。最近，一项运用美国面板数据的分析表明，在个人收入保持不变的情况下，一个地区的平均收入与较低的主观幸福感之间，存在着联系（Luttmer 2005）。

（2）逐渐习惯新的收入和消费水平

最初，物质产品和服务的增加，可以给人们提供额外的愉悦感受，但是这种愉悦感受通常只是昙花一现。物质产品产生的较高效用会逐渐耗损。人们的满意度依赖于消费的变化，并且会随着消费的持续而消失。一个持续不变和重复的刺激会降低快乐效果，这个过程或机制被称为适应效应（adaptation）。

在人们的消费过程中，快乐适应过程与社会比较，甚至竞争三者形成了补充。正是它们结合在一起，促使人们要为满足较高愿望而努力，并且这种努力是无休无止、无穷无尽的。在心理学和社会学中，愿望水平概念已经有很长的历史了（Irwin 1944；Lewin et al. 1944；Stouffer et al. 1949），适应水平理论（adaptation-level theory）非常好地扎根于心理学沃土之上（Parducci 1995；Frederick and Loewenstein 1999）。依据愿望水平理论，个人的幸福感是由愿望与成就的差距决定的（Andrews and Withey 1976；Campbell et al. 1976；Michalos 1985）。在不同的人们之间和在不同的情形之下，适应的程度和状况很可能存在着非常大的差异（Frederick and Loewenstein 1999；Riis, Loewenstein, Baron, and Jepson 2005）。学者通过研究认为，与人们对于其他生活事件的适应比起来，例如婚姻、残障（Easterlin 2004）或闲暇（Frank 1997），人们对于收入的适应程度更为完全。

2. 检验收入愿望对个人效用的影响

为了研究收入愿望对个人幸福感的直接影响，需要进行有关人们收入愿望的经验测量。在此，我们将收入评估当作愿望的代表。运用个人福利函数方法进行分析，可以对收入评估问题作出详细的说明（van Praag 1971；van Praag and Frijters 1999）。通过要求人们将希望得到的收入范围，填到一些定性描述收入水平的空格之中，在收入和预期福利之间，我们就可以建立起一个明确的关系。被调查者被要求回答以下问题：“在下列每种情况下，请尝试说出，你认为一个合适的收入是多少。根据我的/我们的情况，我认为一个家庭每（月）的纯收入：大约_____为非常坏……大约_____为非常好。”（van Praag 1993）在回答这个“收入评估问题”时，他们应当将自己的家庭和工作情况考虑进去。人们对于问题的回答，提供了足以满足他们愿望水平的信息（换言之，人们要求达到的收入，意味着他们的预期福利）。

在对几个国家的分析中，个人福利函数已经估计出来，而且结果也还不错，特别是在荷兰和比利时（van Herwaarden，Kapteyn，and van Praag 1977）。一个非常令人感兴趣的方面是，人们认为什么是“足够的”收入和他们实际得到的收入，这两个变量参数之间的关系，这种关系测量了由于收入变化所致的“偏好漂移”（preference drift）。这种关系呈现出来的正相关表明，对于某一收入水平来说，同事前（ex ante）评估的该收入相比，事后（ex post）评估的该收入是较低的。因此，与穷人认为什么是“足够的”收入比起来，富人认为的“足够的”收入水平是较高的。

在我们所做的检验中，我们将以下两个方面结合了起来，也就是有关个人愿望的信息与有关德国主观幸福感的数据，使用的数据来自德国社会经济面板数据库（GSOEP）。在1992年和1997年的两次调查中，其中的数据包括个人愿望水平信息。这种信息是由回答下面这个问题得到的：“你感觉某个收入水平是好，还是不好，它是否依赖于你的个人生活环境和期望。以你为例——家庭纯收入_____欧元刚好是足够的收入。”作为人们愿望水平的代表，平均说来，被调查者的回答是每月总计1 950欧元（以1999年的价格和购买力评价计算）。在调查的样本中，平均家庭收入是每月2 450欧元（以 1999 年的价格和购买力评价计算）。

通过回答下面的问题，我们可以获得自陈的主观幸福感数据，这个问题是："考虑到所有事情，你对自己的生活感到多大程度的满意？"被调查者回答的范围从 0（"完全不满意"）到 10（"完全满意"）。

我们估计了一个标准的微观计量经济学幸福函数。为了更容易地解释结果，我们的估计采用了最小二乘法。从收入、社会人口统计和社会经济特征、家庭规模等方面，对人们自陈的生活满意度进行了回归。在表 3—2 中的第一个回归显示，如果其他情形保持相同，则家庭收入与自陈的生活满意度之间，呈正相关。回归系数表明，如果用 0 到 10 的等级形式表示生活满意度，那么家庭收入翻一番，生活满意度增加 0.315 点。家庭规模估计的结果包含了这样的事实，即家庭收入必须在家庭成员之间分享。然而，家庭规模也记录了这样的事实，即生活在一起的人，他们之间可能是亲密无间、彼此帮助、相互支持的关系。因此，这种研究结果表明，家庭规模对生活满意度存在两个不同的影响，其中一个是纯粹的消极影响。

表 3—2 采用了德国的数据，第一个回归还显示出更多的结论，具体表现在以下五个方面：

* 比起男人来，女人要略微满意她们的生活。

* 年龄和生活满意度，两者的部分相关呈 U 形，最低点大约为 50 岁。

* 比起那些接受教育年限较短的人来，接受教育年限较长的人，他们自陈的生活满意度分数更高。

* 比起那些完全没有伙伴的人来，平均而言，有一个伙伴的人，他们自陈的生活满意度分数更高。

* 自陈的生活满意度分数较低的人，主要是这样的一些人：自我雇佣的人、不工作的人、失业的人、生活在民主德国的人和非欧盟成员国的外国人（比较的对象为雇员、生活在联邦德国的人和德国的侨民）。

在表 3—2 剩下的两个回归中，幸福函数得到了扩展，包括了代表人们愿望水平的测量。人们对于幸福感的判断，是否是相对于他们的收入愿望，就像上面提出的理论所表明的那样，对此，我们运用幸福函数进行了检验。

正如前面理论所预期的那样，检验结果显示，人们的收入愿望对于主观幸福感有一个消极的影响。这意味着，即使考虑到人们收入水平的上升，当他们一旦抱有较高的收入愿望时，他们体验到的幸福感也会较低。愿望水平翻一番——运用估计"恰好足够的"收入来衡量——降低自陈的生活满意度，平均说来为0.180分。这个结果支持以下基本假说，在收入和其他个人特征得到控制的条件下，人们的主观幸福感受到收入愿望的消极影响。

就人口统计这个控制变量而言，系数大小与第一次估计相似；与此相反，家庭收入对生活满意度的影响（0.534）比第一次估计（0.454）得要大。由此说明，在给定愿望水平的情况下，较高的收入对幸福感的影响较大。家庭收入系数大小的变化，提供了一个直接的证据，证明人们依据他们的收入水平调整愿望水平。

在我们的第二个估计中，对于结果的另一种解释表明，由于人格特质未被观测到，而这种特质又会对人们的愿望水平产生影响，因而作出的推断是模糊的。同样，人们对主观幸福感问题的回答也是如此。例如，在生活中，那些定有高目标、富有竞争性的人，他们可能自陈了较高的愿望水平，他们也可能自陈了较低的生活满意度，因为他们想留下改善的空间。作为其结果，观测到的相关性就会产生偏差。然而，随着时间的推移，如果同样的人们被重新调查，那么那些具有时不变特征的影响就可以得到控制。这就是纵向数据具有的校正方法，在这种方法中，考虑每个人幸福感的具体标准是可能的。分析同一个人在1992—1997年间的愿望水平变化，然后，在收入愿望和自陈的主观幸福感之间，我们就可以确定它们的统计关系。

表3—2的最后两列反映的是个人固定影响的估计结果，在这种估计结果中，排除了未观测的、时不变的个人差异原因所产生的虚假相关。部分相关的结果证明，收入愿望对生活满意度具有相当大的消极影响。如果人们的愿望水平翻一番，平均说来，就会降低自陈的生活满意度0.224分。因此，总的估计结果得到支持。由此再一次表明，作为充当控制变量使用的变量，包括性别、家庭结构、年龄、教育、就业、地区和国籍等，它们显示出对幸福具有相似的定性影响。

表 3—2 　　　德国 1992—1997 年间收入愿望对生活满意度的影响

	混合估计		混合估计		固定效应估计	
	系数	t 值	系数	t 值	系数	t 值
家庭收入，ln	0.454 **	15.39	0.534 **	16.45	0.327 **	5.81
收入愿望，ln			-0.259 **	-6.06	-0.323 **	-4.99
家庭成员数量	-0.363 **	-5.83	-0.303 *	-4.81	-0.321 *	-2.50
男性	参照群体		参照群体		参照群体	
女性	0.055 (*)	2.08	0.059 (*)	2.23		
年龄	-0.049 **	-7.57	-0.046 **	-7.06		
年龄	0.48e-3 **	6.93	0.45e-3 **	6.45	0.09e-3	0.53
教育年限，ln	0.155 (*)	2.22	0.213 **	3.03	-1.963 (*)	-2.26
无孩子	参照群体		参照群体		参照群体	
孩子	0.072	1.73	0.062	1.49	0.047	0.70
单身无伴侣	参照群体		参照群体		参照群体	
单身有伴侣	0.137	1.82	0.165 (*)	2.18	0.499 **	3.07
结婚	0.196 **	3.06	0.227 **	3.53	0.753 **	4.25
分居有伴侣	-0.296	-1.25	-0.279	-1.18	0.458	1.17
分居无伴侣	-0.640 **	-5.08	-0.620 **	-4.93	0.041	0.18
离婚有伴侣	0.107	1.05	0.145	1.41	0.604 **	2.74
离婚无伴侣	-0.337 **	-4.05	-0.331 **	-3.99	0.340	1.66
鳏寡有伴侣	0.068	0.43	0.100	0.64	1.505 **	3.72
鳏寡无伴侣	-0.065	-0.80	-0.051	-0.63	0.511 *	2.37
配偶在国外	-0.277	-1.12	-0.243	-0.99	0.616	1.27
雇佣	参照群体		参照群体		参照群体	
自我雇佣	-0.230 **	-3.44	-0.242 **	-3.62	-0.164	-1.36
有一些工作	-0.019	-0.23	-0.039	-0.49	-0.210	-1.83

续表

	混合估计		混合估计		固定效应估计	
	系数	t 值	系数	t 值	系数	t 值
不工作	−0.135**	−3.30	−0.151**	−3.68	−0.188**	−2.67
失业	−0.857*	−16.89	−0.871**	−17.16	−0.734**	−10.23
产假	0.165	1.79	0.152	1.65	0.023	0.17
服兵役	0.684	1.34	0.658	1.29	−0.196	−0.24
在读	0.086	0.68	0.056	0.44	−0.309	−1.63
退休	−0.052	−0.72	−0.069	−0.95	−0.139	−1.24
德国西部	参照群体		参照群体		参照群体	
德国东部	−0.837**	−29.29	−0.819**	−28.51	−1.009**	−4.53
国民	参照群体	参照群体	参照群体			
欧盟外国人	0.056	1.02	0.059	1.07		
非欧盟外国人	−0.238*	−5.02	−0.237**	−5.01		
年份虚拟变量1997	−0.134**	−5.46	−0.141**	−5.74	−0.299**	−3.55
常量	7.101**	103.98	8.071**	46.40	7.857**	25.02
观测人数	19 130		19 130		19 130	
调整 R^2	0.102		0.103			
总体 R^2					0.040	

资料来源：GSOEP.

注：因变量：生活满意度 [0~10]。

显著性水平：(*) 0.1>p>0.05；* 0.05>p>0.01；** p<0.01。

现有证据可以表明，如果将人们的收入愿望纳入分析之中，就可以较好地理解他们的幸福感。收入愿望是效用概念的一个方面，这个方面已经成为效用的心理探测仪。如果运用这种扩展的理论，各种各样的经验观察就可以得到很好的解释（Easterlin 2004）。例如，在过去的几十年时间里，尽管人们的经济财富持续地增长，但是生活在工业化社会中的那些人，他们为什么没有感到更加幸福？在一个社会中，如果平均愿望与人均收入保持同样的速度增长，那么这个问题就可以得到较好的解释。在 3.2 部分中，我们将对此问题展开更加广泛的讨论。

现在，还有一个观察可以得到较好的理解，就是在收入和自陈的主观幸福感之间，所呈现出来的低相关性。如果人们采用一种相对的方式，也就是相对他们的愿望评估自己的经济幸福感，而不是采用一种独立的方式，那么就会出现这样的情况：少部分人在一个经济不好的客观状况下，仍然可以感到高度的满意；而另外少部分人在一个经济很好的客观状况下，仍然可能自陈高度的不满。

3. 决定愿望水平因素的实证分析

下面两个影响个人愿望的过程，前面已经进行过实证研究。

（1）社会比较过程

就像前面分析曾经应用过的一样，这里，收入愿望同样是建立在代表性测量的基础之上的，对于发生在瑞士各地社区中的社会比较影响，学者已经进行过研究（Stutzer 2004）。研究结果发现，在人们生活的社区当中，平均收入对人们的愿望水平具有系统性的影响。如果一个人生活的社区，周围居民越富裕，那么这个人的愿望水平就会越高。这种影响不能单纯地用较高的生活费用来解释。研究已经证明，就愿望水平对平均收入变化的反应而言，比起不存在相互影响社区的成员来，存在相互影响社区的成员，他们的反应要远远大于前者。

（2）个人适应过程

运用莱顿团队（van Herwaarden et al. 1977；van Praag and van der Sar 1988）的个人福利函数，学者对个人收入和收入愿望之间的关系进行了定量检验。通过研究发现，作为一个稳健估计的结果，人们的愿望随收入水平的增加而增加。研究结果表明，较高的收入并没有全部转换成较高的收入愿望。研究发现，"偏好漂移"贯穿于个人收入较高的整个时期，它"毁坏"了收入增加对预期福利影响的 60% ~ 80%。除了习惯形成之外，如果考虑相互依存的偏好作用，不可否认的是，偏好漂移"毁坏"了收入增长对福利影响的100%（van de Stadt，Kapteyn，and van de Geer 1985）。

3.2 收入和幸福随时间变化

3.2.1 伊斯特林悖论或幸福悖论

对于收入和幸福，一些学者①的研究已经确定了一个异常明显、意料之外的关系：在过去的几十年时间里，美国、英国、比利时和日本等国的人均收入急剧上涨，而人们的平均幸福却"几乎不变"，甚至出现了下降。对于人们收入和幸福变化方向的不一致，学者将其形象地描述为"犹如一把张开的剪刀"。

以日本的情况为例（如图3—1所示），在1958—1991年间，日本的人均收入上涨了6倍。自第二次世界大战以后，无论在世界什么地方，这都可以说是最引人瞩目的收入增长。这种增长体现在几乎所有家庭都拥有一个室内卫生间、一台洗衣机、一部电话和一台彩色电视机，同样，也体现在每个家庭都拥有一辆轿车（Easterlin 2000）。然而，图3—1也显示，这种物质福利的大幅增长，并没有伴随着平均生活满意度的增加。如果用1~4分的等级形式表示，1958年，平均生活满意度是2.7分；1991年，在收入持续增加了30多年之后，人们的平均生活满意度仍然停留在2.7分。

在美国，来自综合社会调查的数据揭示了相同的关系。样本中，综合平均实际等值收入已经从17 434美元增加到20 767美元（增加了19%）。但是，人们平均幸福评价却呈现出略微下降的趋势，从2.21降到2.17。收入在所有十分位数中（除了第三以外）已经增加，然而平均幸福评价却出现下降或维持不变，在十分位数中排在第八。

---

① 他们中有Di Tella and MacCulloch（2006）；Blanchflower and Oswald（2004b）；Diener and Oishi（2000）；Myers（2000）；Kenny（1999）；Lane（1998）；Easterlin（1974，1995）。

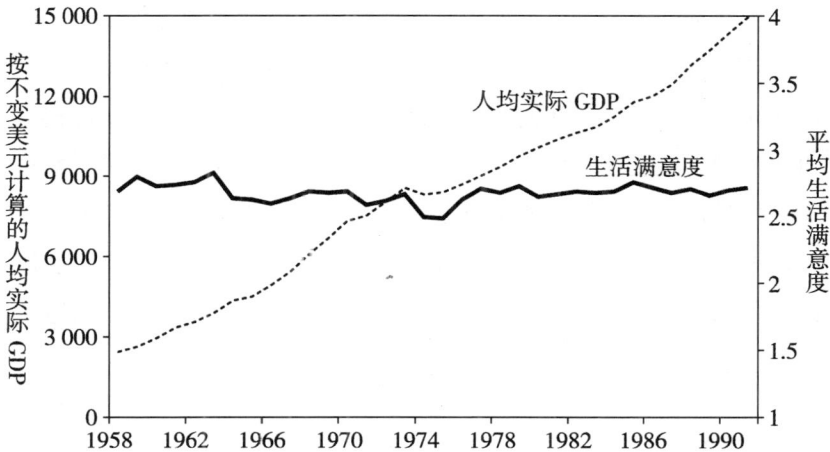

图 3—1　日本 1958—1991 年间生活满意度和人均收入

资料来源：Frey and Stutzer 2002b. Based on data from Penn World Tables and World Database of Happiness.

3.2.2　解释

通过前面提及的例子，我们可以作出什么推断呢？一个可能的观点是，在以下方面，我们可以忽视描述性证据：

* 在 20 世纪七八十年代，丹麦、德国和意大利等国的人均实际收入经历了一个持续的增长，但是，在自陈的生活满意度方面，它们的增加（幅度很小）却是相同的（Diener and Oishi 2000）。

* 在自陈的主观幸福感方面，一个小的增加或一个小的下降是否能够测量出来，这取决于不同的观察时期。并且，如果其他条件不变，随着时间的推移，收入和幸福之间的关系还未曾分析。不过，就美国的情况而言，当一些个人特征得到控制后，分析发现了一个负的时间趋势（Blanchflower and Oswald 2004b）。

然而，这些结论不是非常令人信服的。更确切地说，依据前面的观察，收入和幸福之间并非一定保持同步（pari passu）的增加，在这两者变化不一致的背后，可能暗含着这样一种解释，即比起单纯的收入水平来，有些因素对于主观幸福感的影响要大得多。人们经历的最重要的过程之一，就是对经历的调整过程。人们不能、也不愿做出绝对的调整；与此相反，他们一直在描绘着比较的图景，与他们的过去比较，或与他们预期的将来比较。这种解释再次借助了愿望水平理论。额外的物质产品和服务最初提供了额外的愉悦体验，但是这种愉悦体验通常只是短暂的。当愉悦是由物质性的东西激发时，较大的幸福就会逐渐损耗。随着消费的持续，人们的生活满意度依赖于消费的变化和消失。正是这个快乐适应过程的存在，激发人们不断地产生更多的愿望。

3.2.3　结论

通过前面的分析，我们可以得出以下三个重要结论：

* 不断上升的愿望，刺激着人们想要的东西越来越多。他们从不感到满足。一旦他们拥有了自己想要的东西，他们又想着拥有更多。"上升愿望"理论不仅适用于物质产品和服务，而且也适用许多非物质成就。例如，一次晋级导致了暂时的幸福，但是，与此同时也引起了希望将来获得晋级的期待和愿望。

* 欲望是贪得无厌的。人们得到的越多，人们想要的也就越多。由于效用函数随收入水平变化而变化，因此我们也就不能在愿望水平理论中，定义收入的边际效用。

* 大多数人都认为，过去他们感受到的幸福较少，期待着将来能够得到更多的幸福（Easterlin 2001）。这种不对称可以运用愿望的变化来解释。当人们往回看时，他们是基于当前的愿望判断他们（或其他人的）过去的生活标准，原来的消费束看起来相对没有吸引力。然而，当人们正在体验一次较高的物质生活标准时，如果他们要预计将来的幸福感，他们也会错误地基于当前的愿望，估计和期待将来会更幸福，他们没有意识到，随着时间的推移，愿望也会随之调整。

3.3　国家之间的收入和幸福差异

各种研究所提供的证据一致表明，比起生活在贫穷国家的人来，平均而言，生活在富裕国家的人要更加幸福（Diener, Diener, and Diener 1995；Inglehart 1990；Graham 2005）。如果在汇率上采用购买力平价方法，那么我们就可以控制国际间的生活费用差异，如此，我们也就可以测量不同国家之间的收入差异。研究运用的有关幸福数据，通常来自世界价值观调查，如果要进行国际间生活满意度的比较，这也是目前可以得到的最好的资料来源（Inglehart et al. 2000）。

从图 3—2 中，我们可以看出 63 个国家的人均收入和平均生活满意度之间的关系。使用的数据来自第四次世界价值观调查，这次调查是在 21 世纪初进行的。图中反映的两者关系表明，自陈的主观幸福感常常随着收入的增加而上升。一些学者发现了一种凹型曲线的关系：在发展水平低的阶段，随着收入的增加，幸福也随之增加，但是一旦人们的收入越过大约 10 000 美元的门槛，那么在这个国家中，平均收入水平对平均主观幸福感的影响就会极小。

然而，对于各国收入和幸福之间的关系来说，目前所能找到的检验仅有一个，而且这种检验的价值也极其有限。正相关可能出于多种因素，而非仅仅只有收入。特别重要的是，比起贫穷国家来，有着较高人均收入的国家往往也拥有更稳定的民主。因此，表面上看到的收入和幸福两者呈现的正相关，实际上很可能应归因于更发达的民主状况。其他因素也可能与收入相关，从而造成观测到的收入和幸福之间呈正相关。并且，人们的收入水平越高，他们的平均健康状况往往也越好，他们的基本人权也越有保证。因此，或许健康状况和基本人权的改善，两者伴随着收入一起增加了人们的幸福。

此外，令人感到惊奇的是，随着时间的推移，正相关也可能应归因于依据幸福自身呈现的证据，在这些证据中，没有发现人均收入和幸福之间存在

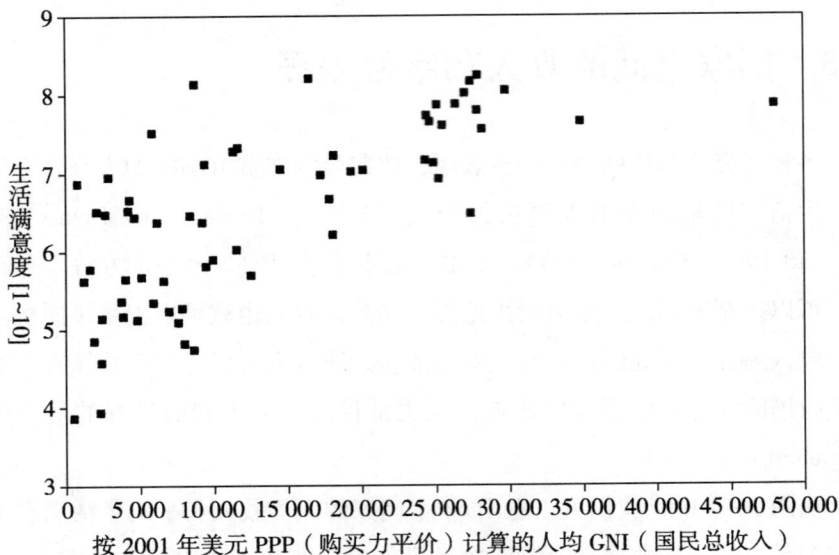

图3—2　21世纪以来的世界各地生活满意度和收入水平

资料来源：World Values Survey 1999-2004；World Development Report 2003.

稳健的关系。运用两种可能的策略，我们可以进一步说明绝对收入的作用，这种作用包括在幸福中的作用、在不同国家中的作用、在国家之间比较中的作用。

作为第一个策略，我们可以使用反映若干时期的横截面数据，如此，就能控制国家的时不变具体特征。这些具体特征包括固有的文化差异、语言差异等，它们的存在可能引起系统性扭曲。哈里维尔（Helliwell 2003）在其研究中就采用了此法，他结合了49个国家的数据，这些数据来自前三次世界价值观调查。为了避免国家具体特征的影响，他在估计方程中，根据这些国家基本发展水平的差异，将它们划分为六个组：工业化国家、斯堪的纳维亚国家、前苏联国家、其他东欧国家、拉丁美洲国家和其他发展中国家。他通过研究发现，国家人均收入增加（测量以1997年美国人均收入为基准，数值采用百分比），对自陈的主观幸福感有着非常小的影响。如果用1～10的等级形式表示，在一个人均收入只有美国一半的国家（收入分配状况不变），人均收入增加10%，平均生活满意度仅仅增加0.0003分，甚至在达到美国 1997 年实际人均收入水平之前，这种微小的收益就已消失（Helliwell 2003）。

前面横截面研究所得出的结论，忽略了不同国家和区域的具体特征，它们会对自陈的主观幸福感决定因素产生影响；与此相对照，现在哈里维尔的这个研究，同收入和幸福关系随时间变化而变化的研究成果更相符。然而，有人或许会争论，在哈里维尔研究所使用的数据库中，完全没有反映贫穷国家情况的数据。既然收入和幸福看起来有关，特别是从国家发展的观点来看更是如此，那么作为第二个策略，我们就可利用发展中国家的主观幸福感变化情况，直接说明收入和幸福之间的关系。但是，关于发展中国家中的自陈主观幸福感情况，目前，我们拥有的长期时间序列数据资料极少。只有两个项目具有使用价值，一个是俄罗斯的社会经济面板数据库（Ravallion and Lokshin 2001），一个是在拉丁美洲 17 个国家进行的重复调查（Graham and Pettinato 2002a，b）。运用这些数据进行的研究表明，个人收入对生活满意度的影响，与在欧洲国家发现的情况非常相似（保持年龄、教育、婚姻、健康和失业不变；参见 Graham 2005）。来自秘鲁和俄罗斯的证据一致显示，经济发展往往伴随着巨大的社会流动性。对于愿望水平快速增加的那些人来说，如此的社会流动性可能减少了他们的整体获利——来自经济财富增加引起的幸福感增加。尽管理解过去的流动性，理解向上流动性的发展前景，都对自陈的主观幸福感有着积极的影响，但是一小部分"灰心丧气的成就者"，他们不顾社会流动性具有的这种客观影响，表现出消极的理解社会流动性，结果，自陈了一个低的生活满意度（Graham and Pettinato 2002a，b）。

另外一方面的考虑是，当比较不同国家间的收入和幸福关系时，因果关系的方向是否是由收入到幸福，就像到目前为止一直隐含在假定中的那样，还是一个需要考虑的问题。其实，一个相反的因果关系可以很好地想象（Kenny 1999）。例如，或许人们会对下列说法存在争论：对生活越满意的人，也常常工作更努力，因而他们的人均收入也较高。换句话说，幸福的人可能更富有创造性和进取心，更多的创造性和进取心又会带来更高的收入。目前，这种存有争论的因果关系方向还没有得到很好的解释，但是将来应当加以仔细的考虑。

现有证据表明，一方面，无论在世界各地哪个国家，人们的收入和幸福都是相关的，但是收入对幸福的影响又是不大的和递减的。由此说明，在解释国家之间的自陈主观幸福感差异时，其他因素的作用可能更为重要。另一方面，现有证据也佐证了一个神话般的见解，即认为贫穷国家的人较为幸福，因为他们生活在一个更为"自然"的环境之中，生活在一个较少精神紧张的状态之下。

第 4 章

失业对幸福的影响

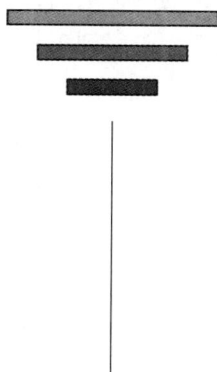

由于就业与经济繁荣联系在一起，因此充分就业也就成为了经济政策的一个目标，并且是一个无可争议的目标。失业会产生成本，因为宝贵的人力资源遭到浪费，经济体的实际产量会下降，出现紧缩性缺口。基于这种观点，学者已经进行了一些尝试，希望提供失业福利成本的定量估计。例如，奥肯（Okun 1970）通过计算发现，在短期，失业率降低 1 个百分点，与此相联系，实际产量会沿着潜在产量增加大约 3 个百分点。然而，这些尝试是非常有限的，它们没有考虑商业周期的机会成本、任何结构性政策的机会成本、替代花费的时间（换言之，非市场活动的价值），或失业的理由。更为重要的是，这些方法都是建立在收入损失基础之上的，它们完全忽视了失去工作的心理影响。其实，如果运用有关主观幸福感的数据，我们就可以直接研究个人失业的福利后果，就像失业对于失业者和就业者的总体影响可以研究一样。

4.1 个人失业

4.1.1 是自愿还是非自愿失业?

这里的观点很简单，当一个人处于失业状态时，他承担的成本主要表现为收入损失。对于个人福利损失的一个抵消，就是失业者享受到了额外的闲暇。此外，在持续失业的情况下，未得到正式雇佣也给失业者提供了一个机会，就是从事影子经济（shadow economy）工作的机会。

在一个市场机制完善的劳动市场里，是不存在非自愿性失业的，存在的仅是雇员转换工作时，发生的短期摩擦性失业。新古典宏观经济学抱着这样的观点，即通过将失业导致的收入损失，同获得的闲暇和将来较好的工作条件两者进行比较，人们就能够实现效用最大化。人们无论是选择减少劳动供给，还是选择增加劳动供给，其结果都是最佳的。当他们处于失业状态时，他们并没有遭受效用的损失。但是，其他理论则不接受这种劳动市场自由伸缩的观点，认为这种观点充满了乐观主义的情怀，例如，新凯恩斯宏观经济学就不接受这种观点。该理论强调，当人们失去工作时，大多数人是遭受了效用损失的。这种损失只可能由失业的收益递减。为了甄别上述两种观点孰是孰非，经济幸福研究提供了一个补充方法，由此，我们可以找出它们当中哪一个较好地接近现实。

4.1.2 幸福研究的成果

在失业人员与就业人员的比较中，失业人员自陈的主观幸福感，可以帮助学者确定他们的体验效用水平。当人们处于失业状态时，失业会对他们的生活满意度产生什么影响呢? 运用许多国家在许多时期的资料，学者已经对这一问题进行了研究。[1] 研究采用了 12 个欧洲国家有关生活满意度的数据，这些数据来自欧洲晴雨表数据库，它们反映了这些国家在 1975—1992 年间的情况，生活满意度用 1~4 的等级形式表示。在控制了大量其他幸福决定因素（包括收入和教育）的情况下，迪特利亚、麦卡洛克和奥斯瓦尔德（Di Tella，MacCulloch，and Oswald 2003）三人的研究发现，比起就业人员来，具有相似特征的失业人员自我表明的幸福水平不仅低，而且低很多。在一个从 1（"根本不满意"）~4（"非常满意"）的满意等级范围内，失业人员体验的主观幸福感损失，共计 0.33 分。

其他很多学者的研究也发现，在许多国家的许多时期，处于失业状态会让人感到非常的不幸福。[2] 在克拉克和奥斯瓦尔德（Clark and Oswald 1994，p. 655）对英国的开创性研究中，二人将他们的结论总结如下："……失业减少的幸福感多于任何其他单一因素，包括一些具有很大消极影响的因素，例如离婚和分居。"

还有一些分析提供了若干补充性的结论，这些结论十分有趣，听起来让人觉得兴趣盎然，它们是关于失业人员中特别群体的。许多研究发现，就男、女各自的平均体重来说，在失业者中，男人超过平均体重的程度，要比女人超过平均体重的程度更严重。比起女性来，男性根本不能很好地适应失业（Clark et al. 2006）。同样是遭遇到失业的打击，比起那些处在工作年限中间的雇员来，较年轻和较年老的雇员遭受的痛苦较少。就德国的情况而言，研究发现，对于 50 岁以上的妇女来说，失业没有减少她们的生活满意度（Gerlach and Stephan 1996）。同样是由于失业，那些接受过高水平教育的人，他们的主观幸福感下降的程度，要大于那些只接受过低水平教育的雇员（Clark and Oswald 1994）。

前面提到的分析结论，它们涉及的都是失业的"纯粹"影响，这些影

---

[1] 例如，参见 Clark and Oswald 1994；Winkelmann and Winkelmann 1998；Clark 2003。
[2] 有关论述，参见达杨和戈德史密斯（Darity and Goldsmith 1996）。埃里克森和科皮（Björklund and Eriksson 1998；and Korpi 1997）提供了关于斯堪的纳维亚国家的证据，布兰奇福劳和奥斯瓦尔德（Blanchflower and Oswald 2004b）提供了关于英国和美国的证据，温克福曼和温克尔曼（Winkelmann and Winkelmann1998）提供了关于德国的证据，拉瓦雷和洛克申（Ravallion and Lokshin 2001）提供了关于俄罗斯的证据。

响都会带来损失。如果收入损失和其他可能伴随个人失业的直接影响受到控制，那么在这种情况下，考虑失业收益的影响是重要的（Di Tella and MacCulloch 2006）。学者必须预计到，失业对个人幸福感存在着一个相互冲突的影响：一方面，较大的失业收益往往会延长失业的持续时间；另一方面，较大的失业收益又帮助减少了失去工作的物质损失。近几十年来，欧洲国家高失业率的存在，常常被归咎于高失业收益，这种高失业收益减少了工作激励。然而，在1975—1992年间的欧洲，随着失业收益的增加，失业人员和就业人员之间的幸福差距并未减小（Di Tella，MacCulloch，and Oswald 2003）。由此表明，政府给予失业人员的物质支持，不可能作为观察到的失业原因。

对此，人们或许会进行争论，因为根据这些研究成果，完全可以作出不同的解释。当失业和幸福之间的负相关明确地建立起来后，这可能是一个很好的例子，表明因果关系走向相反的方向，这种相反方向暗含在目前的负相关之中。也就是说，失业可能是不幸福的人表现不好，因此他们更可能被解雇；与此相反，幸福的人较容易适应自己的职业生涯，如此，又会使他们较小可能失去自己的工作。

由于选择偏差（selection bias）[①] 的存在，可能产生反向因果关系问题。这种问题在许多研究中已经得到分析，这些分析运用了收集到的纵向数据，这些纵向数据来自特定的工人，时点分别为他们失去工作之前和因为（例如）工厂关闭而失去工作之后。已经有证据显示，在劳动力市场上，那些不幸福的人，他们的表现的确不好，而且，因果关系的主要方向，看来也显示得非常清楚——从失业到不幸福。社会心理学的相关研究，同样确定了失业和重新就业对人们精神幸福感的影响。[②]

既然失业者较低的主观幸福感，不能由较低的收入水平来解释，同样，它也不能由天性就较少幸福者的自我选择来解释，那么失业就一定与非货币

---

① 选择偏差是指选取的研究对象与未选取的研究对象，在某些特征上存在差异而引起的误差——译者注。
② 有关论述，参见 Murphy and Athanasou 1999。

成本有关系。失业人员的幸福感下降，在很大程度上讲，可以归咎于心理和社会因素。[①]

1. 心理成本

失业可以引起沮丧、焦虑、自尊下降和个人控制感降低。对于那些完全不能离开工作的人来说，失去工作会使其产生非常沉重的心理负担。数量研究已经表明（例如 Goldsmith，Veum，and Darity 1996），同就业人员相比，失业人员的精神和心理健康状况更差。作为这种状况的结果，失业人员的死亡率通常也较高，而且其更可能产生自杀的念头。在 1972—1991 年间的美国，国家失业率每上升 1 个百分点，预计自杀率就会增加 1.3 个百分点（Ruhm 2000）。此外，失业的人员还有一个很大的倾向，就是消费大量的酒精。他们的人际关系也更加紧张。对于第一次遭遇解雇的那些人来说，失业引起的精神成本非常高；而对于那些曾经遭遇过解雇的人来说，失业遭受的精神损失要小一些。由此表明，从某种程度上说，失业者已经习惯了失业。对于持续性失业的问题，这项研究结果也可提供部分的解释（Clark，Georgellis，and Sanfey 2001；Lucas，Clark，Georgellis，and Diener 2004）。

2. 社会规范

斯塔特勒和拉里规（Stutzer and Lalive 2004）分析了社会规范对失业人员主观幸福感的影响。依据有关文献，一种社会规范被认为是一种行为规则，这种规则反映了社会共享理念要求的行为。社会规范能够引起非正式的社会制裁，迫使人们实施规则要求的行为。遵守必须要工作和不要依赖他人的社会规范，会让失业人员感到一种内在压力。必须要工作的社会规范，被认为是用一种简单的方式影响人们的幸福感。对于依靠公共基金——例如，失业救济金——生活是对还是错这种问题，在人们信念方面存在着差异。我们可以区别两个极端："弱规范"社区和"强规范"社区。在"弱规范"社区中，很大比例的居民认为，依靠公共基金生活是完全正确的；反之，在"强规范"社区中，很大比例的居民则认为，依靠公共基金生活是错误的。

---

① 有关论述，参见 Feather 1990。

在其他条件相同的情况下，失业人员找寻工作的努力和接受一个正常工作的意愿，在强规范社区都要比在弱规范社区高。在强加的社会压力作用下，比起弱规范社区的失业人员来，强规范社区的失业人员，较少满意自己的生活。

从一定程度上讲，当公民具有直接的政治参与权时，公民的工作规范也就反映了实际作出的政治决策。有一个例子可以说明这点，1997年在瑞士，曾经就失业人员的失业救济金支付水平问题，举行过一次公民投票。在直接民主决策的过程中，对有关问题进行的公开讨论，扮演了一个非常重要的角色（Bohnet and Frey 1994；Frey 1994a）。在一个赞成减少失业救济金的社区中，赞成选民可以视作遵循社会工作规范的代表。公民投票的结果表明，工作规范只有一定的影响，仅得到极其微弱的50.8%的赞成票获得通过。有关工作的社会规范的确是决定选举行为的一个重要因素，就像图4—1所表明的那样。采用科特等人（Cotter et al. 1995）的工作价值调查问卷，该图比较了瑞士26个州①公民投票的结果。横轴代表各个州赞成减少失业救济金的选民比例，纵轴代表在每个州调查的被调查者所占的百分比，被调查者不反对这样的说法，即"一个不能依靠自己收入生活的人，就是无用之人"。上面运用两种方法得到的工作社会规范强度，两者之间的相关系数是0.55。显然，在每一个州，这两种方法得到工作规范强度之间，呈很强的正相关。

经验分析的结论，也显示出社会工作规范对失业人员幸福感的影响，这些分析结论体现在表4—1中。由于因变量包含了有关主观幸福感的排列信息，所以经济计量分析应用了加权有序概率模型。结果，对于就业人员的影响，计量分析估计的系数为正，表明自陈较高生活满意度的概率增加。当自变量增加一个标准差时，边际影响表明效用水平为9或10的人数变化百分比。当涉及失业人员而不是就业人员的影响时，个人自陈的主观幸福感水平为9或10的概率，要降低34.9个百分点。

①　原文如此——译者注。

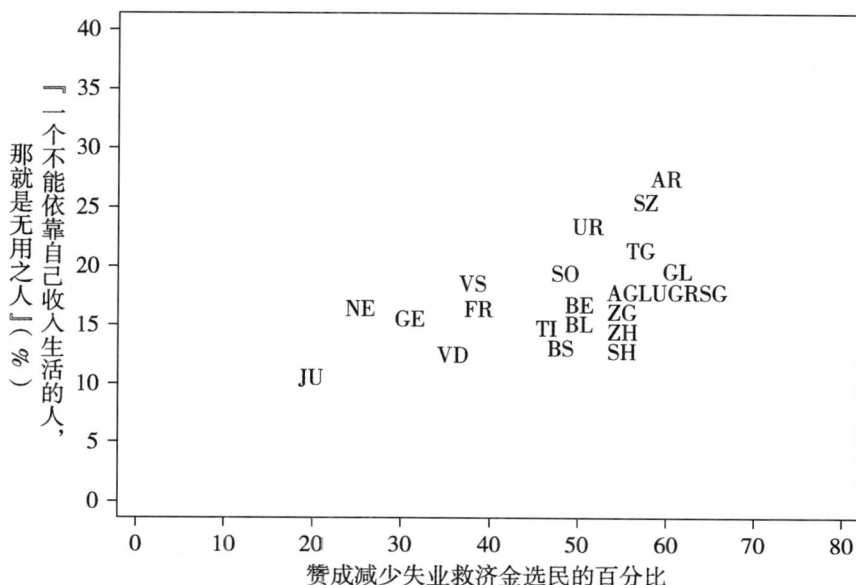

图4—1 社会规范强度的投票方法和调查方法间的相关性

资料来源：Stutzer and Lalive 2004. Based on Swiss Federal Statistical Office and Cotter et al. 1995.

注：1.1997年9月，在瑞士举行了是否减少失业救济金（UB）的全国公民投票。横轴代表一个州赞成减少失业救济金（UB）投票者的百分比，纵轴代表在每个州调查被调查者的百分比。被调查者不反对这个说法，即"一个不能依靠自己收入生活的人，就是无用之人"。这个调查体现在科特等人（Cotter et al. 1995）的研究成果之中。由于统计原因，在这次所调查的州中，仅进行了30多次观察。

2.缩写代表州名。图中瑞士各个州的缩写意为：AG（Aargau，阿尔高）、AR（Appenell a. Rh.，阿盘则尔艾）、BE（Bern，波恩）、BL（Basel-Landschaft，巴塞尔—兰沙夫特）、BS（Basel Stadt，巴塞尔·斯塔德）、FR（Fribourg，弗里伯格）、GE（Geneva，日内瓦）、GL（Glarus，格拉鲁斯）、GR（Graubuenden，格鲁边丹）、JU（Jura，尤拉）、LU（Luzern，路泽恩）、NE（Neuchatel，新沙特尔）、SG（St. Gallen，圣吉兰）、SH（Schaffausen，沙夫豪森）、SO（Solothurn，索罗森）、SZ（Schwyz，斯维兹）、TG（Thurgau，斯尔高）、TI（Ticino，提西诺）、UR（Uri，乌里）、VD（Vaud，瓦奥德）、VS（Valais，瓦拉斯）、ZG（Zug，祖格）、ZH（Zurich，苏黎世）。

在表4—1中，第一个系数代表社会工作规范的影响，也就是对就业人员的生活满意度的影响。估计的结果为一个小的正面影响。因此，当人们信奉较强的社会工作规范时，工作看来给他们带来了更多的生活满意。社会工作规范存在的强度差异，导致了就业和失业者之间的幸福感差异，运用规范强度和个人失业相互影响的术语，可以揭示这种幸福感的差异。这种相互作用变量的系数，统计上呈显著负相关。因此，在一个社区中，赞成降低失业救济金的人员比例越高，生活在同一社区的失业人员，比起就业人员来，他们的生活满意度的下降幅度就会越大。这种减少是巨大的。在估计边际影响时，在赞成较低失业救济金的选民比例方面，比例增加一个标准差，可能减少了失业者自陈的幸福 9 或 10 分，大约为 19.9 个百分点。这个结论符合前述的观点，在影响失业者幸福感的因素中，社会规范扮演了一个非常重要的角色。

表4—1　1997年社会工作规范对失业和就业人员生活满意度的影响

	加权有序概率	边际影响（等级 9 ~ 10）
社会工作规范强度	0.011（*）	4.75
（%/10）	(1.96)	
	−1.214**	−34.91
失业（U）	(−6.26)	
	−0.045**	−19.89
社会工作规范强度×U	(−3.03)	
	−0.275**	−3.14
失业持续时间（年）	(−2.90)	
	是	
个人特征①	125	
社区数量	1 397	
观测数量	−2 358.83	
ln$L$		

资料来源：Stutzer and Lalive 2004. Based on Leu, Burri, and Priester 1997；Swiss Association of Cities（various years），and data service of Swiss Federal Statistical Office.

注：1. 因变量：生活满意度 [1 ~ 10]。加权有序概率估计。白噪声方差估计。渐近 z 值（在括号中）基于稳健的标准误差，这些误差被调整聚集到 125 个社区。在虚拟变量例子中，边际影响表现为一个标准差或从 1 到 10 的变化。社会规范强度 = 赞成较低失业救济金的百分比。显著水平：（*）0.1>p>0.05；*0.05>p>0.01；** p<0.01。

2. 控制变量包括年龄、性别、国籍、受教育水平、家庭情况、就业状况、家庭等价收入、社会联系频率、参与俱乐部活动、面谈年份和地区等指标。

对于失业给个人幸福感带来的巨大消极后果，幸福研究在这方面提供了很多重要的见解。研究强调了失去工作的精神打击和心理成本。不过，失业者的情况也会有一些恢复：随着时间的推移，一定程度上，失业人员会逐渐调整自己的状况，从而逐渐减少失业造成的不幸福（参见，例如 Clark and Oswald 1994）。在这一方面，将来的研究还应该进行更深入的调查，掌握失业人员恢复的时间、原因和程度等决定因素。情境的影响也需要进一步地详细分析：在什么情况下和在什么程度上，失业人员会将自己与其他的失业人员进行比较，然后感觉会变得较好？掌握有关从失业的最初打击中恢复的形式，并且要更多地掌握，如此，有助于我们较好地理解他们可持续的幸福（sustainable happiness），这种持续幸福是一个需要学者重点关注的幸福问题（Lyubomirsky，Sheldon，and Schkade 2005）。

4.2 失业的整体影响

即使人们自己没有失业，但是由于失业的存在，人们也可能感到不幸福。他们可能同情失业者的不幸命运，他们或许也担心将来自己成为失业者。由于经济和社会是作为一个整体而存在的，因此他们可能害怕失业引起的整体消极后果，他们可能不喜欢失业救济和税收的增加，而它们将来很有可能会随之而来，他们可能害怕犯罪和社会紧张气氛的增加，他们甚至可能已经感觉到了暴力抗议和暴动的威胁。

在对 1975—1991 年间 12 个欧洲国家的研究中，迪特利亚、麦卡洛克和奥斯瓦尔德（Di Tella，MacCulloch，and Oswald 2003）发现，在其他影响保持不变的情况下，总体失业率从 9%（欧洲平均失业率）增加到 10%，如果用 1~4 的等级形式表示，则会减少自陈的生活满意度 0.028 单位。这种影响是相当大的：失业率一个小小的上升，等同于使 2% 以上人的境况变差，表现为从一种生活满意度类型降到另一种类型——例如，从"不非常满意"降到"根本不满意"。

通过将失业人员遭受的损失与失业的整体影响相加，可以计算出失业对于社会幸福方面的整体影响。再一次考虑失业率增加 1 个百分点的情况。在前面个人失业部分的分析中，结果已经表明，失业人员在他们的幸福等级上经历了 0.33 的下降。这个数字必须再乘上 1.0% 才能非常不幸地成为失业的人：$0.33 \times 0.01 = 0.0033$。加上 1% 的失业率增加的 0.028 整体影响，最后失业导致整体社会幸福减少 0.0313（Di Tella，MacCulloch，and Oswald 2003）。当然，接受这种计算必须有所保留。不过，它至少能用一种近似的方法，估计失业对人们幸福的影响。在此，必须保持谨慎的一个原因是，在个人和更普遍的失业之间，可能存在各种各样的相互影响，这有可能反过来影响对于幸福的估计。

其中，一个重要的相互影响涉及参照群体的选择。以收入为例，人们往往会相对他人来评估自己的状况（Lalive 2005）。对大多数人来说，如果他们的命运不是特别地不好，那么单纯失业减少的幸福也就较少。当人们看到失业打击了很多人，并且这些人是自己所认识或听说过的人时，失业者受到的心理和社会影响都会减弱。如果失去工作的原因很明显，它不是由于失业者自己的缺点，而主要是由于一般经济发展的问题，那么失业者的自尊就可以得到较好的维护。如果失业同时打击了其他许多人，耻辱和社会责难也就很少盛行。

为了从实证的角度，检验参照群体对失业人员自陈幸福感的影响，我们可以依据三个解释变量回归幸福分数：个人失业、参照群体中的失业、结合个人失业和参照群体中失业的相互作用变量。

在其他所有变量保持不变的情况下，使用一个人伙伴的就业状态，或者换一个选择，使用一个人生活区域中的人们作为参照群体，利用英国1991—1996 年间的数据，学者估计了这种类型的幸福函数（Clark 2003）。跟前面的全部研究很相似，失业人员比就业人员感到了更多的不满意，失业总体上减少了人们的幸福。与此相反，如果失业者的伙伴也失去了工作，或者在同一区域中，有很大一部分人失去工作，那么失业者受到的损失的确较少。当将经济中的总体失业作为参照时，得到的结果同样如此。

为了说明他人的失业让自己痛苦到什么程度，参照群体具有重要意义。

然而，人们将什么群体作为参照，不是由外部决定的，人们一定程度上是可以选择的（Falk and Knell 2004）。失去工作的人往往喜欢同其他失去工作的人交往，部分是因为他们都有时间彼此交往，或部分是因为他们躲避正常的社区生活。研究也发现，当婚姻和配偶关系中的一方失业时，这种关系就会面临一个很大的破裂风险（Kraft 2001）。在所有这些例子中，对于参照群体的界定，会随着人们在劳动市场上的身份的改变而做出调整。此外，从前面的参照群体到失业的估计，与幸福的因果关系还不明确。

第 5 章

通货膨胀和不平等对幸福的影响

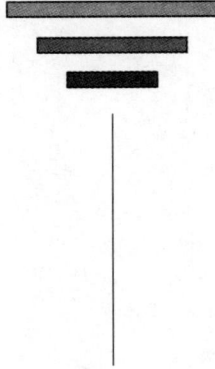

5.1　通货膨胀

通过考虑预期到的和未预期到的通货膨胀差别，理论经济学讨论了两种情形下的通货膨胀的成本——一般价格水平上升的成本。当人们预期到价格上涨时，他们几乎不用付出任何成本，就能进行相应的调整。但是，如果价格上涨来得像一次"突然电击"，那么人们要想进行事先的调整，也就完全不可能了。累积的通货膨胀和相对价格的变化，这两方面都存在不确定性，当增加的通货膨胀导致较高的不确定性时，人们调整的代价也会更高。人们需要做出大量的努力，以便自己能够知道预期价格的上涨，并且避免受到这种价格上涨的影响。期间，他们可能犯下许多不同的错误——例如，低估将来通货膨胀的严重程度，或与其他的价格进行比较时，低估一个具体的价格的变化幅度。

通过计算货币需求曲线下方区域面积的大小，我们可以分析价格上涨的福利成本，其基本思想是，人们节约通货的使用，由此强加了一个福利成本，减少了幸福感。基于这种方法，年通货膨胀率10%的成本已经计算出来，它占国民收入的0.3%～0.45%（Fischer 1981；Lucas 1981）。这个成本非常小，由此也表明，反通货膨胀政策与它的成本相比，几乎是不值得执行的，这种成本就是引起失业的增加和实际收入的减少。

许多经济学家一定会反对上述结论，而且是坚决地反对。他们认为，价格稳定是任何经济得以健康运行不可或缺的前提，只有保持价格的稳定，行为者的行为才可能是理性的。但是，大多数经济学家采取了一种折中的态度。关于通货膨胀的成本，现有经验证据所呈现的图像却远非清晰。① 学术型经济学家倾向的"共同观点"是，不可控制的通货膨胀是非常危险的；反之，持续的（因此，更可预见的）而且低的（例如，每年1%～5%）通货膨胀，还未曾引起任何较大的问题。人们似乎对通货膨胀的感觉相当不同。一项在美国、德国和巴西进行的广泛调查（Shiller 1997）表明，一般人所关心的、与通货膨胀相联系的问题，不同于经济学家所关心的问题。人们似乎忽视了这样一个事实，通货膨胀一般也能增加他们的名义收入。他们只看到了可能的危害，但是却未曾看到可能的收益，也就是通货膨胀可能使他们生活标准提高的收益。另外，调查也发现了一般人对于其他方面的关心，这些关心通常被经济学家所忽略。一种关心是，通货膨胀允许机会主义者用一种不公平和不诚实的方式剥削他人；另外一种关心是，通货膨胀侵蚀了社会道德的基础。许多人担心，通货膨胀可能会造成政治和经济混乱，他们也担心，通货膨胀会引起汇率下降，损害自己国家的声望。

幸福研究发现，通货膨胀减少了个人自陈的幸福感，而且是一种系统性

---

① 有关论述，参见 Drifill, Mizon, and Ulph 1990。

地和显著性地减少。在一些研究中，由于结合了时间序列和横截面数据，因此可以对一些国家通货膨胀发展的时间路径进行分析。其中，最有意思的研究，是对欧洲 12 个国家在 1975—1991 年间情况进行的研究，这项研究是由迪特利亚、麦卡洛克和奥斯瓦尔德（Di Tella，MacCulloch，and Oswald 2001）三位进行的。他们的研究表明，平均通货膨胀率为每年 7.5%。计算平均满意度所运用的数据，来自人们对于一些问题的回答，这些问题用 1 ~ 4 的等级形式表示，这种等级形式把"完全不满意"记为 1 个单位满意，"不非常满意"记为 2 个单位满意……。如果个人社会经济特征和失业率保持不变，那么通货膨胀率每增加 1 个百分点——比如说从每年 8% 增加到9%——估计减少平均幸福 0.01 个单位满意（换言之，在样本中，平均水平从 3.02 降到 3.01）。因此，通货膨胀率增加 5 个百分点（从历史的角度看，这是一个很有可能发生的事件），主观幸福感降低 0.05 个单位。尽管这种影响并不是非常大，但是它却是持续不断的。这意味着将有 5% 的人口，他们的生活满意度会下降，从一种生活满意类型降到一种较低的生活满意类型——例如，从"非常满意"降到"相当满意"。

现在，在通货膨胀和失业的替代关系研究中，我们可以将两种结论结合起来分析（Di Tella，MacCulloch，and Oswald 2001；Wolfers 2003），也就是前面研究的结论——有关失业对幸福的影响，与刚才讨论的结论——有关通货膨胀对幸福的影响，需要解决的一个问题是"平均说来，为了容忍失业率上升 1 个百分点，一个国家到底应该降低多少通货膨胀？"在一定的范围内，假定幸福直接依靠两个经济因素，这里的估计控制了国家的固定影响、年度的影响、国家的具体时间趋势。计算的结果表明，失业率每增加 1 个百分点，需要得到通货膨胀率下降 1.7 个百分点作为补偿。因此，为了使人们能够感到的满意相同，如果失业率上升 5 个百分点（例如，每年从 3% 上升到 8%），那么通货膨胀率则必须下降 8.5 个百分点（例如，每年从 10% 下降到 1.5%）。因此，对于"痛苦指数"而言，它简单地将失业率和通货膨胀率两个变量相加，这就意味着对两个变量赋予了同样的权重。如此，在失业和通货膨胀的替代关系中，就会呈现出一幅扭曲的图景，相对于通货膨胀来说，分配给失业的权重太小。

5.2　不平等

世界上大多数国家的人们都认为，由市场进行的收入分配是不可接受的（Deaton 2005）。与此相适应，他们有一个强烈的要求，即希望由政府进行收入再分配（Alesina and La Ferrara 2005）。作为这种要求的结果，现代政府都从事大规模的收入再分配。在 20 世纪，这种趋势更加明显。在 19 世纪末期的欧洲和美国，政府再分配的份额不到 GDP 的 1％。然而，到了 20 世纪末期，美国政府再分配的份额已经增加到 GDP 的 14％，欧洲增加到 GDP 的 22％。这个差异几乎完全可以归结于这点，也就是欧洲的转移支付比美国增加得更多（Tanzi and Schuknecht 2000）。类似地，迪特利亚和麦卡洛克（Di Tella and MacCulloch 1996）的研究发现，欧洲人——除了挪威人以外——更喜欢失业救济金高于美国人可得到的失业救济金。

在欧洲和美国，收入不平等对幸福的影响存在着显著差异（Alesina，Di Tella，and MacCulloch 2004；Alesina and Glaeser 2004）。[1] 欧洲晴雨表调查和美国综合社会调查，两者都提供了有关基尼系数和幸福的信息，借用这些调查所得的信息，可以帮助我们理解收入不平等的影响。欧洲人显现出强烈地不喜欢收入不平等；与此相反，在美国，州级不平等和幸福之间没有相关性（在个人特征、州、县、年度影响得到控制的情形下）。对此，阿莱西纳、迪特利亚和麦卡洛克（Alesina，Di Tella，and MacCulloch 2004）从两个方面作了进一步的分析：富裕和贫穷、自我定义的右翼和左翼。在欧洲人中，穷人遭受了不平等所致的幸福损失，但是富人却未遭受这种损失。在美国，甚至穷人对于不平等也不太关心。那些认为自己是左翼的人，明显地表现出不喜欢不平等；与此相反，那些认为自己是右翼的人，则不受不平等的影响。在美国，左、右翼的影响是如此巨大，以至于连左翼的富人也受到了不平等

---

① 有关论述，参见 Deaton 2005。

的消极影响。

依据这项研究，只有欧洲人认为不平等对幸福有着消极影响。社会向上流动程度的差异，可以解释为何美国没有这种消极影响。大多数的美国人相信，人人都有登上社会和收入阶梯的可能，如此，一个大的收入不平等表明了自己具有未来向上的机会；相反，大多数的欧洲人相信，社会向上的流动性是低的，现在收入是反映将来收入的一个很好的指标。因此，人们不喜欢不平等的收入分配。60%的美国人相信，穷人是懒惰的，而不仅仅是运气不好；与此相反，仅有 26% 的欧洲人认为如此（Alesina，Glaeser，and Sacerdote 2001）。一个现存的"民间传说"认为，美国的社会流动性比欧洲大，但还不清楚如此"民间传说"是否真实。仅仅依据含糊不清的数据，人们是很难得出任何有说服力的结论的（Atkinson，Bourgignon，and Morrison 1992）。

由于其他变量也会影响到人们的幸福，因此分析收入不平等对幸福的影响，无疑就会变得更加复杂。不平等可以通过健康和收入直接影响人们的幸福。较低程度的不平等，可以改善健康水平，并增加收入水平；而改善的健康和增加的收入，两者又会交替地增加幸福（Helliwell 2003）。

第二篇

进一步的幸福研究

本书的第二篇，我们将既大胆又小心地进行这样一些问题的探讨，目前，这些问题要么被学者完全忽视，要么学者已用极其不同的方法进行研究。本篇试图说明幸福研究可以分析的问题范围，以及这种研究可能产生的结论和见解，这些结论和见解将是非常令人着迷的。这种研究不仅很好地超越了幸福函数的估计，而且为经济研究开创了一条全新的道路。

本篇的内容是建立在苏黎世团队研究的基础之上的，这个团队与我在苏黎世大学的经济学职位相联系。因此，在本书的全部论文中，除了一篇之外，团队成员都是本书的合作作者，在积极参与研究的全部作者中，我仅是其中的一位。各自的论文并没有全部展现出来。然而，在双重目标的支持下，他们的问题、他们的实证方法和他们的结论，这些本书都已经进行了概述。

本篇的前4章，讨论实质性领域的问题。

第6章证明，一种良好的制度可以极大地增加人们的生活满意度。本章是与阿洛伊斯·斯塔特勒（Alois Stutzer）进行的合作。本章分析了两种好的制度：直接民主（direct democracy）（换言之，通过公民投票表现出来的个人参与权）、联邦制（federalism）（换言之，通过缩小管辖范围表现出来的政治决策分权）。

第 7 章说明，工作中的自主和自决能够增加人们的生活满意度。本章是与马蒂亚斯·奔驰、阿洛伊斯·斯塔特勒和斯蒂芬·迈尔（Matthias Benz, Alois Stutzer, and Stephan Meier）三位进行的合作。比起那些受雇佣的人和做志愿工作的人来，自我雇佣的人自陈了较高的工作满意度，他们也比其他人更满意自己的生活。严谨的检验已经表明，上述观点的因果关系方向的确是正确的。

第 8 章研究婚姻经济学方面的一个中心问题，也就是到底是幸福的人更可能结婚，还是结婚更可能让人幸福。我们的分析运用了面板数据，由此得出的结论是，因果关系的两个方向是有关的。婚姻可以增加幸福。尽管随着婚姻的持续，人们的幸福感会有所下降，但是它不会下降到婚前的水平。

第 9 章分析观看电视和幸福之间的关系问题，即观看电视是否让人不幸福，或不幸福的人是否观看了更多的电视。本章是与克里斯廷·贝尼希和阿洛伊斯·斯塔特勒（Christine Benesch and Alois Stutzer）二位进行的合作。平均说来，目前还不清楚，观看电视是否让人不幸福。但是，可以肯定的是，对于那些具有很高时间机会成本的人来说，由于观看电视时缺乏自我控制，他们的生活满意度会遭受相当大的损失，与此相反，退休的人和不工作的人则没有遭受损失。

本篇的后 3 章，分析有关效用的全然一新的解释和观点。

第 10 章分析"程序效用"问题，一个对于增进幸福特别重要的方面。本章是与马蒂亚斯·奔驰和阿洛伊斯·斯塔特勒（Matthias Benz and Alois Stutzer）二位进行的合作。程序效用作为个人幸福感的来源，我们可以从许多社会领域中，揭示这个来源的重要性，包括不同的经济部门。

第 11 章分析预测错误问题。人们在作出消费决策时，是否会犯系统性的错误？会在什么程度上犯这种错误？在哪些方面会犯这种错误？本章是与阿洛伊斯·斯塔特勒（Alois Stutzer）进行的合作。标准经济理论不能用来分析预测错误问题，因为这种理论假定，人们总是能够实现效用最大化，总是能够很好地意识到这种效用是什么。然而，本章一个特别重要的例子说明，人们预测未来消费的效用是困难的。因此，我们认为，人们依据自己的估计做出选择，而这些选择往往会减少他们的效用。本章也讨论了这种预测错误为何很难避免。

第 12 章说明公共品的价值。本章是与西蒙·里奇英格和阿洛伊斯·斯塔特勒（Simon Luechinger and Alois Stutzer）二位进行的合作。比起评价公共品的标准方法来，例如条件价值评估法①（contingent valuation approach）和享乐市场方法（hedonic market approach），生活满意度方法具有很多优点。恐怖分子的活动为人们强加了成本，这种成本也可以运用生活满意度方法来说明。事实已经表明，在法国受恐怖分子事件影响更强烈的地区，人们为了降低恐怖主义的影响，常常愿意放弃大量的收入，搬迁到国家其他的地区生活，而这些地区的恐怖主义不大盛行。

---

① 1947 年，Ciriacy-Want-up 提出条件价值评估法（CVM）。他们意识到防治土壤侵蚀，会产生具有公共物品性质的"正外部效益"，这种效益无法直接测定，但是可通过调查人们对这些效益的支付意愿来评价。1963 年，Davis 首次将条件价值评估法（CVM）应用于研究缅因州林地宿营、狩猎的娱乐价值。在 20 世纪 60 年代，人们逐渐认识到两种主要的非使用价值，即选择价值和存在价值是环境资源总经济价值的重要组成部分。作为当时唯一一种能够评估非使用价值的方法，CVM 很快获得广泛的应用。由于方法本身具有的灵活性和广泛的适用性，在假想市场评估技术中，CVM 已经成为一种运用最广、影响最大的方法——译者注。

第 6 章

公共领域

6.1 民主制度

本章从一个崭新的视角考察民主。截至目前，人们通常只看到了民主自身具有的价值。从功利性的观点考察，民主被理解成一种制度，在这种制度中，所作出的政治决定最接近公民的偏好。这种观点千方百计地说明，民主作为具有宪法保证的公民参与权（participation rights），在相当大的程度上，全面地增加了人们的主观幸福和生活满意度。为了分析这种幸福的增加，幸福研究允许我们区别两个不同的原因。一方面，民主提供了人们更满意的政治决定（此谓结果效用（outcome utility）），从而能够增加结果效用；另一方面，在作出政治决策的过程中，人们所拥有的参与权，这种权利本身也是有价值的（此谓过程效用（procedural utility））。

6.1.1 代议制民主对幸福的影响

多恩等人（Dorn et al. 2007）曾经进行过一项国际比较研究。他们通过比较28个国家在1988—1993年间的情况，以便确定如下问题的结论：相对于那些生活在没有大量民主制度国家的人，生活在有较多民主制度国家的人，他们是否感受到较多的幸福？研究使用的数据覆盖了25 000多人。研究采用回答问题的方式，测量人们的幸福水平，问题具体为"如果让你考虑这些日子所过的正常生活，总体说来，你觉得你是如何的幸福或不幸福？"答案类型分为三类："非常幸福"、"相当幸福"和"根本不幸福"。表6—1反映了所研究的28个国家中，被调查者自陈的幸福百分比。

表6—1说明（在最后一列），平均来说，最幸福的人生活在爱尔兰，紧随其后的是丹麦、瑞士、英国、美国和新西兰等国。瑞典、西班牙、澳大利亚和加拿大等国也报告了高的平均幸福得分。与此相反，最不幸福的人生活在前共产主义国家，包括匈牙利、俄罗斯、拉脱维亚、斯洛伐克、斯洛文尼亚等国。

为了测量民主程度的高低，我们可以使用两个不同的指数。一个是政治形态Ⅳ项目（Marshall and Jaggers 2004，从1到10，分10级）收集的一个较窄的指数；一个是自由之家（Karatnycky 2000，从1到7，分7级）收集的一个较宽的指数。估计的幸福函数包括了大量的社会人口统计、经济、文化等因素。请特别注意，这些因素对幸福的影响，在方向和大小两个方面，同前面一些章节的分析完全相符，因此，这里我们就不需再讨论它们了。

有关民主对幸福影响的参数估计，表6—2提供了估计的结果。由此，我们可以观察到三个结果：

* 在1988年，有些国家已经具有了更为广泛的民主制度，参数估计揭示了这种制度对随后自陈幸福的影响，结果显示这种影响为正（+0.068）。这表明，即使考虑到其他许多决定幸福的因素（例如，社会民主、经济、

表6—1 　　　　　　　　　　28 个国家自陈幸福的份额　　　　　　　　　　单位:%

国家	非常幸福	相当幸福	并不非常幸福	根本不幸福	平均分数
奥地利	22.6	67.8	8.6	0.9	3.12
保加利亚	8.7	45.1	28.7	17.4	2.45
加拿大	25.4	57.8	14.5	2.2	3.06
智利	27.5	32.3	34.8	5.4	2.82
塞浦路斯	21.7	50.6	22.5	5.2	2.89
捷克共和国	8.9	71.3	17.9	1.8	2.87
丹麦	31.8	57.7	8.7	1.8	3.19
法国	14.1	65.1	17.8	3.0	2.90
德国西部	17.7	66.2	13.5	2.6	2.99
德国东部	9.3	61.2	25.3	4.2	2.76
匈牙利	4.7	45.1	39.6	10.6	2.44
爱尔兰	44.1	50.9	4.4	0.6	3.38
意大利	12.4	65.9	18.2	3.5	2.87
日本	14.3	74.1	10.0	1.6	3.01
拉脱维亚	4.6	43.9	45.0	6.5	2.47
新西兰	33.0	59.9	6.4	0.6	3.25
挪威	22.1	66.6	10.4	0.9	3.10
菲律宾	27.8	53.3	15.0	3.9	3.05
波兰	19.0	63.0	15.3	2.7	2.98
葡萄牙	19.5	37.5	34.9	8.0	2.69
俄罗斯共和国	**4.7**	49.4	37.1	8.8	2.50
斯洛伐克	7.1	58.3	26.2	8.4	2.64
斯洛文尼亚	9.3	58.6	28.8	3.3	2.74
西班牙	19.2	68.1	11.1	1.6	3.05
瑞典	24.4	61.2	12.8	1.6	3.08
瑞士	28.4	62.1	8.5	0.9	3.18
英国	35.1	58.1	5.7	1.1	3.24
美国	36.7	52.4	8.9	2.0	3.24

资料来源：Dorn et al. 2007；based on 1998 International Social Survey Program.

注：平均分数可以将序数分转换为基数分（"非常幸福"为 4 分，"相当幸福"为 3 分，"不非常幸福"为 2 分和"根本不幸福"为 1 分）。

文化等因素），在拥有更广泛民主制度的国家生活的人，他们也更加满足自己的生活。这样，影响具有统计上的显著性（z 值为 2.54）。由此表明，人们可以一定程度上确信这种估计。

表 6—2　　　　　1988—1998 年，28 个国家民主对幸福的部分影响

1988 年的民主[1]	0.068*
	(2.54)
1988—1998 年民主的变化[1]	0.051*
	(2.06)
控制变量[2]	是
观测数量	25 937

资料来源：Dorn et al. 2007；based on 1998 International Social Survey Program and Polity Ⅳ Index.

注：1. 因变量：幸福［1~4］。有序概率估计。括号中的数字是估计参数 z 统计的绝对值。显著性水平：*0.01<p<0.05。

2. [1]政治形态Ⅳ指数测量的民主。

[2]控制变量包括年龄、性别、教育、家庭规模、婚姻状况、就业状况、生存收入、相对收入、贫困线上或下收入、文化（语言）和宗教。

* 民主制度极大地增加了人们的幸福感。如果运用 10 分制来衡量政治形态Ⅳ指数的话，那么民主程度每增加一分，在某种程度上，它所引起的自陈幸福的增加，相当于个人收入每年增加 4 500 美元。

* 表 6—2 中显示的第二个估计说明，在 1988—1998 年间，民主程度的改善，往往伴随着统计学上幸福的增加。

总的来说，这些分析结论表明，依据人们自己对于现实生活的评价，比起生活在专制主义国家的人来，生活在拥有广泛民主制度的国家的人，他们会感到生活更幸福。这些结论的获得，不是通过直接去询问人们，生活在一个民主国家是否更加幸福。更确切地说，在分析开始之前，就已经收集了主观的、自陈的幸福感评价，如此一来，这些主观评价就独立于客观的政治状

况了。而且其他许多影响幸福的因素也已得到控制，因此人们完全可以一定程度上相信上述结论。

在解释国际间存在的幸福感差异时，政府质量对于幸福也有着一个非常显著的影响（Helliwell and Huang 2007）。政府质量的第一方面是有关政府的诚信和治理效率的，在较贫穷的国家，这方面的质量可以增加更多的生活满意度。政府质量的第二方面是有关能力、监管效率、法治、极少腐败的，在富裕的国家，这些方面的质量可以增加更多的生活满意度。对于诸如欧洲联盟、联合国、欧洲中央银行和自己国家的政府等政治机构，人们的信任（或不信任）也会显著地增加（或减少）幸福（Hudson 2006）。研究发现，自由也是决定幸福感的一个重要因素（Veenhoven 2000），但是学者在进行研究时，很难将自由这个因素从其他影响中分离出来。

6.1.2　直接民主对幸福的影响

前面的分析已经提供了一些经验证据。这些证据一致证明，在一个民主的制度下生活，可以增加人们的幸福。我们还可将这种分析进一步深化，也就是考虑公民的直接参与权对幸福的影响。这些权利涉及大众的提议权（initiatives），在这个提议权的范围内，公民可以就有关的工作议程提出问题，提出的问题可以是选择性的，也可以是强制性的。公众提议和公民投票在一定程度上是可以变化的，具体表现在，两者随要求较多或较少的签名推动而变化，或者两者随覆盖较大或较小的决策范围（例如，包括或排除财政事务）而变化。

瑞士的公民投票，在国家级和联邦以下一级皆有使用，这些公民投票是系统地进行的，这在全世界所有国家中也是唯一的。在直接政治参与权的程度上，瑞士26个州之间存在显著的差异。为此，斯塔特勒（Stutzer 1999）构建了一个指数加以说明，这种指数分配给每个州一个值，该值范围介于1~6之间。

将人们的满意差异从1到10，分为10级，通过回答问题"在所有这些日子中，你对自己的生活感到何种程度的满意"，我们就可以获得瑞士在

1992—1994 年间的生活满意度数据。

对于自陈的生活满意度和直接政治参与权，运用加权有序概率技术，通过对 6 000 多人的横截面数据进行分析，可以估计二者之间关系的紧密程度（Frey and Stutzer 2000；2002a；Stutzer and Frey 2003）。生活满意度依赖于许多人口统计因素（包括年龄、性别、国籍、教育和家庭地位），依赖于两个经济变量（就业和收入），依赖于社区的规模和类型，依赖于决定直接民主权的制度变量。

表 6—3 再现了估计结果，这些结果是关于直接民主对生活满意度的影响的。由此，我们可以得出如下结论：

表 6—3 瑞士的直接民主和生活满意度

	边际影响（10 级）
直接民主权利	0. 028 **
控制变量①	是
观测数量	6 134
Prob>F	0. 001

资料来源：Frey and Stutzer 2000；based on data gathered by Leu，Burri，and Priester（1997）.

注：1. 因变量：生活满意度 [1 ~ 10]。加权有序概率估计。标准误差调整聚集在 26 个州。显著性水平：$p<0.01$。

2. 回归控制的变量包括大量的社会人口统计和经济变量，同样也包括社区的规模和类型。

* 公民直接参与的可能性越大，他们自陈的生活满意度也越高。

* 这种影响具有统计上的高显著性，而且这种影响是相当大的。在 6 分制的直接民主指数中，民三每增加 1 分所增加的生活满意度，大约相当于收入增加到这种程度，即从最低的类型（每月不到 2 000 瑞士法郎 CHF）提高到第二低的类型（每月介于 2 000 ~ 3 000 瑞士法郎 CHF 之间）。更多的启示来自思想实验：在日内瓦州（Geneva），直接参与权受到相当大的限制

（指数为 1.75）；而在巴塞尔—兰沙夫特州（Basel-Landschaft），直接参与权相当大（指数为 5.69）。如果某人从日内瓦州流动到巴塞尔—兰沙夫特州，那么此人有 11% 以上的可能性属于这样一个公民组，即该组的人都是"完全的满足"。如此思想实验显示，影响人们幸福的因素，是实际上参与的权利，而不是实际上参与的活动。

相对于其他的幸福研究，前面提到的研究（Frey and Stutzer 2000；2002a；Stutzer and Frey 2003）更进了一步，通过区分两类效用，也就是结果效用和过程效用，研究已经发现，伴随着更加广泛的直接民主，这两类效用都可增加生活满意度，而且这种增加是通过实际测量表明的。第一类效用涉及结果，由于参与权反映了人们的偏好，因此结果效用体现了对给予人们更广泛参与权（right）的较大承认。第二类效用具有完全不同的性质。"程序效用"作为有权参与政治决策的一个直接结果，它涉及公民参与过程中体验的幸福感。程序效用包括这样一种价值，也就是赋予人们可以自由表达意识形态立场的价值，而不顾投票行动对政治结果是否有任何影响。[①]

为了分离"结果效用"和"程序效用"的影响，研究使用了下面的方法：因为公民有权参与投票，所以他们自然也就能够享受到两种效用。与此相反，非公民仅仅能够享受到结果效用（假定他们能够像公民那般被同样对待的话），但是，因为他们没有投票权，所以他们不能享受由政治参与权产生的程序效用。

表 6—4 显示了各自的估计结果。像前面的估计一样，回归包括了社会人口统计和经济决定因素。此外，该表也显示了协会中成员的影响。这种内部控制变量反映了社会资本的一个重要方面，并且这种资本往往增加了生活满意度。关于结果效用和程序效用之间的区别，有一个相互影响的术语是十分重要的，也就是"参与权×外国人"这个术语。该术语表明外国人——他们被排除在投票者范围之外——在一个更加注重直接民主的州，他们比公民感受到了较低的、来自生活的幸福感收益。当公民参与权的边际影响（正

---

① 有关"表达投票"，参见 Brennan 1993。

的）为3.3个百分点时，外国人的影响（正的）则要减少1个百分点，即减至2.3个百分点。通过考虑外国人比瑞士人平均拥有较少的幸福，我们就可以估计出这种影响。因此，民主制度所增加的幸福，应归于结果效用和程序效用两者（换言之，通过行使公众提议权和公民投票，公民有权参与各种各样问题的政治决策）。程序效用和参与权的具体情况见表6—4。

表6—4 　　　　　　　　　　程序效用和参与权

项目	边际影响（10级）
参与权	0.033
参与权×外国人	−0.023
外国人	−0.014
控制变量[a]	是
协会成员	0.057
观测数量	6 124

资料来源：Stutzer and FreyS 2003；based on data gathered by Leu，Burri，and Priester（1997）.

注：1. 因变量包括：①生活满意度（1~10）。②采用加权有序概率估计。③聚集在26个州的标准误差调整。④白噪声方差估计。

2. 表中"a"表示回归控制的变量包括大量的社会人口统计和经济变量，同样包括关于城市化和被调查者是否生活在说德语、法语、意大利语的州等指标。

6.1.3　需要探讨的问题

无论是对于民主还是直接民主，更广泛的民主制度都增加了自陈的主观幸福感。对于这些分析结论来说，尽管它们是建立在仔细的计量经济学估计基础之上，尽管考虑了许多其他决定幸福的因素，但是，对于统计上的顾虑依然存在（一如既往），这种问题值得我们加以认真考虑。

以下列举的四个方面，就是为了分析这种统计上的问题，并对存在的这些问题提供一些看法。

1. 测量

像前面已经指出的那样，测量幸福和民主存在各种各样的方法。然而，在这些测量方法中，没有一个是最好的，因为幸福和民主两者都属于多维概念。这里讨论的对于这方面问题的处理的实证研究是通过考虑各种各样的测量方法，通过分析不同的估计结论，来处理这方面的问题的。特别是基希格斯纳（Kirchgässner）和其同事（Dorn et al. 2005）的估计，考虑了两种稍微不同的测量民主程度的方法：政治形态Ⅳ和自由之家方法。事实证明，运用这两种不同的方法，估计的结果是相当可靠的。如此，可以让我们对于估计结果给予更多的确信。

2. 影响幸福的多重因素

前面已经指出，影响幸福的因素有很多。前面的计量经济学估计，相应的也考虑了大量的变量，并且假定这些变量都会影响幸福。这里存在的主要问题是，是否还有一些重要的影响被忽略？或者是否有些影响被给予了不恰当的注意？因为在这些情况下，所得到的估计将是有偏差的（例如，估计的系数可能太小或太大）。以至于可能错误地理解了许多甚至全部决定因素的影响。如果上面进行的估计确实存在理解上的错误，解决这种问题的合适方式，就是重新进行可靠性检验。

3. 受到限制的数据

就影响结论的系统性原因来说，还有比方法问题更为重要的问题，也就是一些数据根本就不存在。最重要的是，在独裁国家和独裁主义者体系中，幸福数据几乎不可能得到，即使如此数据可以得到，由于它们遭到了极大的扭曲，它们的价值也会大大降低。必须指出，就各种民主类型的分析而言，从最现实的程度来讲，不同形式的"直接民主"仅仅只存在于一个国家。因此，对于国家之间的任何横截面估计来说，都缺乏足够好的数据基础。如此，也会对研究构成一个严格的限制。然而，通过考察国家层面以下主体之间的差异——例如，在瑞士各州之间存在的差异，有时，这种限制可以克服。尽管如此，这种技术还是降低了结论可推广到其他国家的程度。

4. 因果关系

幸福函数的结构都被假定为民主影响幸福。然而，相反因果关系的影响或许存在：幸福的人可能专门选择在民主制度中生活。因此，两种因果关系都需要加以考虑。在前面介绍的研究中，在分析开始时，既定民主制度就已存在，如此这般就排除了幸福水平影响民主的可能。在针对瑞士的案例研究中，关于公民的直接参与权，26 个州的宪法规定本身就显示出相当稳定的形态，如此，反向因果关系的问题也就得以减轻。

6.2　联邦制

政治分权是另外一种主要的政治制度，预期这种制度对于人们的幸福感也会产生影响。作出政治分权的决策，就是允许人们自由表达自己的偏好，如果人们不满足谁的表现，就可以离开其司法管辖区。人们也会被吸引到其他司法管辖区，因为这些司法管辖区能以较低的成本迎合他们的偏好。人们用脚投票（voting with one's feet）（Tiebout 1956；Buchanan 1965；Hirschman 1970）的可能性，往往会逐渐削弱政客们结成的区域卡特尔。这里，瑞士亚联邦就是很好的例子。如果考虑瑞士联邦—州的结构，那么，我们先前关于直接民主的分析，就可得到进一步扩展。

在社区和州政府之间的权限划分，不仅反映了一个州的联邦结构，而且反映了市政当局的观点和他们的自治状况。

对于本地自治程度的高低，我们可以用一个指数来测量（Ladner 1994）。该指数是在调查结果的基础上形成的，它覆盖了 26 个州。在 1856 年瑞士的市政当局中，各地最高行政长官被要求回答，他们觉得本地的自治程度如何，自治程度用 1 到 10 的等级形式表示，1 表明"根本没有自治"和 10 表明"非常高"的公共自治。综合变量涉及瑞士的 26 个州。运用的其他变量，它们与研究瑞士直接民主对幸福影响所运用的变量一样，这些变量被运用在前面表 6—3 的估计中。1992 年，当地居民对瑞士本地的自治和生活满意度状况见表 6—5。

表6—5　　　　　　　　　1992 年瑞士本地自治和生活满意度

项目	系数	t 值	边际影响（10 级）	系数	t 值	边际影响（10 级）
本地自治	0.098**	2.913	0.033	0.036	1.005	0.012
直接民主权				0.071*	2.317	0.024
控制变量[a]	是			是		
观测数量	6 134			6 134		
Prob>F	0.003			0.001		

资料来源：Frey and Stutzer 2000；based on data gathered by Ladner（1994）and by Leu, Burri, and Priester（1997）.

注：1. 因变量包括：生活满意度（1～10）。加权有序概率估计。聚集在 26 个州的标准误差调整。显著性水平：* 0.05>p>0.01，** p<0.01。

2. 表中"a"表示回归控制的变量包括大量的社会人口统计和经济变量，同样也包括社区的规模和类型。

　　表6—5 显示了一个计量经济学估计的结果，在这个估计中，"本地自治"这个变量加到了幸福函数里的社会人口统计和经济因素之中。为了简化，这里仅仅只显示了部分系数，这些系数是有关政治制度的变量。在控制社会人口统计和经济变量的情况下，它们说明了部分影响。此外，后面变量的系数几乎不变。这个估计揭示出联邦制对主观幸福感的正面影响，而且这种影响具有统计显著性。有关本地自治对幸福的影响，可以比较这样一种情况加以说明，如果一个社区的自治比它所在州的自治少 1 个指数点，那么，同生活在这个社区的人相比，表示非常幸福人的份额会增加3.3 个百分点。

　　当然，本地自治和直接民主两者不是相互独立的。一方面，在国家和州的层面上，直接民主促进了联邦结构，因为公民（与此相反的是政客）对强大的联邦制更感兴趣（Blankart 1998）；另一方面，对于承担政府活动成本和享受到政府活动收益的人来说，在一个分权体系中更容易识别这两种人。在这种情况下，全民投票和直接民主能够导致较好的政治决定，因此，直接民主也就得以保持。作为其结果，直接民主和本地自治的指数呈现高度相关（r=0.605）。如此，在一个模型中，要想清晰地分离这两个变量的影响，也就成为了不可能的事。在表6—5中，第二个方程共包括两个制度变量：本地自治和直接民主权。测量联邦制变量的系数大约为1/3，同单独测量它一样大，如此系数失去了统计相关性。同表6—3估计的直接民主指数相比，这里的指数对生活满意度只有一个略微的、较小的边际影响，"0.024"替代了表6—3中的"0.028"。由此看来，在瑞士，直接民主和联邦制之间，两者是一种补充而不是经济替代关系。本地自治是直接民主有益影响的一种"传输机制"，而且是若干"传输机制"中的一种。

第 7 章

自我雇佣和志愿工作

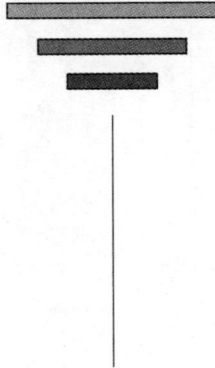

本章集中讨论两个领域，其中，个人工作固有的一些具体特点，它们会对人们的幸福产生系统性的影响。

7.1 分析这样的问题：对于自我雇佣的人来说，他们为何比由一个组织雇佣的人更加幸福。本部分也探讨因果关系是否朝向相反的方向，也就是说，较幸福的人是否常常选择自我就业。

7.2 考察从事志愿工作的人具有的较高生活满意度。本部分再次分析了由于自我选择引起的因果关系颠倒的可能性。

7.1　自我雇佣产生的幸福

7.1.1　自我雇佣的收益

在幸福的经济研究方面，学者已经确定了决定自陈主观幸福感或幸福的主要因素。在许多影响幸福的系统性因素中，雇佣因素显得特别突出。遭解雇的人比其他人感到更少的幸福，即使是在其他影响（例如较低的收入）受到控制下，情况也是如此。由此可见，受到雇佣的价值超过了雇佣获得的收入价值。

到目前为止，有一个联系幸福和雇佣的重要方面已经被忽略，也就是人们从自我雇佣中也能获得效用，因为自我雇佣给予了人更大程度的自我决定权和自由度。与此相反，被他人雇佣的那些人，他们对于自己顶头上司的指手画脚、发号施令，只能俯首帖耳、惟命是从。更确切地说，自我雇佣反映了两种决策制定程序的差异：市场和等级制，在经济中这种差异是最重要的。对于自我雇佣者来说，他们似乎从自己的角色中获得了效用，这主要是从程序方面来看的，这种角色就像经济舞台上的单人舞演员，不受等级制的束缚，自由自在地展现自我。在西方国家，因为自我雇佣占到全部雇佣人数的大约10%，所以一个非常大比例的人群，他们的幸福受到自我雇佣的影响。

这里，在考虑的三个国家（德国、英国和瑞士）中，自我雇佣的工作者，他们显示了较高的工作满意度，这种满意度可以充当测量工作产生效用的代表。[1] 作为未经处理的差异来说，在联邦德国最小（在从 0 到 10 的工作满意度等级中，为 0.21 个指数点），在英国达到相似的程度（在从 1 到 7 的工作满意度等级中，为 0.21 个指数点），在瑞士则最高（在从 0 到 10 的工作满意度等级中，为 0.42 个指数点）。然而，这些差异反映了许多特征，

---

[1]　有关一个更广泛的处理，参见 Benz and Frey 2008a。

这些特征区别开了自我雇佣工作者与雇佣工人。因此，在评估工作满意度的差异是否因为程序效用所引起时，需要对工作的结果方面进行解释。例如，自我雇佣的人可能工作在特殊的职业和特殊的企业，这些职业和企业可让他们更满意自己的工作。另外，研究也表明，自我雇佣的人同类似他们的雇佣工人相比，常常挣得较少而工作得较多（Hamilton 2000）。由此看来，如果不控制工作结果方面的差异，那么就会低估从自我雇佣中获得的效用。

由心理学家进行的大量理论研究表明，人们宁愿自己独立决策，而不愿屈从于等级制进行的决策。瑞安和德西（Ryan and Deci 2000）将自我决定视为一种内在价值，这种价值与独立有着非常密切的联系，然而在等级制下，这种价值通常受到限制。自我决定被认为提供了程序产品，这种产品满足了人们的内在需要，包括胜任、自主和相互关系等三方面的需要。类似的方法将人们的潜能实现（Ryff and Singer 1998）或个人控制（Grob 2000；Peterson 1999；Seligman 1992）作为内在价值。这些方法将人们的独立行为本身的可能性，视为一种珍贵的价值（换言之，从这种独立的行为中，人们不一定能够期待较好的、有作用的结果）。

由一些经济学家进行的研究表明，自我雇佣提供了一种效用溢价。布兰奇福劳、奥斯瓦尔德和斯塔特勒（Blanchflower and Oswald 1998；Blanchflower 2000；Blanchflower, Oswald, and Stutzer 2001）提供的证据表明，自我雇佣的人更满意他们自己的工作。汉密尔顿（Hamilton 2000）令人信服的研究显示，自我雇佣的人没有得到金钱支付（换言之，自我雇佣者愿意为独立而放弃收入）。尽管这是非常强的证据，证明自我雇佣提供了（非货币）收益，但是，这些作者没有进一步研究这些收益的精确构成。对此，亨德利（Hundley 2001）进行了更加详细的分析，他通过研究发现，自我雇佣的人在工作中感到较为幸福，因为他们可以拥有更多的个人自治，更多的工作弹性，更多的技巧使用，一定程度上更多的工作安全。这种证据与我的假想总体上保持一致。这里存在的问题是，从自我雇佣中获得的效用溢价是否反映了程序效用，也就是来自于与等级制对立的独立，它所产生的程序效用，对此，还需进行更详细的分析。

自我雇佣和受雇的人实质上处在相同的劳动市场，从事同样的生产活动。由此使得两个群体可以进行比较。当然，自我雇佣的人还面临着一些其他的外部约束，特别是直接由市场强加的约束，也包括由政府法律和规则强加的约束。然而，在工作方面，两个群体之间的主要差异是，自我雇佣的人独立地进行工作，而雇员则必须服从等级制。如果程序效用有着正常的属性，那么不情愿屈服于等级制的那些人，在面对较大的等级制时，他们也宁愿选择较小的等级制。[①]

7.1.2　工作满意度

如果将自陈的工作满意度（self-reported job satisfaction）作为效用的代表，那么，我们就可以测量工作带来的效用。经济学家已经使用工作满意度概念分析劳动市场（Hamermesh 1977；Clark and Oswald 1996；Blanchflower and Oswald 1999；Clark 2001；有关研究，参见 Warr 1999），并且这种使用已经越来越多。工作满意度是一个很有意义的概念。自陈的工作满意度适于作为效用指标，测量工作带给人们的效用。在一些特定领域的主观幸福指标中（van Praag, Frijters and Ferrer-i-Carbonell 2003），工作满意度也是其中的一个。这里进行的实证分析是基于三种主要数据库（它们都来自欧洲国家）：德国社会经济面板数据库（GSOEP）、英国家庭面板数据调查（the british household panel survey，BHPS）、瑞士家庭面板数据调查（the swiss household panel survey，SHP）。在欧洲，有关工作的相关因素、收入和其他社会经济变量的数据收集，这三种调查属于最全面的信息来源之列。这些数据库还有以下几个优点：

＊前面在检验自我雇佣对工作满意度的影响时，也使用了一些数据库（例如，参见 Blanchflower 2000），比起这些数据库来，三种调查包括了许多有关工作方面的重要信息，并且这些信息要更加详细，例如收入、工作时

---

① 有关在公司规模和工作满足之间的关系，参见 Benz and Frey 2008a。

间、职业、教育和勤奋，而且它们还包括了许多有关其他个人和公司特征方面的信息，同样这些方面的信息也非常详细。与等级制相对的个人独立可以带来程序效用，当估计这种程序效用时，如果拥有了更加详细的信息，我们就可以更加精确地理解工作的结果。

＊欧洲的调查包括了生活满意度测量，相比之下美国的调查（例如，收入动态的面板数据研究和当前人口调查（the panel study of income dynamics and the current population survey））则没有这方面的信息。然而，工作满意度作为工作所生效用的代表，它在研究中是必不可少的。

＊前面三个调查中有两个，也就是德国社会经济面板数据库（GSOEP）和英国家庭面板数据调查（BHPS），有面板数据结构，这些数据可以运用到实证分析之中。被调查者通常可以被重复观测若干次。

＊同仅仅研究一个国家相比，使用来自上述三个国家的调查，可以为人们呈现一幅更为开阔的图景，这幅图景描绘了估计影响的稳健性。尽管三个调查来自不同的国家，但是它们在结构上是相似的。

在德国的 GSOEP 中，工作满意度是通过询问一个问题来估计的，这个问题为"今天，你的满意程度如何……对你的工作？"人们被要求陈述他们的工作满意度，并且用从 0（完全不幸福）~10（完全幸福）的等级形式测量。在英国的 BHPS 中，询问了一个相似的问题："总的说来，考虑到所有事情，你对工作的满意程度如何？"这里，答案被转换成一个有着较窄等级的形式，用从 1（完全不满足）~7（完全满足）的等级形式测量。在瑞士的 SHP 中，有关的问题是"在一个从 0'完全不满意'到 10'完全满意'的等级中，你可以说明你在工作中的总体满意程度吗？"

一般说来，上述三个国家的人，看来相当满意自己的工作。在 1984—2000 年期间的德国西部（1984—1990 年，为联邦德国；之后，为德国西部。以下统一称作德国西部），对于属于劳动力范围内的所有人，如果以 1~10 的等级形式测量工作满意度，则他们的平均得分为 7.25（标准差为 2.00）。在 1991—1999 年间的英国，如果用 1~7 的等级形式测量，则工人的平均分数为 5.43（标准差为 1.36），他们比德国西部人的工作满意度略微高一点。

工作满意度最高的是瑞士，如果用 1 ~ 10 的等级形式测量，1999 年，瑞士工人自陈的平均工作满意度分数为 8.10（标准差为 1.72）。

现在，我们将分析的目光转移到自我雇佣的人，同样是询问他们一个问题，问题为：你从不屈服等级制中是否获得效用？在给定的一年时间中，当人们表明他们是自我雇佣时，假设"自我雇佣"的人得到 1 分；而当属于由一个组织雇佣的劳动力时，他们的得分为 0。在 1984—2000 年间的德国西部，在德国社会经济面板数据库（GSOEP）抽样的全部劳动力中，平均 8.3% 为自我雇佣，而且在整个这一时期，这个比率是相当稳定的（最小为 7.5%，最大为 9.9%）。在 1991—1999 年间的英国，平均说来，12% 的劳动力为自我雇佣（最小为 11.0%，最大为 12.5%）。在 1999 年的瑞士，这个比率是 10.2%。

三个调查还包括了重要的控制变量方面的信息，而且这些信息是非常详细的。收入和工作时间是工作的核心结果因素，因此当分析工作带来非结果效用时，这些核心结果因素必须得到控制。在实证研究中，一个人的全部个人收入被用来解释收入对工作满意度的影响。使用平均每周个人工作的全部时间（包括加班时间）来衡量工作时间的影响。除了这些核心控制变量外，调查还包括下列信息：任期、年龄、性别、受到的最高教育、是做兼职还是全职工作、工作的职业和所在企业。这就提供了一套大量的、详细的控制变量，这些变量都是关于工作客观因素的。

就上面分析的所有三个国家来说，描述性的统计显示，比起受雇者来，自我雇佣者有着较高的工作满意度。在德国西部的例子中，差异是最小的（用 1 ~ 10 的等级形式测量，为 0.21 指数分）；在英国的例子中，差异大致相同（用 1 ~ 7 的等级形式测量，为 0.21 指数分）；在瑞士的例子中，差异是最大的（用 1 到 10 的等级形式测量，为 0.42 指数分）。然而，这些差异或许反映了许多特点，这些特点将被雇佣的人与自我雇佣的人区别开来。因此，在自我雇佣的人中，对于较高的工作满意度，它是否可以归结于由独立带来的程序效用，这个问题还需进行更详细的调查。

7.1.3　计量经济学分析

作为计量分析的第一步，我们选择多元回归模型进行分析，该模型包括前面提到的控制变量。表7—1显示了基本的回归结果，由于工作满意度是一个有序的因变量，因此基本回归运用了有序logit模型。应用加权变量，可以更好地反映各个国家主观水平的结果。此外，在德国和英国面板数据库的例子中，随着时间的推移，通过重复观测个人水平，估计的标准误差可以得到校正。

表7—1　　　　　　德国西部、英国和瑞士的工作满意度和自我雇佣

	德国西部	英国	瑞士
自我雇佣	0.196**	0.278**	0.418**
	(0.064)	(0.056)	(0.112)
雇佣	参照群体	参照群体	参照群体
控制变量[①]	是	是	是
年份虚拟变量	是	是	否
观测数量	70 229	52 022	3 431
观测人数	11 700	13 380	3 431
F值	5.85**	13.84**	3.38**

资料来源：Benz and Frey 2008a；based on German Socio-Economic Panel, British Household Panel Survey, and Swiss Household Panel Survey.

注：1. 因变量：工作满意度［等级：德国西部0～10、英国1～7、瑞士0～10］。有序logit回归的稳健标准误差（聚集在观测人数）。括号中为标准误差。显著性水平：** $p<0.01$。

2. ①控制变量包括个人收入（In）、工作时间、工作时间平方、年龄、年龄平方、任期、任期平方、兼职工作、性别、教育、职业和企业。

多元回归分析的结果同样证明，比起受他人雇佣的那些人来，自我雇佣

的人更满意自己的工作，甚至当工作的结果因素得到控制时，结论依然如此。对于所有三个国家来说，持续的、高的显著性影响被发现。它们的大小可与未经处理的差异进行比较。这就证实了前面学者分析的成果，同时也扩展了前面学者的成果，这些成果是由布兰奇福劳、奥斯瓦尔德和斯塔特勒（Blanchflower 2000；Blanchflower，Oswald，and Stutzer2001；Blanchflower and Oswald 1998）三人分别作出的。他们的研究成果表明，因为工作结果的不同，所以实际上，自我雇佣的人没有从他们的工作中获得更多的效用。在随后的部分，我们将进一步分析，作为与屈服等级制相对立的个人独立来说，它所带来程序效用是否能够解释这个结果。

例如，在表7—1 中的回归，没有考虑这些可能性的存在，自我雇佣可能是这样一种人的选择，他们往往天生就更容易满意自己的工作，或者他们在其他方面与雇佣工人有所不同。如此，作为估计得出的系数来说，它没有反映自我雇佣带来的非货币利益，也没有反映存在于两个群体之间的人格差异。下面，我们可以运用两种不同的方法，同样能够说明这种忧虑并非空穴来风。

1. 个人固定效应回归

下面所要分析的情况发生在德国西部和英国，在那里，调查的面板数据结构允许我们观测同样的人进入或退出自我雇佣行列的情况。运用线性固定效应回归分析（linear fixed effects regressions），结果表明，自我雇佣对工作满意度的影响是非常稳定的。对于德国来说，自我雇佣的估计系数为 0.11（$t=1.87$）；英国自我雇佣的估计系数达到 0.16（$t=5.42$）。这里有一个问题值得注意，就是在这两个面板数据中，观测的全部自我雇佣之中，大约仅有20%的人，他们或是进入自我雇佣或是退出自我雇佣。在估计自我雇佣系数时，固定效应回归仅仅考虑了这些"变化者"，忽视了其他80%的观测（这些忽视的观测，也能忽视个人固定影响的作用）。当结果保持稳定时，这种稳定不过是这种方法的一个缺点，观测到自我雇佣的进出流动相对较低，在总体水平上，它们围绕着自我雇佣劳动力的总体比率波动，而且这种波动是相对稳定的。研究下面的一种情况是令人感兴趣的，在这种情况下，大量的人员进入自我雇佣行列，如此，在相当程度上，这又改变了经济中自我雇佣的总体比率。

2. 在民主德国的一种"自然实验"

这种自然实验方法利用了一种相似情形出现的机会，这种情形为研究自我雇佣者的工作满意度，提供了一种真实的"自然实验"（Meyer 1995；Besley and Case 2000）。1989 年，在"铁幕"落下之后，民主德国的经济结构经历了根本性的变化，而这种变化事先几乎任何人都没有预料到。尤其是在自我雇佣方面，情况更是发生了富于戏剧性的变化：在民主德国，自我雇佣第一次成了人们的一种现实选择。在过去，因为自我雇佣不适合社会主义的经济体制，所以在德意志民主共和国（German Democratic Republic）的社会主义制度下，自我雇佣受到极其严厉的限制。结果，在德意志民主共和国寿终正寝的前一年，劳动力中自我雇佣的比例，估计低于 2.1%（Lechner and Pfeiffer 1993）。1990 年，德国社会经济面板数据库开始第一次抽取德国东部人的样本，此后每年都抽取。从而 GSOEP 提供了唯一的可能，也就是让人们可以观测 1989 年后的德国东部地区，它的自我雇佣发展情况和后果。

表 7—2 概括的结果，就来自于一次自然实验，即一次有关进入自我雇佣人数变化的自然实验。就自我雇佣者在劳动力中的比率来说，自我雇佣限制的突然消除，的确导致了持续、稳定的比率上升。早在 1990 年，这个比率已经从 2.1% 上升到 3.4%，在 1990—1992 年间，比例增长到 7.3%。此后，比率基本稳定在 7.5% ~ 8.5% 之间。这一比率与当时德国西部的自我雇佣比率大致相当。那么，对于进入自我雇佣的人来说，什么影响了他们体验的工作满意度呢？

表 7—2 中显示的结果表明，这些影响是非常重要的。对于已有的德国东部劳动力情况进行有序 logit 回归，使用的变量与表 7—1 显示的德国西部劳动力情况相同，并分别按 1990 年和随后年份进行。1990 年的自我雇佣群体，他们已经与两种人分离开来：一种是那些在 1989 年就已经成为自我雇佣的人；一种是那些在"铁幕"倒下之后立刻就成为自我雇佣的人。如此，

表7—2 1990—2000 年间，德国东部（1984 年起，1990 年 10 月 3 日前，
为民主德国；之后，为德国东部。以下统一称作德国东部）的工作满意度和自我雇佣

	1990 年 （有序 logit）	1991—2000 年 （有序 logit）	1990—2000 年 （固定效应）
自我雇佣	—	0.384 **	0.656 **
"铁幕"落下之前的自我雇佣	0.708 *	(0.118)	(0.116)
	(0.290)	—	—
"铁幕"落下之后的自我雇佣	1.446 **	—	—
	(0.432)	—	—
雇佣	参照群体	参照群体	参照群体
控制变量①	是	是	是
年份虚拟变量	否	是	是
个人固定影响	否	否	是
观测数量	2 675	17 389	20 046
观测人数	2 675	3 754	4 254
χ^2/F 值	310.4 **	3.51 **	4.14 **

资料来源：Benz and Frey 2008a；based on German Socio-Economic Panel.

注：1. 因变量：工作满意度 [0～10]。有序 logit 回归的稳健标准误差（聚集在观测人数）和 OLS 固定效应回归的各自情况。括号中为标准误差。显著性水平：* 0.01<p<0.05，** p<0.01。

2. ①控制变量包括个人收入（In）、工作时间、工作时间平方、年龄、年龄平方、任期、任期平方、兼职工作、性别、教育、职业、企业和 5 年前的生活满意度（仅截止于 1990 年）。

在随后的年份里，对所有自我雇佣的人产生的影响，仅仅就是一种纯粹的影响。通过观测 1990 年成为自我雇佣者的工作满意度变化情况，可以非常清楚地说明自我雇佣产生的影响。比起当时德国东部雇佣工人的工作满意度来（估计系数为 1.340，工作满意度等级用 0～10 的形式表示，合计大约为 1.5 指数分），1990 年成为自我雇佣者的工作满意度远远要高于他们。请特别注意，这种影响不是出于雇佣工人普遍的低工作满意度，在德国东部的雇员中，他们仍然主要在社会主义企业中工作。事实上，在 1990 年，德国东部劳动力的平均工作满意度与德国西部几乎一样（分别为 7.20 和 7.25），工

作满意度的骤然下降，仅出现在以后（可能是因为开始私有化和经济状况紧缩，例如失业的增加）。除此之外，这个例子不能表明，在冷战的"铁幕"轰然倒塌之后，天生就较容易满意的人，他们更可能成为自我雇佣的人。1990年的回归，它还包括了"5年前生活满意度"这个变量，该变量反映了德国东部人对于这样一个问题的回答——1985年，在民主德国地区，他们如何评价自己的总体生活满意度。在"铁幕"灰飞烟灭之后，如果只是天生容易满意（或不满意）的人成为自我雇佣，那么列入这个变量将会减小"最新自我雇佣"估计系数到0。此外，表7—2还显示，在1991—2000年间，估计得到一个正的自我雇佣系数，而且这个估计还非常显著。由此表明，在此期间，比起保持被雇佣的同行来，大量进入自我雇佣的人，他们随后的确体验到了较高的工作满意度（不考虑客观的结果，如收入或工作时间）。但是，如果运用固定效应模型估计整个1990—2000年间的情况（注意，在估计自我雇佣系数时，该模型再一次仅考虑了观测到的"变化者"），那么对于以上结论，我们同样需要保持应有的谨慎。

简而言之，运用固定效应回归和自然实验方法分析的结果，的确表明自我雇佣者更满意自己的工作。除此之外，当回归控制了重要的结果因素时，这种满意也可以归结于工作带来的程序收益。在奔驰和弗雷（Benz and Frey 2008a；Benz and Frey 2008b）的研究成果中，自我雇佣作为一种程序效用的来源，得到了更加全面的探讨。

7.2 志愿工作者的幸福

7.2.1 个人幸福的来源

早在古代，哲学家就常常争论这样一个问题，即帮助他人是否能够增加自己的幸福。在追求幸福的观点中，有一种观点赞同帮助他人，并把帮助他人视作一条通向幸福生活的康庄大道（Smith 1759）；另一种观点则针锋相对，即认为经济人（homo economicus）通过自利的行为，完全能够实现他或她的效用最大化，且同准备付出代价帮助他人的人相比，这些人预期生活较幸福。最终，对于牺牲时间和金钱帮助他人者，是否能够同时得到回报，是否能在帮助者的幸福中得到反映，这属于一个经验性的问题。

对于亲社会行为和幸福方面存在的两种竞争性观点，为了从经验上对两者加以区分，就需要测量人们的个人幸福感。如同本书中的其他部分一样，这里也运用自陈的主观幸福感，作为测量人们幸福的代表。

无论是出于什么动机和原因，志愿服务都可对人们的幸福感产生明确的影响。不同的影响渠道可以粗略地划分为两个方面。首先，就帮助他人本身（per se）而言，因为人们喜欢帮助他人，所以他们的幸福感增加。内在回报是因为生来就关心他人所得到的福利。例如，人们在乎被帮助者的效用，在帮助他人时，自己的心灵可以沐浴在一种"温暖的阳光"之中，从自己的内在工作享受中获益。其次，人们会主动有意识地获取志愿工作的副产品。就帮助他人本身而言，人们可能不喜欢志愿服务，但是，由于他们从志愿服务中得到了一种外在回报，所以他们的效用也会增加。例如，无论是在人力资本方面，还是在社会关系网方面，提供志愿服务都可成为一种个人投资。

这部分（它主要是基于 Meier and Stutzer 2008 的成果）介绍了一些实证成果，这些成果是用来回答这个问题的，即比起非志愿者来，提供志愿服务的人是否更满意他们的生活。① 关于志愿服务和生活满意度之间关系的经验证据，是建立在 1985—1999 年德国社会经济面板数据库基础之上的。除了有关参与者的社会经济状况问题之外，参与者也被要求回答他们对生活的满意度，及他们参与志愿工作的程度。

即使未经处理的相关性已经证实，志愿者比非志愿者更可能自陈了较高的主观幸福感，我们也不能就此建立起因果关系。提供志愿服务可能不会增加生活满意度，或许相反，是那些对生活满意的人，他们更可能提供志愿服务。在早期的文献中，如此的因果关系问题普遍存在。② 利用一个自然实验，即民主德国地区的崩溃，因果关系问题已经得到了更直接的说明。在

① 也参见 Meier 2006，2007；Oberholzer-Gee 2007。
② 有关概要，参见 Wilson and Musick 1999。

GSOEP 第一次收集数据时（具体收集期间是，柏林墙倒下之后，但是是在重新统一之前），志愿服务在民主德国仍然广泛存在。因为重新统一的阵痛，导致大部分志愿服务的基础设施崩溃（例如，与企业联系的体育俱乐部的解散），人们轻易地就失去了他们提供志愿服务的机会。比较这些人和控制群体主观幸福感的变化，控制群体的志愿服务情况并没有变化，那么依据较高的生活满意度标准，分析志愿服务是否有回报，由此也就变为可能。

7.2.2　经验分析

在 GSOEP 中，对于下列这个问题的回答，提供了有关志愿服务的信息："你从事志愿工作吗？"人们对于这个问题的回答，可以运用 1～4 的等级形式来测量（4 为"一周一次"，3 为"一月一次"，2 为"不经常"，1 为"从未"）。在德国，23% 的人提供一种或一种以上形式的志愿服务。这些关于志愿服务程度的数据，它们与另外二位学者的研究结果相符。安海尔和萨拉蒙（Anheier and Salamon 1999）在他们的研究中发现，人口中 14% 的人经常做志愿工作（"一周一次"或"一月一次"），而 86% 的人不经常或从不做志愿工作（"不经常"或"从未"）。人们的幸福或生活满意度由一个单项（a single-item）问题测量："考虑到所有事情，你对你的生活感到何种程度的满意？"回答范围等级从 0（"完全不满意"）到 10（"完全满意"）。

运用合并数据集（pooled data set）方法，图 7—1 显示了志愿服务频率和生活满意度之间的相关性。描述性的统计显示，志愿服务与生活满意度之间，呈相当大的正相关性。平均来说，从未提供志愿服务的人，他们报告的生活满意度分数最低。在随后的每一种分类中，测量到的自陈生活满意度越来越高。从未提供过志愿服务的人，当他们自陈的平均生活满意度是 6.93 分时，每周提供一次志愿服务的人，他们自陈的平均生活满意度却是 7.35 分。换言之，后者比前者要高出 0.42 分（在 t 检验中，p<0.01）。在人们仅被划分为两个群体时，每周或每月提供一次志愿服务的人，平均说来，他们自陈的生活满意度是 7.30 分；不经常或从未提供过志愿服务的人，平均说来，他们自陈的平均生活满意度是 6.95 分（p<0.01）。

　　志愿服务和生活满意度分数之间，所表现出的未经处理相关性，没有考虑到第三方因素——例如，人们的财政状况——可能影响志愿服务的频率和自陈的主观幸福感。因此，为了控制个人特征，就需要采用多元回归模型进行分析。

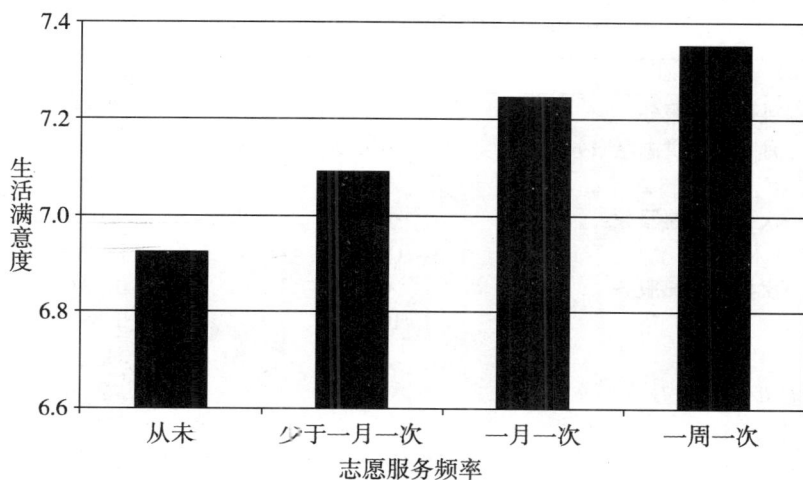

图 7—1　志愿服务和生活满意度

资料来源：Meier ard Stutzer 2008. Based on German Socio-Economic Panel 1985-1999.

　　表 7—3 显示了，在许多社会经济和人口统计变量得到控制的情况下，生活满意度分数（因变量）和志愿服务频率（自变量）之间的关系。四个虚拟变量从"从未提供过志愿服务"到"一周提供一次志愿服务"，这些虚拟变量反映了提供志愿服务的频率。从未提供过志愿服务的人，他们被包括在参照群体中。第一个模型估计基于普通最小二乘法，随着时间的推移，为了重复观测个人生活满意度水平的变化，估计的稳健标准误差会被调整。这个模型表明，提供志愿服务的人，他们自陈了较高的生活满意度。特别重要的是，那些一周一次或一月一次提供志愿服务的人，他们自陈了较高的满意度分数。分数差异是相当大的，具有高的统计显著性。平均说来，那些一周一次提供志愿服务的人，他们自陈的主观幸福感得 0.30 分，比从未提供过志愿服务的人要高。平均说来，那些一月一次提供志愿服务的人，他们自陈的主观幸福感得 0.27 分，比参照群体要高。这个结果与志愿服务增加效用假说相一致。然而，第一个回归模型没有控制未观测的时不变个体差异。例

如，具有外向性格的人，他们更可能提供志愿服务，自陈高的主观幸福感。使用个人固定效应模型，未观测到个人异质性的存在，会引起虚假的相关。但是，由于采用了 GSOEP 面板数据结构，因此可以控制虚假的相关。

表7—3　　　　　　1985—1999 年间德国的生活满意度和志愿服务

	列 1	列 2
从未提供过志愿服务	参照群体	参照群体
少于一月一次提供志愿服务	0.079 **	−0.014
	(4.00)	(−0.89)
一月一次提供志愿服务	0.263 **	0.026
	(9.75)	(1.19)
一周一次提供志愿服务	0.295 **	0.081 **
	(10.02)	(3.48)
控制变量①	是	是
年份虚拟变量	是	是
个人固定影响	否	是
观测数量	125 468	125 468
观测人数	22 016	22 016
F 值	93.52 **	79.26 **

资料来源：Meier and Stutzer 2008；based on German Socio-Economic Panel.

注：1. 因变量：生活满意度 [0～10]。OLS 回归的稳健标准误差（聚集在观测人数）。括号中为 t 值。显著性水平：** $p<0.01$。

2. 控制变量包括小时净工资（In）、不适用工资、不可用工资、工作时间、工作时间平方、不适用工作时间、不可用工作时间、家庭收入（In）、家庭规模平方根、年龄、年龄平方、教育年限（In）、婚姻状况、虚拟儿童、雇佣状况、虚拟德国东部、虚拟欧盟外国人和非欧盟外国人。

　　第二个模型给出了个人固定效应的最小二乘法估计结果。尽管志愿服务对幸福的影响变得较小，但是，平均说来，一周一次提供志愿服务的人，他们自陈的主观幸福感得分为 0.08，仍然比从未提供过志愿服务的人要高（p<0.01）。如果运用虚拟变量测量志愿服务，影响依然是稳健的。这些虚拟变量分别为，如果某人一周一次或一月一次提供志愿服务，则为 1；如果某人不经常或从未提供过志愿服务，则为 0（这里未显示）。平均说来，频繁提供志愿服务的人，他们自陈的生活满意度较高，得分为 0.054（p<0.01）。

7.2.3 运用一个自然实验处理因果关系

在此，因果关系问题仍然一目了然。建立在固定效应估计基础上的结果，不能回答这样的问题：关于自陈较高生活满意度的志愿者来说，他们是因为帮助了他人而生活幸福，还是因为他们生活幸福而提供了志愿服务。就像 7.1 部分研究自我雇佣一样，通过分析一次意外巨变的出现，人们轻易地就失去了提供志愿服务的可能，因果关系问题也就得以说明。在其他条件不变的情况下，意外巨变出现后，如果人们自陈了较低的生活满意度，那么这就很可能说明志愿服务影响生活满意度；如果主观幸福感没有变化，那么在很大程度上，先前的研究成果反映的就是第三方因素和相反的因果关系。

德国的重新统一提供了一个理想的自然实验，这种统一从外部改变了许多民主德国的志愿服务状况。在社会主义的民主德国崩溃以后，大部分提供志愿服务的组织体系也土崩瓦解。在原来的民主德国，那里的志愿服务原本非常普遍，许多志愿服务机会都与旧的组织结构有关，例如，各种各样的体育俱乐部都与国有公司密切相关。在重新统一后，这些组织结构消失了，许多志愿者"被迫"不再提供志愿服务。在 GSOEP 所调查的德国东部人中，表示一周一次或一月一次提供志愿服务者，比例下降了 8 个百分点。这种下降可以视作外在因素引起的志愿服务工作次数的下降，这种下降也极富戏剧性。那么，这种外在巨变对于志愿者的主观幸福感会产生什么影响呢？

德国重新统一后，德国东部人的平均生活满意度出现了下降（Frijters, Haisken-DeNew, and Shields 2003）。如果确实是志愿服务影响幸福感的话，那么因为志愿服务组织体系的解体，对于失去志愿服务机会的人来说，很容易想象，他们生活满意度下降的幅度应该是非常大的。图 7—2 依据同一群德国东部人在 1990 年和 1992 年的志愿服务状况，比较了他们的生活满意度变化情况。对于被迫停止提供志愿服务（"停止提供志愿服务"）的人来说，他们的生活满意度下降幅度非常大。而对于志愿服务状况没有变化的人（"经常提供志愿服务"或"从未提供过志愿服务"）来说，他们的生活满意度下降幅度很小，仅仅只有区区的 0.53 分。被迫停止提供志愿服务者的生活满意度下降 0.72 分。负 0.19 分的差异显示了统计显著性（$p<0.10$）。经常提供志愿服务的人，他们 1990 年的生活满意度下降了，从提供志愿服务体验过的最高水平，一直降到低至非志愿者自陈的水平。这个结果支持了原因性解释，志愿服务确实能够影响生活满意度。

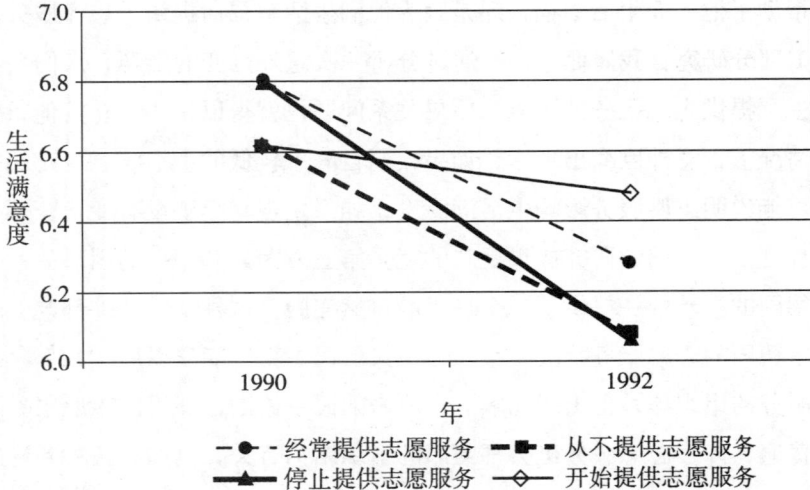

图 7—2　志愿服务工作状况和生活满意度变化

资料来源：Meier and Stutzer 2008. Based on German Socio-Economic Panel 1990-1992.

运用简单的双重差分估计模型（difference-in-differences model）分析，虽然我们可以接近因果关系的推断，但是至少还可能存在两个理由，反对这种研究成果所提供的解释。

＊第一个反对理由是，其他因素可能对志愿服务工作和生活满意度两者产生影响。例如，处于失业状态的人，他们可能就较少提供志愿服务，与此同时，他们也会自陈较低的生活满意度。前面的研究结果显示，如果人们未曾想到就被迫停止了志愿服务的提供，那么他们就会感到不太幸福。而且，这一结果在多元回归分析中得到支持，这种分析包括了个人固定影响，控制了大量的社会经济和人口统计变量。多元回归分析表明：比起志愿服务状态没有变化的人来，失去志愿服务机会的人，他们自陈的生活满意度下降幅度较大，达到 0.23 分（$p<0.05$）。这个结果再次支持了前面的因果解释，

生活满意度确实受到志愿服务的影响，如此就拒绝了第一个反对理由。

　　* 第二个反对理由是，就志愿服务对生活满意度的影响来说，它还存在另一种解释，这种解释推测，在民主德国，从事志愿服务工作的人是否与旧的政治体制相联系。在民主德国的社会主义政府垮台以后，他们不仅失去了提供志愿服务的工作，而且更为重要的是，他们失去了与旧政权的联系。如此，我们就可以假定，这种情况会对他们的身份地位和前途不利。通过考虑人们对下列问题的回答，这些问题是关于 1990 年前的民主德国地区生活满意度的，那么我们就可以对前面解释的经验有效性进行分析。这些问题为"下列问题是针对民主德国的：总体来说，你对民主德国现存的民主的满意程度如何？"人们的回答用 1 到 4 的等级形式计分（1 = 非常满意；2 = 满意；3 = 不满意；4 = 非常不满意）。实证分析表明，停止提供志愿服务对生活满意度确实产生了影响，这种影响与对满意民主德国地区民主（－0.74 分）的人产生的影响相同（例如，他们的回答是 1 或 2），这种影响也与对不满意民主德国民主（－0.70 分）的人产生的影响相同（例如，他们的回答是 3 或 4）。这个结果不支持这样一种解释，该解释认为，当重新统一引起志愿服务机会减少时，支持旧政权的人失去的也最多。

　　在分析志愿服务对人们效用影响的因果关系时，民主德国的崩溃提供了唯一的自然实验。利用这种实验进行的分析表明，志愿服务的确增加了人们的幸福。当影响生活满意度的其他因素得到控制时，例如，个人固定影响、失业状况或其他业余活动（Meier and Stutzer 2008），分析的结果依然是稳健的。

　　综上可见，从志愿者较高的生活满意度来说，提供志愿服务的确是有回报的。依靠民主德国崩溃提供的一个天然实验，进行的分析得出了一些结论，这些结论显示，志愿服务作为原因能够让人们幸福。那么，接着的一个问题就是，为何没有更多的人提供志愿服务，以便增加他们的生活满意度呢？为何人们没有提供志愿服务，从而也就没有增加他们的效用呢？原因在于，人们在预计他们将来从事的活动所产生的效用方面，常常会犯不对称的错误（换言之，人们常常低估了工作的内在收益，例如通过提供志愿服务获得收益；相反，人们却往往高估了工作的外在收益，例如通过加班挣取更多金钱上的收益）。是否这种错误导致人们从事志愿工作动力不足——甚至从本人的个人观点来看——应当成为将来研究的一个主题。

第 *8* 章

婚姻和幸福

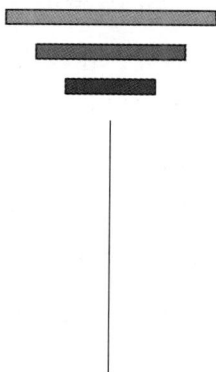

8.1　婚姻理论

学者分析婚姻的经济模型，主要集中在劳动分工和专业化方面。贝克尔的研究成果推动了婚姻经济学的发展（Becker 1973，1974a），他的成果是建立在婚姻能够带来收益的基础之上的，这种收益来自于家庭生产的产品和不同工作的专业化。[1] 婚姻中存在分工专业化的可能性，这种可能性被认为提供了大量的机会，增加了婚姻双方的幸福感。社会学理论则专注于配偶双

---

① 有关研究，参见 Pcllack 2002。

方对家庭公共产品的联合消费，或专注于双方相互扶助和男女婚姻关系中的社会平等。婚配描述了"喜欢结婚的样子"的趋势。与人们相互之间偶然的发现相比，在较大程度上，人们倾向于与相互之间具有相似特征的人结婚，这种相似包括年龄、种族、宗教、国籍、教育、观点和其他大量的特征（Hughes et al. 1999）。"喜欢结婚的样子"的趋势，它在价值观和信念方面促进了配偶之间的协调。在男女关系中，贝克尔的模型预言，婚姻消极的（引子 shadow）按工资相配，积极的按教育相配。对于贝克尔提出的这两种基本假设，为了研究它们的有效性，通过研究主观幸福感的数据，可以获得系统性的证据。通过这些证据，我们又可以知晓谁从婚姻中获益较多，谁从婚姻中获益较少。本章借鉴的研究，在斯塔特勒和弗雷（Stutzer and Frey 2006）的研究成果中有着更为充分的描述。

在婚姻中，人们结成了一种长期契约关系，在这种关系中，双方都信誓旦旦地保证相互交换其收益。任何一方都期待着来自另一方的收益，这些收益包括情爱、感激、欣赏的表白，同样也包括安全和物质的奖励。依据婚姻保护交换结果的观点，经济学家特别研究了婚姻的财政收益。婚姻提供了共同对付有害生活事件的基本保证，提供了来自家庭内部的规模经济和分工专业化的收益（Becker 1981）。伴随着专业化分工的展开，在由劳动力市场调节的工作中，配偶中的任何一方都具备相对有利的条件，积累自己的人力资本。特别是在其他条件不变的情况下，这可以反映在，已婚的人比单身的人挣得更高的收入（Chun and Lee 2001）。

就像心理学、社会学和流行病学研究所表明的那样，这种经济方面增加的收益，被更广泛的婚姻收益所超过。学者发现，同单身的人相比，已婚的人具有更好的身体和心理健康（例如，较少的陋习和较少的沮丧）、较长的寿命（Gardner and Oswald 2004）。社会学强调了婚姻关系具有的优点。[1]

---

① 有关对健康影响证据的评论，参见 Burman and Margolin 1992；Ross et al. 1990。另外有关收入、死亡率、儿童成就和性满足的证据，参见 Waite and Gallagher 2000。有关专门的纵向证据的研究，参见 Wilson and Oswald 2005。

最近，人们对婚姻影响幸福的兴趣正在持续地增加。在大量的研究中，涉及不同的国家的不同时期，学者研究发现，婚姻与较高的幸福水平存在非常密切的联系（Diener et al. 2000；Stack and Eshleman 1998；Coombs 1991；Myers 1999）。比起从未结过婚的人、已经离婚的人、分居的人和丧偶的人，已婚的人自陈了更高的主观幸福感。在马斯特卡萨、斯塔特勒和弗雷（Mastekaasa 1992；Stutzer and Frey 2006）的研究中，讨论了相反因果关系存在的可能性，并对此进行了实证研究。

8.2 实证分析

8.2.1 婚姻增加幸福

运用婚姻生活中自陈的生活满意度数据，可以对幸福感增加的主要来源进行检验。同前面的几章一样，我们使用了德国社会经济面板数据库。分析对象限制在 17 年抽样时期已经结婚的人，并观察婚姻存续期内他们幸福感的大致变化。图 8—1 显示了在结婚之前和之后的平均生活满意度，它是建立在对 1 991 个德国人的 21 809 次观察的基础之上的，这些观察持续的期间为 1984—2000 年。在考虑了被调查者的下列因素之后，即性别、年龄、教育水平、父母身份、家庭收入、家庭规模、同家长关系、劳动市场身份、居住地方和公民身份等，我们计算出了他们的平均生活满意度分数。

图 8—1 中的曲线显示出了一种变化模式，这种模式很值得人们注意：在结婚之前，越是临近结婚时，人们自陈的平均满意度分数也越高；与此相反，在结婚之后，人们自陈的平均满意度分数开始下降。

我们可以运用一些概念解释这种模式。一些心理学家提出，婚姻过渡（marital transitions）引起了主观幸福感方面的短期变化（Johnson and Wu 2002）。其他的心理学家则把这种模式视为适应效应的证据（Lucas et al. 2003）。人们会得到来自与其关系密切、一起生活的伴侣的快乐（和不快

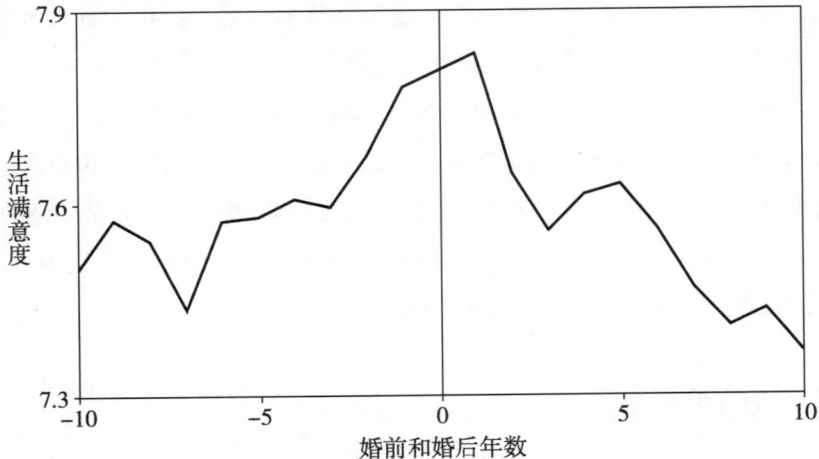

图8—1　婚姻的生活满意度

资料来源：Stutzer and Frey 2006. Date from GSOEP.

注：在考虑了被调查者的性别、年龄、教育水平、父母身份、家庭收入、家庭规模、同家长关系、劳动市场身份、居住地方和公民身份之后，曲线代表了幸福感的变化情况。

乐）刺激。在婚姻关系中，适应效应意味着人们会习惯于这种快乐（和不快乐）的刺激，经过一段时间后，人们的体验就会高于或低于主观幸福感的基线水平。然而，这种适应效应是否真的是享乐主义的，或者对于已婚者生活的满意标准来说，应确定他们是否开始使用不同等级的标准评价（满意水车，satisfaction treadmill①），要想回答这些问题是很困难的。根据这个模式反映的情况，还有一个解释，只有许多人预期能从将来的婚姻关系中获得回报，他们才会结婚。人们预计自己将会为配偶带来幸福感，但它是建立在目前的幸福感基础之上的。因此，在结婚之前的最后一年，它也就成了生活满意度增加的最后一年，因为正是在此时，双方共同体验了人生最为绚丽多彩的一段幸福时光。

本章的注意力集中在这样一个方面，即新近结婚的夫妇，他们生活满

---

① 对于满意水车（satisfaction treadmill），也有学者将其译作满意适应症，意为收入增长（相当于不断踏车），但是生活满意度却未能相应增长（相当于在原地打转，不能前行）——译者注。

意度的巨大变化。在结婚后的第一年，自陈生活满意度的标准差为 1.60，平均为 7.64。到了第二年，标准差为 1.59，平均为 7.43（用一个从 0 "完全不满意"到 10 "完全满意"的等级形式表示）。作为新近结婚的夫妇来说，在配偶双方感觉婚姻生活如何方面，上述数字表明生活出现了很大的变化。研究考虑到了可能存在的差异，这种差异是由婚姻市场理论发现的，也就是在一些子集群本的主观幸福感方面，可能存在着一些系统性的差异。

8.2.2　专业化潜力

贝克尔婚姻理论的主要预言之一就是，婚姻产生的收益与配偶的相对工资率差异，两者呈正相关（1974a，p.11）关系。理由在于，一个大的相对工资率差异，能够使专业化分工产生更多的收益，这种专业化分工可以表现在两个方面，也就是从事家务活动或参与劳动市场。

这个假说可以通过图形加以分析，详见图 8—2。样本将夫妇划分为两组，在工资率差异方面，一组相对差异率平均高于中位数，另一组相对差异率平均低于中位数。在其他条件不变的情况下，对现存的平均数进行了估计。然而，这种估计没有包括图 8—2 中涉及的所有控制变量。因为预期专业化分工，可以通过增加家庭产品增加收益，所以家庭收入（同样，它接近于代表接受的教育水平）就没有受到控制。

图 8—2 显示，在结婚数年后，两个小组的主观幸福感方面不存在系统性差异。然而，在结婚之前，对于即将结婚的人来说，如果他们的相对工资率差异大，那么同差异小的进行比较，则平均说来，他们感受到的幸福较少。由此表明，相对工资率差异大的夫妇，工资率差异小的夫妇从婚姻中获得的收益更多。这个研究成果也支持贝克尔模型中的主要预言之一，也就是婚姻的收益来自专业化分工。

8.2.3　夫妻双方收益

在夫妻之间，如果考虑双方的教育水平差异，并用接受学校教育的年限

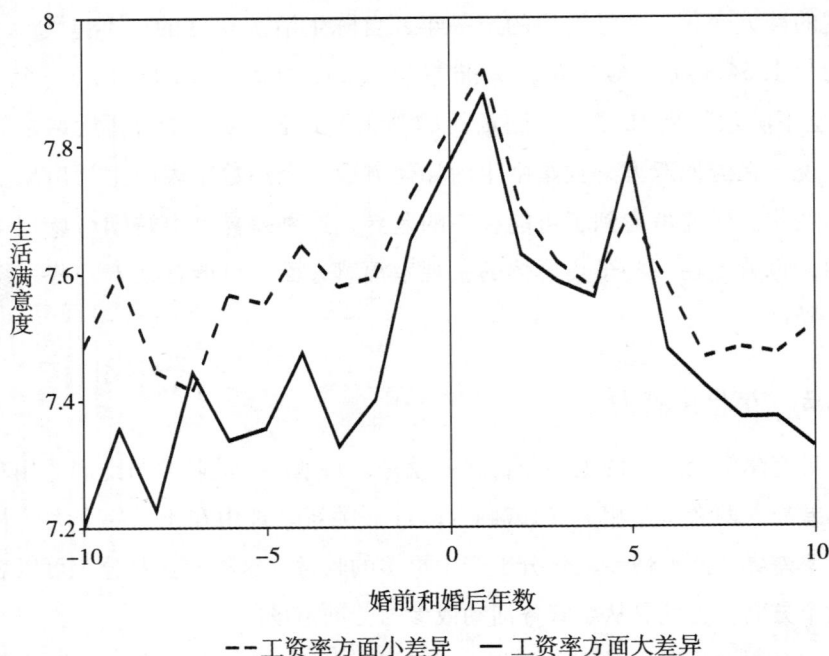

图 8—2　配偶工资（引子工资）率差异对生活满意度的影响

资料来源：Stutzer and Frey 2006. Date from GSOEP.

注：在考虑了被调查者的性别、年龄、父母身份、家庭规模、同家长关系、劳动市场身份、居住地方和公民身份之后，曲线代表幸福感的变化情况。

来测量这种差异，那么我们可以假设，相对于教育水平差异大的夫妻来说，差异小的夫妻可从婚姻中获得更多的收益。

图 8—3 显示了一个图形分析的结果，这种分析运用的检验策略，与前面分析专业化分工所用的策略相同。现在，同图 8—1 一样，其也包括一整套的控制变量。在结婚之前的一些年，人们的幸福感不存在系统性差异，这些人结为夫妻时，在教育水平方面存在着或大或小的差异。然而，在结婚之后，教育水平差异低于中位数的夫妻，自陈了较高的平均生活满意度。在结婚的头七年，共同统计显著性差异（joint statistical significance）高于99%。这个研究成果支持了前面的假设，也即具有相似背景的配偶双方，从婚姻中获取的收益更多。

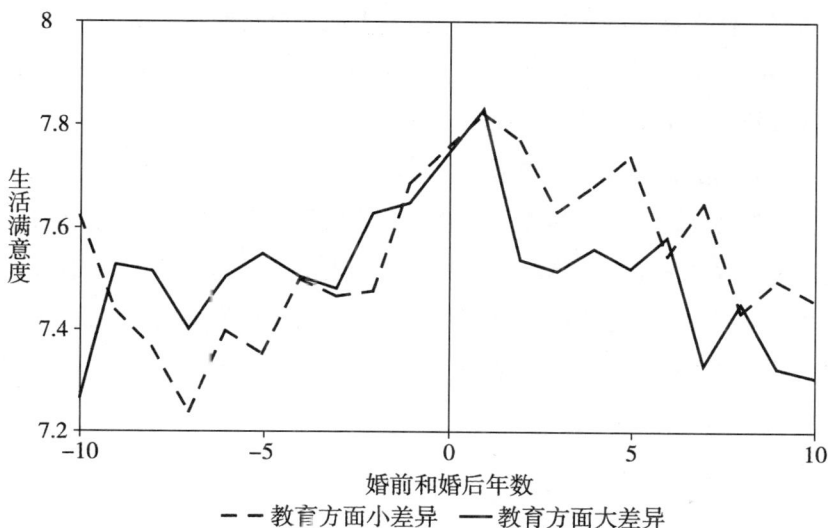

图 8—3　配偶教育水平差异对生活满意度的影响

资料来源：Stutzer and Frey 2006. Date from GSOEP.

注：在考虑了被调查者的性别、年龄、教育水平、父母身份、家庭收入、家庭规模、同家长关系、劳动市场身份、居住地方和公民身份之后，曲线代表幸福感的变化情况。

8.3　结论

　　关于婚姻带来收益和保护的基本假设，运用主观幸福感数据，我们可以对此进行直接的研究。经济学中强调专业化分工作用的假设，也已经得到了证实。将夫妻二人婚前的生活满意度进行比较，相对工资差异大的夫妻双方（因此，专业化分工蕴含的潜在收益也大），从婚姻中获取的收益，要多于相对工资差异小的夫妻双方。然而，研究成果同时也表明，在结婚 7 年之后，两个样本小组的生活满意度，则没有系统性差异存在了。我们的分析结果所依据的理论，特别强调了配偶双方之间相似的重要性。具有相似或相同特征的配偶双方，他们被认为分享了相同的价值观和信念，也就是促进相互支持关系的价值观和信念。在婚姻中，平均而言，比起教育水平差异大的配偶双方，教育水平差异小的配偶双方获得的满意度要更高。

然而，什么是幸福？什么时候结婚？上面的分析回答了诸如此类的问题吗？在婚姻关系中，如果一个人为了追求幸福，踏上一条与其他人相似的道路，这显然是一个负面信号（Gardner and Oswald 2006）。在短期，离婚是会带来心灵创伤的，前配偶的幸福感也会骤然下降。无论对于男方还是女方来说，各自都会受此影响。然而，在婚姻关系破裂两年之后，比起两年前婚姻破裂之时，双方的平均生活状况又都会得到显著的改善。从这个意义上说，离婚并非没有收益。令人感到有些惊奇的是，对于离婚的收益来说，一个人离婚以后，是否很快又会重新结婚，是否还有需要抚养的儿童，这些看起来都不重要。

第 9 章

观看电视

如今，在欧洲，人均每天花费 3 小时 30 分观看电视；而在美国，人均每天花费的时间则高达 4 小时 50 分（IP 国际销售委员会 2004）。现今在许多国家，观看电视耗费的时间与人们工作的时间几乎相当。在人一生的光景当中（包括青年和老年时期），许多人在电视机前面耗费的时间，比从事有报酬工作的时间还要长。人们一定是喜欢这种活动，它完全是一种随心所欲、自由自在的选择活动，否则，他们将不会沉溺于这种活动之中。在标准的新古典主义经济学中，显示性偏好理论就假定，人们知道什么能够最好地为自己提供效用，他们自由地选择自己所喜欢的电视消费数量，也就体现了他们的偏好。因为人们观看了如此多的电视，所以这种活动也为他们提供了大量的效用。

然而，最近的研究发展（特别表现在经济学和心理学方面），对这种结论提出了质疑。显示性偏好理论已经遭到怀疑，其最主要的代表人物就是森（Sen 1982，1995）。因为人们并非总是依据自己的利益最大化来选择行为，所以一般说来，通过观察到的外在行为，来推断效用是不可能的。学者已经发现，人们的行为中有许多异常和偏见（参见，例如，Thaler 1992），那么在观察到的行为和获得的效用之间，这些异常和偏见就会削弱两者间的直接联系。例如，人们可能错误地估计了未来消费产生的效用，并且这种错误表现为一种系统性的错误（参见第 11 章）。在此我们提出，人们可能也会"屈服"于自己的习惯，人们不能完全控制自己的习惯。比起对他们有益的产品来，他们时常会对某些产品消费过多，例如毒品、酒精、烟草。这些人存在着自我控制问题（Schelling 1984）。正如格鲁伯和姆莱纳森（Gruber and Mullainathan 2005）的实证研究所表明的，在政府运用烟草税限制吸烟的情况下，吸烟者依然认为自己过得较好。本章提出了进一步的观点，观看电视就是这方面的又一个事例，此事例表明，人们依据自己的估计作出的消费决定，往往会遭到系统性的扭曲。电视观看者同样存在自我控制的问题，这个问题之所以会产生，主要原因在于，电视以非常低的当前成本提供了当前收益，总成本中的很大一部分，只有在将来才能完全体现出来。因此，大量地观看电视，通常不能实现效用最大化；相反，平均说来，它会让人变得不太幸福。[1]

在决定花费多少时间观看电视方面，人们是否会犯系统性错误，我们可以运用主观幸福感的数据，对此进行研究。典型的情况的确是这样，甚至在控制了影响大量个人幸福感的协变量（covariates）[2] 之后，观看电视程度和生活满意度，两者还是呈一种负相关的关系。即使如此，对于这种电视消费和主观幸福感间的负相关关系，它也完全可能成为解释反向因果关系的一个很好的理由：比起幸福的人来，不幸福的人很可能观看了更多的电视。如果

---

[1]　参见 Frey，Benesch，and Stutzer 2007；Benesch，Frey，and Stutzer 2006。
[2]　协变量（covariate）是指与因变量线性相关，在研究自变量与因变量关系时，需要通过统计技术加以控制的变量。

观看电视充当了一种替代行为（例如，对于人际关系的替代，或以更积极的闲暇形式，对于孤独和无聊进行的替代），并且对长期幸福感产生了消极后果，那么负相关甚至可能是自我循环强化的结果。

在多元回归分析中，通过大量地设置控制变量或运用面板数据，都不能解决因果关系的问题。作为替代，下面的做法是可取的，即就观看电视而言，在人们的选择机会中，研究大规模的、受外在影响的变化。然而，就我们所知道的情况而言，这方面合适的数据也不存在，例如通过一个自然实验来收集数据。作为替代，我们可以考察这样一个问题，即大量电视消费的效用成本，它是否依赖于时间的机会成本。通过对这个问题的分析，可以为确定因果关系的方向，提供直接的证据。然而，如此方法面临的一个主要问题是，具有显著时间机会成本的人，会为花费多少时间观看电视而感到后悔吗？我们认为，对于那些实行弹性工作时间的人来说，他们可以自由地在闲暇和工作之间转换，自我控制问题会使他们遭受大量的损失。与此相反，对于那些低时间机会成本的人来说，例如退休者、失业者或实行固定工作时间者，他们由于自己意志力缺乏的问题，所引起的损失相应就极少。因此，他们也就没有显著的效用损失，即使他们花费很多时间观看电视，情况也是如此。

9.1 部分发展了电视过度消费的假设，该假设是基本的、可检验的。9.2 部分回顾了现有文献，它们是有关观看电视和主观幸福感之间关系的。9.3 部分提供了数据，并给出了计量经济学估计的结果。

9.1 电视过度消费

如今，观看电视和过度消费已经成了同义词，从这个意义上说，人们常常感到后悔，将如此多的时间沉溺于观看电视。然而，由于意志薄弱，要克服这种问题似乎还很困难：尽管许多人不满意自己过去的行为，但是他们仍然一而再、再而三地把较多时间用于观看电视，即使是依据他们自己的估计，这个时间也超过了对他们有益的时间。显然，他们存在一个自我控制的问题。这是本章的一个基本的观点，也是我根据经验想表达的观点。

人们一旦打开电视，往往就意味着过度消费，主要原因在于，人们只专注于这项活动的当前边际收益，而忽略了它的当前边际成本。人们只不过是轻触一下开关，就能立即享受到收益。与此形成鲜明对照的是，去电影院、剧院或参加任何户外的活动，人们在离开家之前，往往需要精心地打扮一番，还需要买票或事先预定一个座位。而且，观看电视还不需要具备任何特殊的条件，包括身体条件或认知能力（Kubey and Csikszentmihalyi 1990）。不像其他的闲暇活动，观看电视不需要与其他人保持协调一致。完全可能的情况是，一个人坐在电视机前面独自欣赏，自娱自乐；与此相反，其他的闲暇活动（例如，打网球或高尔夫球）往往需要找寻一个玩伴，而且玩伴还要正好有时间，还要志趣相投。因此，同其他的闲暇活动相比，观看电视有一个非常低的进入障碍，或者根本就不存在所谓的进入障碍。与此同时，电视提供给人的娱乐价值，也被认为是减少压力最有效的方式之一。然而，如此消费行为的许多成本，没有被立即觉察到。例如，对于缺乏睡眠的负面影响，人们只有等到第二天才能体会出来，而对社会交往、教育或职业生涯投资不足的后果，更是需要很长的时间才能显现出来。电视产品消费具有的这些特点，致使许多人成为了过度观看电视的牺牲品。

有一些非常有趣的证据表明，人们在观看电视方面，可能存在着自我控制的问题。在美国的成年人当中，有 40% 的人承认观看了太多的电视；而在美国的青少年当中，则有 70% 的人承认如此（Kubey and Csikszentmihalyi 2002）。他们有一种观看电视的渴望，承认身陷其中难以自拔（McIlwraith 1998；Kubey and Csikszentmihalyi 2002）。另一个有趣的观察表明，人们对于短期和长期电视消费的估计，往往会出现背离。对此，罗宾逊和戈德比（Robinson and Godbey 1999，p. 299）二位是这样解释的："通常我们不太喜欢看电视，但是我们昨晚看的节目实在太好看了。"一些人完全拒绝观看电视，因为他们知道自己不能够控制自己的观看行为。与此相适应，他们要么取消自己原定的有线电视，要么将自己的电视锁进柜橱之中，要么在电视前面放上一把椅子，坐上这把椅子会令其感到难受。对于具有时不变特性的人来说，如此这般的自我控制，其实完全没有必要。人们对于一种自己不喜欢的选择，降低其效用或增加其成本的做法，都是毫无必要的，也是不得要领的。

一般说来，在学者所做的许多实验室实验中，自我控制问题和时间不一致性偏好现象已经得到证实，[1] 相关的理论[2]也被用来解决很多的问题。最近，有关这方面的经验证据已经呈现出来，涉及的问题包括，关于储蓄的决定（Angeletos 2001）、关于食品消费（Cutle et al. 2003；Shapiro 2005）、关于工作找寻（Della Vigna and Paserman 2005）、关于劳动供给（Fang and Silverman 2007）和关于健康俱乐部访问等（Della Vigna and Malmendier 2006）。

9.2　文献

考虑到人们沉溺于观看电视，浪费了大量的宝贵时间；而与此相对照的是，学者运用经济学进行的研究却极为少见，少到了一种令人吃惊的地步。不过，运用近似经济学方法的分析，却是存在的，这就是"使用与满足"（uses-and-gratifications）[3] 方法（Rubin 2002），此法研究人们如何对待媒体。就电视对观众具有的各种各样的功用来说，包括对实际和潜在观众的功用，许多学者已经进行过专门的研究。研究结果认为，观众通过比较电视各种功用带来的效用，然后做出效用最大化的选择，但这往往会受到各种各样的限制。因此，从经验方面来看，到目前为止，运用这种方法，我们极少能够推导出可检验的命题。

在一个更为标准的媒体经济学中，学者分析了有关具体媒体的内容和时间预算的偏好，它们是如何决定需求的。在一些研究中，特别是在欧洲传统

---

① 有关综述，参见 Frederick et al. 2002。
② 例如，参见 Laibson 1997 and O'Donoghue and Rabin 1999。
③ "使用与满足理论"（uses-and-gratifications）为传播学中理论，1974 年，由 Elihu Katz、Jay Blumler、Mickael Gurevitch 等学者在《大众传播媒体的使用》（*The uses of Mass Communication*）一书中提出。该理论强调以"主动的阅听人"为中心，反对媒体万能论，认为阅听人并非各类媒体下的无助者，而是可利用媒体来满足各类不同的需求的人，而这些需求即为阅听人使用媒体的动机——译者注。

的研究中（Heinrich 1994；Kiefer 2003），人们往往将电视提供的信息视作"有益品"（merit goods）①，并且讨论了媒体市场中政府干预的合法性。施罗德和基弗（Schröder 1997；Kiefer 2001）考虑了电视消费的有害影响，并把电视消费比作吸烟。因此，他们提出了媒体市场管制的规则，媒体市场被视作一种社会层面的自我控制机制。

另外，还有一种家庭生产方法（household production approach）（Becker 1965），它研究有关闲暇和娱乐的需求。在人们的各种闲暇活动中，观看电视是其中非常重要的一种，然而，与这种活动的巨大重要性形成鲜明对照的是，仅仅只有区区几个研究，它们试图分析观看电视的需求和效用来源。其中，有两种方法可能是出类拔萃的。

9.2.1 短期方面

一种是"活动享受评分"（activity enjoyment ratings）方法，它记录了观看电视的瞬间。在时间利用调查②的情形下，人们对于观看电视的评价，需要同其他休闲活动进行比较。1985年在美国，比起人们从事的其他活动来，观看电视得到了一个较高的评价，如果用0到10的等级形式表示，则从其他休闲活动得到的平均享受为7，而从观看电视得到的平均享受为7.8。不过，同人们在闲暇时光所从事的大多数活动相比，这个数值的排位是较低的（Robinson and Godbey 1999，p. 243）。在卡尼曼和他的同事（Kahneman et al. 2004b）构建的指数中，也就是900位得克萨斯妇女积极影响指数中，观看电视的排位为4.2（用0到6的等级形式表示），在所有活动中，其大约排在中间。这些妇女耗费时间最多的活动之一，就是观看电视，每周会看

---

① 这里说的是merit goods，它不是一般微观经济学定义的正常商品，而属于公共经济学（财政学）中公共品的一种。1957年初，理查德·阿贝尔·马斯格雷夫在《预算决定的多重理论》（A multiple theory of budget determination）中提出有益品（merit goods）理论，他将有益品定义为"通过制定干预个人偏好的政策，而提高生产的物品"，这意味着有益品主要是由国家提供的——译者注。
② 时间利用调查（time-use survey，TUS）开始于20世纪20年代，发展成熟于20世纪中后期。它是针对一定区域内特定人群的时间使用情况，所进行的抽样调查，通过对调查地域、住户人群和一周各日的概率抽样和对各种活动的详细分类，获取各类人群各种活动的时间分布状况。它可反映人们如何使用他们的时间（一天/一周/一年），属于什么样的生活模式，如何参与有酬劳动及无酬劳动，并提供各类经济活动人口和就业规模等信息，同时它也能提供一些通常无法看到的妇女、男子及儿童和老人在家里、外对各种生产活动的参与情况——译者注。

2.2 小时①。

　　另一种方法是"体验取样法"（experience sampling method，ESM）。参与者使用无线传呼机或便携式计算机，他们被要求随机回答这样的问题，即在一个具体的时点，自己感觉如何。在影响的等级上，同愉快、友谊、幸福和社交相比，观看电视排在较低等级的位置；同阅读、工作、爱好和悠闲相比，则几乎难分伯仲。另外，饮食、社会交往、体育运动和性生活等清楚地显示出较高的等级排位（Kubey and Csikszentmihalyi 1990）。这种短期估计记录了瞬间的影响，但是如果人们已经做了其他的事情，那么此刻要决定他们本该得到的效用就很难了。

9.2.2　观看电视的总体满意度

　　在一项针对观看电视的总体满意度调查中（与观看电视的具体时刻和时期无关），对于电视消费产生效用的长期方面，学者进行了分析。1975年，在美国进行的一项调查中，在一个从 0 到 10 的欣赏等级形式中，观看电视得到的平均等级分为 5.9。这个分数远远低于其他闲暇活动，也低于所有活动的平均等级分 6.8。1995 年，观看电视的等级分为 4.8，甚至比起所有其他的闲暇活动来，这个分数也是较低的。令人惊讶的是，妇女对观看电视的评价甚至低于家务劳动（Robinson and Godbey 1999，p. 243 and 250）。但是，如此调查面临着一个问题，即观看电视与一个负面形象（"电视迷"，couch potato）相联系，并且还存在一个普遍的共识，就是人们认为大多数节目都是无聊的。基于这种原因，人们在前面调查中所给出的答案，其中可能就包含着一些值得社会向往的意愿。值得注意的是，上述针对观看电视的"总体"生活满意度调查（就像我们研究使用过的那样），没有受到这种偏见的影响。

　　有一些学者的研究，将观看电视与主观幸福感联系了起来。1979 年，在一项针对大约 3 000 个美国人的研究中（Morgan 1984），学者用了一个指标衡量电视观众的生活，该指标包括孤独、厌烦、沮丧、不满意、平淡和不

---

① 原文如此，前面 2.2.3 部分日重现法中，数据为每天 2 个多小时——译者注。

幸福等方面，结果发现，大量观看电视的人，他们认为自己的生活较为"糟糕"；学者还用了另一个指标进行衡量，该指标包括有趣的、有活力、有意义、愉快的、充实的、刺激的和激动的等方面，结果发现，比起较少观看电视的人来，他们同样认为自己的生活较少"美妙"。一项针对联邦德国人的随机调查的结果表明，观看电视持续的时间与生活满意度之间，也呈负相关，研究控制了家庭规模、教育和年龄。埃斯佩和塞维特（Espe and Seiwert 1987）假定，电视消费与生活不满意之间存在着因果关系，但是二人没有提供相关证据。关于德国的另一项研究，运用德国社会经济面板数据库的信息，学者研究发现，观看电视花费的时间和生活满意度之间，两者呈现出一种曲线关系（Jegen and Frey 2004）。与那些无电视消费或过度电视消费的人相比，中等程度的电视消费与较高的生活满意度相关。然而，在面板数据信息的基础上，运用经济学的相关方法分析，结果又表明，个人电视消费变化与总体生活满意度之间，短期内两者没有相关性。研究还发现，观看电视对生活满意度有一个负面影响，因为它减少了与亲属在一起活动的时间（Bruni and Stanca 2007），降低了主观感知的相对收入，增加了收入愿望（Layard 2005；Bruni and Stanca 2006）。

9.3　估计结果

9.3.1　数据

为了从实证方面证明电视过度消费的假设，这里使用了第一次欧洲社会调查（ESS）的数据。ESS 项目是在 2002—2003 年间针对欧洲 22 个国家进行的，在每个国家，对大约 1 200 ~ 3 000 人进行了访谈，结果得到了 42 021 次观测的可用样本。

除了生活满意度和观看电视时间之外，ESS 还包括了社会人口统计特征。使用的控制变量是家庭收入（按当时美国的价格，调整成可比价格水平）、性别、年龄、婚姻状况、雇佣状况、教育、工作时间、国籍和所在地类型。

我们将对问题的回答作为因变量，这个问题是"考虑到所有事情后，从整体上说，现今你对自己的生活满意吗？"问题用 0（"极端不满意"）到 10（"极端满意"）的等级形式表示。结果，平均生活满意度达到 7.0（标准差为 2.7）。在不同国家，这个平均量变化范围非常大，从匈牙利的 5.6 到丹麦的 8.4。为了空制未观测到的"文化"差异，在回归分析中，包括了国家的固定影响。

通过询问被调查者问题，他们对这个单一问题的回答，能够表明其电视消费情况，这个问题是："平均说来，你每天花费多少时间观看电视？"答案要从八个分类中选择，这些分类的范围从"无时间"到"3 个小时以上"。大约 3% 的被调查者根本不看电视；与此相反，超过 20% 的被调查者，他们每天花费 3 个小时以上的时间沉溺于观看电视之中（见图 9—1）。同样，在不同国家之间，这个百分比的差异也非常大。在瑞士，大约只有 10% 的被调查者，他们每天花费 3 个小时以上的时间观看电视；而在希腊，这个百分比却高达 38% 以上。

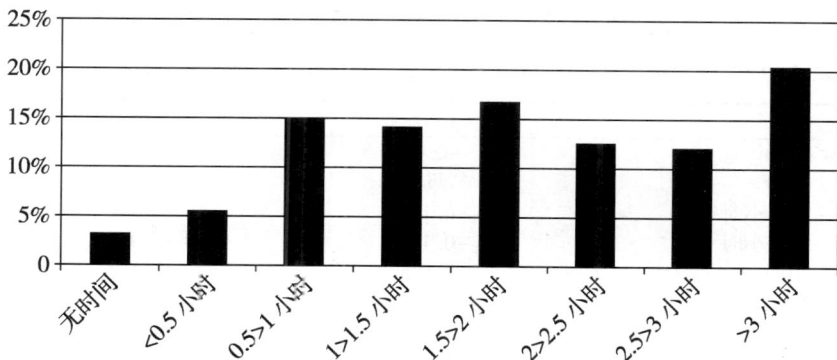

图 9—1　2002—2003 年间，22 个欧洲国家的电视消费

资料来源：Frey, Benesch, and Stutzer 2007. Based on European Social Survey.

9.3.2　幸福函数

在前面描述性数据的基础上，我们可以设定一个微观经济幸福函数。一个人的生活满意度依赖于他或她的电视消费、个人的特征，同样也依赖于国家具体的影响。

为了说明人们电视消费的程度，我们使用了一个分类变量（catagorical variable），使用了一个开放式的问题——人们花费多少时间观看电视。如此，在设定的函数中，电视消费就不可能作为一个连续变量。作为替代，我们在回归方程中使用了虚拟变量。因为那些根本不看电视的人，他们代表了一种特别选择，所以那些每天观看电视不到半小时的人，他们就形成了参照群体。每天观看电视在半小时以上的人，原来是将他们分为六种类型，现在，我们将六种合并为三种。

9.3.3　观看电视对幸福的影响

表9—1显示，电视消费和自陈的生活满意度之间，两者呈部分相关。为了避免表格的过分臃肿，有关控制变量的回归系数，没有在表中直接显示出来。分析运用了普通最小二乘法进行估计。由于因变量的类型属性，使用有序 probit 模型分析是合适的。系数相对大小方面的相似，表明运用最小二乘法估计，得到了一个令人满意的近似部分相关。因此，下面讨论最小二乘法的结果。

表9—1　　　　　　　　　　　**电视消费和生活满意度**

	OLS 系数	t 值
根本不看电视	−0.110	−1.56
<0.5 小时	参照群体	
0.5～1.5 小时	−0.101*	−2.18
1.5～2.5 小时	−0.101*	−2.14
>2.5 小时	−0.183**	−3.84
控制变量[①]	是	
国家固定影响	是	
观测数量	42 021	
R^2	0.18	

资料来源：Frey, Benesch, and Stutzer 2007；based on European Social Survey（Wave 1）and World Development Indicators.

注：1. 因变量：生活满意度［1～10］。普通最小二乘法估计。显著性水平：* 0.05 >p>0.01，** p<0.01。

2. 控制变量包括指标：工作时间、家庭收入、年龄、性别、公民身份、婚姻状况、孩子、教育、雇佣状况、社区类型和家庭规模。

在其他条件不变的情况下，同选择其他电视消费水平的人相比，每天观看电视少于半小时的人，他们对于自己的生活感到更满意。比起每天观看电视少于 0.5 小时的参照群体来，每天观看电视差不多在 0.5 小时和 2.5 小时之间的人，他们自陈的平均生活满意度，大约要低 0.10 点。对于每天观看电视多于 2.5 小时的人，估计表明的影响甚至更大。同样，比起参照群体来，平均而言，他们自陈的生活满意度要低 0.18 点，在统计显著性方面，所有这些差异不同于 0，至少在 95% 的水平以上。因此，这里的总体研究成果与基本假设相符，也就是大量地观看电视，会让人们的生活变得更糟，因为这种情况表明了自我控制问题的存在，以及由此引起的过度消费问题。

对于耗费大量时间沉溺于观看电视的人，由于他们的一些具体的个性特征没有得到真实全面的反映，所以我们也就不能轻易地作出解释，电视消费和生活满意度之间部分相关，还需要考虑大量的社会人口统计特征，它们可能与自陈的生活满意度系统性相关，它们也可能与电视消费相关。例如，这些特征包括：被调查者的年龄、性别、国籍、婚姻状况、家庭收入、教育水平和雇佣状况。

到目前为止，依据过度消费减少效用水平之说，我们已经解释了电视消费和主观幸福感之间的相关性，两者呈部分负相关。然而，部分相关也很可能是相反因果关系的结果。从表面上看，很可能是，不幸福的人比幸福的人观看了更多的电视。对于这种因果关系的问题，在某种程度上，我们可在回归方程中尽可能多地控制环境因素，以便减少它们的影响。然而，即使如此，在多元回归分析中，对于存在的这种问题，我们既不可能通过设置一大套的控制变量来完全解决，也不可能运用面板数据来完全解决。理想的情况是，分析需要具备这样的信息，也就是关于电视消费外在机会变化的信息，例如，由于卫星电视被关闭，或由于技术革新，电视被引进到一个新的地方。然而，这里存在的一个问题是，我们还没有意识到诸如此类的事件，它们同自陈的主观幸福感数据之间，可能存在着联系。

为了进一步分析电视消费对主观幸福感的影响，也为了阐明因果关系的问题，研究者提出了另外一个假设。该假设利用了异质性（heterogeneity），这种异质性表现为，对于不同群体的人而言，电视过度消费的预期影响也会不同。

9.3.4 时间的机会成本和观看电视

截至目前的分析，一直认为，人们在电视消费中存在的自我控制问题，对每个人的影响都是相同的。然而，我们现在提出，对于那些具有高时间机会成本的人来说，他们可能尤其擅长利用时间获取利益，这种利益要比观看电视多得多。例如，包括自我雇佣者（像工匠、律师、建筑师或艺术家），或身居要职的人（像经理、高级官僚或政治家），他们可以自由地将时间从用于闲暇转移到用于工作。对于这个群体的人来说，如果自我控制问题使得他们观看了太多电视，那么这个问题产生的成本就会相当大。由于他们不能完全控制自己，他们的效用也就较低。与此相反，对于那些具有低时间机会成本的人来说，他们遭受的损失就极少，如果有损失的话，也只是负效用（disutility），也就是他们观看电视的数量如果未能达到他们自认为的最优数量，那么感到的不满就会产生负效用。由此可以假设，对于那些具有高时间机会成本的人来说，电视消费显著地降低了他们的生活满意度；反之，对于那些具有低时间机会成本的人来说，还看不出电视消费对于他们的生活满意度有什么影响。

1. 确定机会成本

利用我们拥有的数据，不能直接测量时间的机会成本。因此，我们需要使用不同的指标，以便区分具有高或低时间机会成本的人：

＊同工作时间固定的人相比，可以在工作和闲暇之间自由调整时间的人，他们往往有较高的（货币的）时间机会成本。因此，依据被调查者工作时间的灵活性差异，可以将他们划分为两个群体。被调查者需要从0（"我完全没有控制"）到10（"我能够完全控制"）等级形式表示的范围内，回答这样的问题："请说出，在你的工作中，允许你自己管理工作时间的灵活性有多大？"结果数值在0~5之间的被调查者，他们形成了较低时间机会成本的群体；而回答在6~10之间的人，他们组成了另一个群体。在这些

样本子集中，也就是在这两个群体中，仅仅包括被雇佣（至少是非全日制）的人。

* 作为第二个指标，我们使用了雇佣状况和职业，以此来区分不同人的时间机会成本。一般说来，退休和失业的人具有大量的自由时间，因此他们也形成了低时间机会成本的群体。一直工作的人，特别是那些自我雇佣的人、处在高级职位和职业的人（国会议员、高级官员、经理和依据《国际标准职业分类》（ISCO-88）的专业人士），他们被归为高时间机会成本的群体。

2. 估计结果

表 9—2 表明了有关不同群体的线性回归估计结果，这些群体是依据不同的条件划分的。第二列和第三列显示了样本子集的回归结果，这些样本子集是有关高或低时间机会成本（依据工作时间的灵活性）群体的。在其他条件不变的情况下，在高时间机会成本群体中，比参照群体观看了更多电视的人，他们自陈了较低的生活满意度。这种影响是相当大的。具体表现为，比起每天观看电视少于半小时的人来，每天观看电视在半小时以上的那些人，他们的主观幸福感要低 0.33 至 0.38 点，并且这种影响的统计显著性水平达 99%。与此相反，对于低时间机会成本的人来说，所有电视观看类型的系数都是较小的（介于 0.04～0.14 之间），并且没有统计显著性。

当比较自我雇佣时，一副相似的图景再次浮现出来，经理、高级官员、国会议员和专业人士等，他们的比较对象是退休和失业人员（表 9—2 中的第四列与第五列相比）。在高时间机会成本的样本子集中，回归系数是相当大的。比起每天观看电视不到半小时的人来，那些每天观看电视多于 1.5 小时的人，他们的平均生活满意度要低 0.23 至 0.39 点。这些影响的统计显著性水平介于 95%～99%。与此相反，对于低时间机会成本的人来说，在电视消费和报告的生活满意度之间，没有显而易见的相关性。在任一群体中，观看电视时间介于 0.5～1.5 小时之间的人，系数没有显著的相关性。

表 9—2 　　　　　　　　 电视消费和生活满意度：时间的机会成本

	将工作时间灵活性作为区分标准		将雇佣状况/职业作为区分标准	
	高时间机会 成本群体	低时间机会 成本群体	高时间机会 成本群体	低时间机会 成本群体
根本不看电视	−0.355*	0.056	−0.238	−0.251
	(−2.33)	(0.33)	(−1.58)	(−1.24)
<0.5 小时	参照群体	参照群体	参照群体	参照群体
0.5～1.5 小时	−0.328**	−0.072	−0.074	−0.105
	(−3.59)	(−0.69)	(−0.80)	(−0.70)
1.5～2.5 小时	−0.339**	−0.041	−0.229*	−0.052
	(−3.62)	(−0.38)	(−2.38)	(0.35)
>2.5 小时	−0.377**	−0.140	−0.389**	−0.012
	(−3.78)	(−1.28)	(−3.76)	(−0.08)
控制变量①	是	是	是	是
国家固定影响	是	是	是	是
常量	6.203**	5.410**	6.203**	6.919**
	(12.39)	(10.45)	(10.94)	(11.93)
观测数量	6 460	7 026	5 950	8 974
R^2	0.14	0.15	0.16	0.22

资料来源：Frey, Benesch, and Stutzer 2007；based on European Social Survey (Wave 1) and World Development Indicators.

注：1. 因变量：生活满意度 [1～10]。普通最小二乘法估计，t 值在括号中。群体 1（第二列）包括工作时间灵活性为 6 的被雇佣受访者，在从 0 到 10 的等级形式中属较高等级，群体 2（第三列）的工作时间灵活性为 5，而且等级较低。群体 3（第四列）包括自我雇佣的人，同样包括经理、高级官员、国会议员和依据《国际标准职业分类》（ISCO-88）的专业人士，群体 4（第五列）包括退休和失业人员。显著性水平：* $0.05>p>0.01$，** $p<0.01$。

2. 控制变量包括的指标为工作时间、家庭收入、年龄、性别、公民身份、婚姻状况、孩子、教育、雇佣状况、社区类型和家庭规模。

当然，这种分析仍然存在着一些问题，对于高时间机会成本的人来说，负相关的两个变量之间是否具有因果关系？如果有因果关系，那么因果关系的方向又是怎样的？无论如何，这是很难让人理解的，即在具有高时间机会成本的人当中，对生活感到不满意的那些人，他们为何经常观看电视，而在具有低时间机会成本的人之中，同样对生活感到不满意的那些人，他们却为何并非如此？

9.4　结论

本章讨论了这样的问题，即长时间观看电视，是否表明人们存在自我控制缺陷，是否减少了人们的幸福感。在其他条件不变的情况下，平均说来，耗费大量时间观看电视的人，他们自陈的生活满意度的确较低。比起那些低时间机会成本的人来，那些具有高时间机会成本的人，他们受到的负面影响要更大一些。

观察到的相关性是很强的，当一大组个人特征受到控制时，这种相关性依然没有消失。总的来说，实证研究结果显示，在当今人类的主要活动中，人们对于自己行为的预见和控制，存在着不完善，而且这是一种系统性的不完善。人们获得的效用低于事物本可以达到的水平。虽说基于理性的选择，可以解释大部分人的所作所为。但是，电视消费问题可能提出了一个挑战，或许甚至是一个特别有意义的挑战，因为当今观看电视已经成为人们消费时间最多的活动之一。几乎没有任何人会否认这点，即观看电视提供了快乐，至少在一些时间内是如此；同样也没有任何人否认这点，即电视是一种重要的信息来源。可是，就像我们研究所表明的那样，在观看电视带来收益和产生（将来）成本之间，一些人不能做出最佳的选择。

第 *10* 章

程序效用

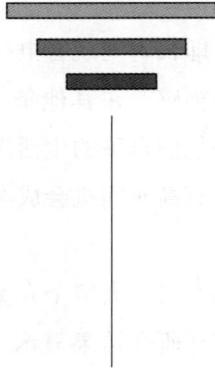

10.1 概念

　　程序效用概念的提出，意味着人们也重视导致结果的条件和过程，而不仅仅是结果（Frey，Benz，and Stutzer 2004；Benz 2004，2005）。程序效用作为一种分析人们幸福感的方法，它与标准经济学中运用的方法完全不同。效用的经济概念，就像现在广泛运用的那样，它是一种结果导向：个人效用被视作一种计算成本和收益的结果，这些收益和成本都与功利性的结果相联系。与此相反，程序效用是指非功利性的愉快和不愉快的过程。还有一个原因可以说明程序观点的重要性：如果不是完全不可能的话，幸福是很难直接获得的。幸福更多地是一种"美好生活"的副产品，这就意味着过程是重要的，而不是相反的，结果是重要的。

程序效用也是决定人们幸福感的一个重要因素，学者应当将它纳入经济理论和实证研究之中，而且应当更广泛地、更有效地将其纳入。截至目前，尽管在其他社会科学中，学者使用过与程序效用相似的概念，[①] 并且还有很长的历史了，但是在很大程度上说，这种方法还是被学者忽略了。

本章概述了程序效用概念的三个基石，也提出了一些想法，就是如何将程序效用富有成效地纳入现有经济分析方法之中。本章也对一些证据进行了评论，这些证据来自范围广泛的社会科学和其他领域，以此说明，对于经济学来说，程序效用也是一个富有意义的概念。最后，本章提出，程序效用与政策也存在着很密切的联系。

10.1.1　标准经济学中的结果效用

自从 19 世纪 30 年代起，实证主义在经济学中蓬勃兴起，同时，经济分析的重点也发生了变化，转移到了具有功利性的结果方面。毫无疑问，在社会科学中，这种分析重点的转移，对于运用经济方法分析人们的行为，进而取得巨大成功，具有至高无上的重要性。显然，人们非常在乎有着重要作用的结果，这反映在现有成本和收益的权衡之中；从这方面的洞悉之中，经济学已经推导出了一个人类行为的模型，这个模型能够非常好地解释人类的行为。

然而，自相矛盾的是，经济学中的实证主义运动本身，并不意味着将经济分析的重点放在了有着重要作用的结果上。事实上，经济学已经蓄意模糊了人们对偏好的满足。在 19 世纪 30 年代，经济学家放弃了效用可以直接观察的思想，进而采用了这样的观点，即推知效用的唯一方式，就是人们外显的行为。然而，由于人们可以对任何事物赋予价值，因此经济学也潜在地表

---

①　这在法律诉讼理论中表现得特别明显。诉讼过程中的公正就包括两个方面：也就是作为结果价值的实体正义，和作为过程价值的程序正义，或者注重从事实层面解决纷争的实体公正，和强调从心理层面解决争执的程序公正——译者注。

明了这种思想，人们也喜爱程序效用。

不过，在经济学的许多方面，因为效用概念运用地非常广泛，特别是在实践之中，所以这里所言的程序效用，还是对传统效用概念提出了一个重大挑战。作为现存经济学理论基石的预期效用理论和博弈论，一般将人的偏好限制在货币收益方面。其结果是，经济模型采用了一种狭义的效用观点，也就是将重点放在有用的结果方面，这种做法现今非常普遍。然而，在经济分析中，有着重要作用的结果并不是效用的唯一来源，也不是行为后面的唯一驱动力。但是，现今这些观念几乎完全消失了，而且这种立场也受到了批评。对此，森（Sen 1995，1997）一再提出，经济选择模型应当将偏好结果与偏好程序结合起来，他是这方面最卓越的经济学家。在传统的经济效用函数中，当有着重要作用的结果体现其中时，程序效用意味着，在这种结果的后面还有某些东西。人们可能有着这样的偏好，就是试图知晓有用的结果究竟是如何产生的，同样，人们可能也有着这样的偏好，也就是试图知晓过程产生的程序效用。

10.1.2　程序效用的基石

程序效用概念超越了功利性的结果，对于非功利性方面的关心，提供了一个广泛的解说。在经济学中，效用概念经常被加以运用，然而，在一些重要方面，程序效用的基石偏离了效用概念，程序效用是构建在三个基石之上的：

＊程序效用强调效用同幸福感（well-being）一样。在一个更广泛的意义上，效用被理解成快乐和痛苦、积极和消极影响或生活满意度。这样就回到最初的经济思想上来，也就是效用构成了个人对一切事物的评价。在经济学中，有关自陈的主观幸福和快乐的研究，可以直接运用幸福感概念，测量人们的效用。

＊与第一点紧密相联的是，程序效用的研究重点，集中在非功利性效用的决定因素方面。尽管不同的决策程序，相应的也会产生不同的结果，但是程序效用不会专门涉及这些有益的结果方面。相反，影响人们生活和行动

的过程和制度方面，被视作程序效用的独立来源。

＊程序效用概念的出现，是因为人们有一种"自我感"（a sense of self），这种自我感将社会心理学的核心原则纳入经济学之中：人们在乎自己如何感知自己，也在乎他人如何感知自己。① 程序效用之所以能够存在，就是因为程序向自我提供了重要的信息反馈。特别重要的是，它们满足了自我决定的内在心理需要，这些内在心理需要表现在不同方面。心理学家已经将如下三种心理需要作为要素：自主需要（autonomy）、关系需要（relatedness）、胜任需要（competence）。人们对于自主的需要，涉及组织自身活动的体验，或因为个人的原因产生的体验。人们对于关系的需要，涉及渴望相互之间的爱和关心，渴望成为社会群体中受人尊敬的一员。最后，人们对于胜任的需要，涉及人们喜欢控制环境的倾向，涉及人们喜欢体验自己有能力、有效率的倾向。可以预期不同的程序提供不同的程序产品，这些不同的产品可以满足上述不同的心理需要。在这个方面，无论经济学家进行的传统研究，对于效用的结果如何，程序都对个人幸福做了贡献。因此，程序效用概念大量吸收了关于自我认识和动机的见解，这些见解是由心理学家提出的，特别是德西和瑞安（Deci and Ryan 2000）。

因此，可以这样定义程序效用，即人们在制度化过程中的生活和行动，所产生的一种幸福感。这种重要的制度化过程，不仅为人们积极的自我感做出了贡献，而且也满足了人们的自主、关系、胜任等内在心理需要。

10.1.3　一个案例

对于程序效用的一般概念，我们可以运用程序公平领域最杰出的研究之一，对其进行诠释。这种研究可能是程序效用方面最为出类拔萃的分析（Lind and Tyler 1988）。林德等人（Lind et al. 1993）分析了一个案例，在这个案例当中，仲裁双方当事人正在进行仲裁。在仲裁过程的最后，仲裁庭作出了裁决，此时，当事人双方可以自由决定，是接受这个裁决，还是拒绝这

---

① 有关调查，参见 Baumeister 1998。

个裁决。如果拒绝裁决，还可以申请法院继续审理。对于此种情形，经济学家的分析套路是，考虑接受这个裁决的成本和收益，这是一种非常具有代表性的分析。更确切地说，经济学家对于双方很可能做出的预测，可以说明如下：当事人是否接受裁决，依赖于非常重要的结果，例如一个比率，也就是实际裁决的数量与原先要求的数量之比；或依赖于当事人的估计，也就是结果是有利的还是不利的（这种估计可以视作预期继续审理净收益的代表，并且是这种收益的一种很好的代表）。不过，林德等人分析发现，总的说来，作为裁决接受的基础，仲裁程序的公平性比功利性的结果更为重要。如果仲裁当事人认为仲裁程序是公正的，那么他们就更可能接受仲裁庭作出的裁决，而不管有用的结果如何。之所以会出现如此结局，是因为程序进行了重要的信息反馈，并因此影响人们的幸福。人们认为公正的程序应该是这样的，例如，让人们能够"发出声音"的程序。对人们关心的事情给予其一个话语权，可以给予人们程序效用，因为它满足了自我决定的内在需要，例如，自主和胜任；它也会影响人们对于关系的内在需要，因为它是反映群体中人们地位的一种重要信号。

10.1.4　可能的反对

对于我们提出的程序效用，在此，有两个反对意见应当加以考虑。

1. 同结果效用的差异

有人可能会提出，程序效用不可能与"结果"分离开来，在标准经济学中，这种"结果"被称为效用。在许多重要的方面，从假定程序最终还是影响人们幸福的角度来说，这里提出的程序效用具有某种"结果"的含义。然而，程序效用清楚地有别于经济学家所考虑的结果，在实践中，这种结果在他们的模型中经常出现。一般来说，经济学中，结果具有"功利性的"含义，人们常常用货币方面的术语来定义它们，特别是收入。

2. 融入标准经济理论

人们或许会争论，程序效用与效用的差别并不大，所以它不应当成为一种新的概念，并加以大力的应用。然而，对于决定人们幸福的因素来说，程序效用允许个人较好地处理这些因素，在这种处理过程之中，对于人们所珍视的东西，我们也就可以得到一种较好的理解。在研究程序效用概念的潜在价值时，我们可以像新制度经济学所进行的分析那样，考虑制度的经济分析的例子。这种经济分析专门研究作为决策机制的制度，对于有关各方来说，这种制度可以产生不同的、功利性的结果。与此不同，程序效用范畴允许个人强调这种经济分析所忽略的因素——例如，如果制度满足了人们的自主、关系、胜任等内在心理需要，那么制度也就直接为人们提供了幸福。反过来，这对制度设计又有着潜在的重要影响。如果人们对于一种状况的总体估计（从总体满足和效用的意义上讲），既依赖于有着重要作用的、功利性的结果效用，同时又依赖于所使用程序产生的效用，那么人们就不能简单地只强调功利性的结果。如果所运用的程序是"好的"，那么对于一个人们不喜欢，但是却有着重要作用的功利性结果，人们可能也会接受它；如果产生总体满足的程序是"坏的"，那么即使对于一个人们喜欢的结果，它或许也只为人们提供了极少的满足。因此，程序效用这个全然一新的概念，折射出一种崭新的理论光芒，照亮了制度研究的整个领域。

10.2　程序效用的来源

10.2.1　来源类型

程序效用的来源可以分为两大类：

1. 制度

人们有着资源配置和再分配决策方面的偏好。从社会层面来说，最重要的、最正式的决策体系是价格体系（换言之，也就是市场体系）、民主、等级制度和谈判（Dahl and Lindblom 1953）。人们可以从这些制度中获得程序效用，因为这些制度表达了有关人们的看法。例如，保障公民自由的《宪法》所提出的言论自由，它可以极大地提升公民的自我价值。与此相反，无论有用的结果如何，只要存在否定违法犯罪者政治权利的《宪法》，它就会深深地、不断地损害人们的自我感。制度通过满足自主、关系、胜任的内在心理需要，可以对人们的幸福感产生一种直接的影响。

2. 人们之间互动

人们在评价自己的行为是否有利于自己时，不仅会考虑行为的结果，而且也会考虑他人如何对待（treatment）自己。在很大程度上，人们得到何种对待是由制度决定的。在交往关系中，制度给予人们激励，激励人们在日常互动中相互积极地对待。例如，依据《劳动法》和公司章程，经理和雇员之间就形成了一种互动关系。另一个例子是医疗保健组织系统，因为该系统引发了医疗供给者和患者之间的互动关系。因此，通过制度刺激和约束如何对待人们，制度对于人们的幸福感也会产生一种间接的影响，进而也会影响人们的自我感。

在两种类型的程序效用之间，常常有着顺畅的转移。一方面，依据同事、公民和消费者被如何对待，制度来选择人们，也激励他们在平等的基础上互动；另一方面，对于评价制度和过程或自主的人来说，他们通常将自己的判断建立在如何对待的基础之上，而体验过这些具体对待的人，他们又身处制度之中。

10.2.2　来源表现

程序效用可以表现在不同的层面上，对此，有时也很难加以清楚地识别。不过，尽管程序效用的来源众多，但是这并不意味着程序效用的概念可以恣意滥用。程序效用是否表现在制度之中（例如，市场、民主决策或等级制等制度），或它是否起源于小规模的程序差异（例如，一个组织、一种政治体系或一个大的法律框架的程序差异），对于所有这些方面的影响，有一个公认的观点，就是人们对于过程的肯定程度，取决于过程满足自我决定内在需要的程度。据此，我们可以作出理论上的假设。关于较小规模的程序差异，大量的文献已经有了一种清晰的理解，这些文献是关于"程序公平"或"程序正义"的，而两者又都关系到什么是一种好的程序（Lind and Tyler 1988）。既然这种层面的程序常常涉及这样的方面，即在组织、公共管

理或法律文本方面，常常要运用权威，那么人们的内在需要，就主要受程序
所传达的有关信息的影响。例如，评估的公正性、上级和管理机构的公信力
（Bohnet 2007）、人们感觉自己被尊重对待的程度、人们可以自由表达的程
度（也参见 Tyler et al. 1997）。如果考虑一个较大规模的制度，例如，民主
或等级制，人们可以作出相似的假设。例如，可以期待民主对于程序效用有
着积极的影响，因为它增加了人们自我决定的感知。与此相反，等级制很可
能提供了负的程序效用，因为它与人们的自我决定相冲突。循着上述分析的
线索，争论和结果将在 10.3 部分进行更为详细的讨论。

最后，程序效用是否为一种富有成效的效用分类，这还取决于经验相关
性。既然在一个范围广泛的领域（经济、政府和社会、组织、法律），程序
效用已经显示出它的重要性，那么现在对于来自这些领域的经验证据，我们
也必须加以评论。

10.3　经济领域中的程序效用

生活中存在很多领域，在这些领域之中，人们作为经济的主体，运用自
己的能力获得程序效用。为了从重要的效用数量方面，说明人们从现有程序
中得到的效用，这里讨论两个领域。在第一种领域中，人们作为消费者进行
活动；在第二种领域中，人们作为挣取收入者进行活动。

10.3.1　消费

消费很可能是这样一种领域，其中，可以预期的程序效用最少：消费一
般发生在功能完善的市场，市场交易强调有用的结果。不过，研究也发现，
在消费者的决策中，程序效用依然发挥着作用。卡尼曼等人（Kahneman et
al. 1986）提供了这方面的第一份证据。在以下情况中，他们调查了消费者
的反应，也就是在超额需求（在一场特大暴风雪之后的一个早晨）得到很
好控制的情况下，一种产品（雪铲）价格上升。在被调查者中，82% 的人
认为价格上升不公平，以至于认为正常的市场机制作用也是不可接受的。如

果从程序效用的角度，则可以解释人们产生这种反应的原因：人们情感方面的影响被忽略了，当人们感觉涨价行为是针对自己时，他们觉得自己就像遭到了剥削一样，因为这种行为削弱了消费者的地位（消费者被假定与供给者具有同等的地位）。在美国（Konow 2001）、瑞士和德国（Frey and Pommerehne 1993）、俄罗斯（Shiller et al. 1991），学者都发现价格上涨引起了类似的反应。所有这些研究都将人们置于超额需求的情形中，结果研究一致发现，在消费者中，总是有很多人，将价格上升视作克服短缺的不公平方法。在这些特殊的环境下，在许多国家的一般民众中，没有人认为价格机制是一种公平分配的程序。阿南德（Anand 2001）运用一种相似的问卷调查方法，证明了不同经济选择情形下的程序公平作用。如果消费者非常关心程序方面，这就可能给供给者收益最大化强加一种限制，这种限制会影响市场均衡。

然而，人们对于市场机制的关心，不应在研究中被割裂开来。相反，应当比较不同的分配制度。据此，弗雷和帕莫雷恩（Frey and Pommerehne 1993）比较了两种不同的效用，也就是将认同价格体系作为分配选择机制者的效用，同前面被调查者的效用对比，结果二人发现，在被调查者中，比前面稍低一点百分比的人（73%），他们认为类似的价格上涨是不公平的。不过，比起其他决策机制来，市场分配的"遭遇"仍然更坏。例如，对于一种"传统"的分配（先到先得），认为不公平的人更少（24%）；对于一种类似行政程序（由地方当局进行）的分配，认为不公平的人所占的比重则为57%。仅仅一种随机的分配，这种方式分配产品的可能性对于每个人均相同，因此它曾经被认为是特别合理的分配机制（Intriligator 1973；Mueller 1978）。然而，它的"遭遇"比价格体系还要坏，仅仅只有14%的人认为它是公平的。在消费者的决策中，制度似乎的确起了一个重要的作用，当消费者超越功利性的结果考虑问题时，他们就非常在乎自己感知到的对待。

当然，研究——例如，那些试图估计过程所生效用的研究——可能仅仅只是第一步。这些研究还没有检验实际行为。在现实生活中，即使人们面临着相同或相似的情况，也不能排除人们的反应会有所不同。在这方面，实验室试验提供了一个不偏不倚的例子。研究人员研究了人的行为，但是它不是实际生活中的行为，如此，就会存在外部有效性的问题。不过，关于这些问题，经济试验已经提供了重要的证据。例如，蒂兰和恩格耳曼（Tyran and Engelmann 2005）研究了这样一种情况，即在一个现实的市场中，消费者抵制价格上涨的反应。他们指出，抵制主要是出于口头上的不满，也就是满足表达上的需要，抵制服务于惩罚销售者似乎不公平的涨价。他们还发现，抵制主要不是为了得到功利性的结果。例如，尽管消费者进行了抵制，但是往往并未引起价格下降，而且对于他们也不是有利可图的。进行抵制还忽略了一个事实，就是成功的抵制往往是一种公共品。

目前，在一种具体的情境中，我们还拥有极少的证据可以证明，哪一种分配程序是人们愿意接受的。不过，研究已经清楚地表明，消费者对于分配的整体估计，不仅取决于对他们有用的结果，而且也取决于产生有用结果的分配程序，这种程序显现出了一种独立的作用。

10.3.2　挣取收入者

当人们在劳动市场求职时，他们常常会遭遇等级制度，等级制意味着生产和雇佣合并到了一个组织。决策也具有某种程度的权威特征。等级制可以认为是最基本的制度，借助这种制度，社会中关于工作组织和生产的决定能够得以执行，因此等级制具有基本的、广泛的经济特征。

等级制涉及程序效用方面吗？在前面讨论的争论中，已经给出了一个清楚的结论：人们宁愿独立，也不愿屈服等级制的决策。因为等级制与自我决定的内在需要相冲突，所以它意味着负程序效用：在等级制中，人们自主和胜任的发挥一般会受到限制，而两者与独立有着非常密切的联系。第 7 章已经讨论了各自的经验检验。

关于等级制对于程序的影响，在其他情境中也已经进行了研究。例如，一个非常著名的例子是，工人常常反对名义工资下降。向下工资刚性的存在，会对宏观经济产生极为不利的影响，因为在经济衰退期间，它会导致过多的失业（Bewley 1999；Fehr and Götte 2005）。在工人抵制工资下降的过程中，重要的问题不仅是结果或分配的公平，而且也包括过程的公平。例如，研究已经表明，如果工资下降经过了公平的过程——例如，经理解释削减工资的理由后，并且是全面清楚的、通情达理的解释，那么雇员对于工资下降的意见，就会较少是反对的（Greenberg 1999a）。

10.4　政治和社会领域中的程序效用

要想成为一位合格的公民，是需要具备一些能力的，其中，有一种能力是非常重要的，就是他们必须能够运用不同的政治和经济程序，这些程序都可以产生程序效用。本节讨论民主制度、公共品分配程序、税收、再分配和不平等方面的程序效用。

10.4.1　民主参与

在社会科学中，特别是在心理学、政治科学和社会学中，大量的文献都对民主参与给予了积极的评价，因为它增强了人们自我决定的感知。[①] 对于任何民主制度来说，最为重要的方面，就是人们的政治决策参与权。这些权利包括选举中的投票权、出版权、全民公投中的投票权、竞争立法机关席位的权利。公民可以从上述参与权中获得程序效用，参与权覆盖了政治过程产生的结果，而且要高于这些结果。因为参与权为人们提供了一种身临其境的感觉，一种有政治影响的感觉，同样也提供了参与、身份和自我决定的感觉。如果能够参与其中，那么在一个公平的政治过程中，公民就会感到政治领域考虑了他们的希望，并且是一种严肃的考虑；如果参与受到限制，他们就可能感到疏远，可能会对政治制度感到索然无趣。

我们甚至可以这样假设：因为政治参与权是一种具有广泛特性的政治制度，不仅仅是在政治活动受到限制期间，它会影响人们的幸福感，所以在政

---

① 有关一个广泛的研究，参见 Lane 的第 13 章，2000。

治决策方面的参与权。比起公民的实际参与来，仅就这个权利本身而言，也能让人更多地实现自我决定。公民具有了参与权，是否参与的决定权就留给了自己。即使人们自身极少或从未行使过这种权利，他们可能还是认为，拥有参与权是有价值的。

公民从政治参与权中获得的程序效用，可以得到经验证明吗？第 6 章运用一个经验识别策略给出了结果，这种策略是基于这样的一种想法，即公民的身份根本不同于外国人的身份。① 公民享有投票选举和分享政治决策的权利，然而，外国人则不享有这些权利。如果公民和外国人都喜欢程序效用，那么公民与外国人相比，就会从政治分享权中获得了更多的效用。这个假设经过了计量经济学的检验，这种检验使用了一项调查，包括对定居瑞士的人超过 6 000 次的访谈。对于这些接受访谈的人而言，他们之间的唯一差别，就是政治分享权的不同。除了选举之外，瑞士公民有权使用体现直接民主的权利（提议权、公民投票），不过，这些权利在州与州之间的差别非常大。自陈的主观幸福感这个指标，作为测量效用的代表，可以用作因变量。更广泛的政治参与权，对于估计整体效用的影响是相当大的，这种影响可以反映在自陈的生活满意度方面。在公民和外国人生活的司法管辖区，如果他们享有的政治参与权越广泛，那么他们享受到的主观幸福感水平也就越高。然而，对于外国人自陈的生活满意度的积极影响是较小的，这反映出他们被排斥在程序效用之外。就参与权的积极影响来说，公民比外国人要大三倍多——换言之，从有利于公民的政治程序中，他们所得福利中的很大一部分，可能来自于程序效用。大量决定主观幸福感的因素和相关因素（特别是社会人口特征、雇佣状况、家庭收入和政治代理结果），在得到控制的情况下，这些分析结论依然能够成立。

有关政治参与权产生的程序效用，也可以通过人们的外显行为表现出来。1994 年，在德国联邦议会（Bundestag）选举之前，二位学者进行了一项经验研究。古斯和韦克·汉内曼（Güth and Weck-Hannemann 1997）调查

---

① 有关更充分的分析，参见 Frey and Stutzer 2005c。

了货币数量对程序效用的影响。调查方法如下，他们先将货币支付给那些拥有投票权的人，以劝说他们销毁自己的投票卡，从而放弃选举中的投票权。尽管事实证明，单独一张选票几乎从未改变过一次选举的结果，但是大多数人还是不愿卖掉他们手中的投票权，即使支付给他们大量的货币，结果依然如此。甚至在提供的货币数量达到最高（200 德国马克，大约相当于当时的100 美元）的情况下，63%的投票者依然拒绝毁坏他们的投票卡，仅仅只有5%的人，为了获得不到 10 马克（大约 5 美元）的钱，同意放弃他们的投票权。这一研究成果表明，人们对于自己投票权的评价是非常高的，这种评价超过了任何结果效用，也就是他们从改变选举结果中可以得到的效用。因为政治参与权增加了这样一种可能性，也就是人们的自我决定和联合决定（co-determination）的可能性，所以单纯政治参与权本身，也成为程序效用的一个来源。

10.4.2　公共品分配

对于政府政策来说，面临的最紧迫的问题之一，就是要找出办法和手段，克服"不要设在我家后院"（not in my back yard，NIMBY）① 的抵制，也就是人们对一些公共事业的抵制。而这些公共事业一般被视作既十分重要，又非常必要，例如，医院、机场和核废料处理场等。对于这一问题，传统经济理论提出了一种直接的解决办法。从总体来看，只要收益大于成本，那么就可以对预期受益者进行征税，然后，再将收益分配给预期受损者。最简单和最有效的程序是进行一场合适的拍卖（Kunreuther and Kleindorfer 1986；O'Sullivan 1993）。然而，就像前面已经证明的那样，在这种情况下，运用价格制度解决问题会遇到许多障碍。建立在价格制度基础之上的程序，如果说有效果的话，效果也是极其有限的。由于一个特别项目选址而遭受损

---

① 公共部门配置公共设施、提供公共服务，本来是政府应有之责。但是，有些公共设施项目既可服务民众，又可对所在地生活环境、民众健康造成不利影响，以至于所在地民众普遍采取厌恶或排斥的态度，不愿与其毗邻，这便产生了所谓的"邻避现象"。早期，邻避现象大多以反对"污染性设施"为主，如垃圾清理场、毒性废弃物处理场、机场、监狱等，被称为"不要设在我家后院"运动（not in my back Yard，NIMBY）。后来，这种邻避现象有全球化的趋势，诸如欧洲、日本等国先是反对在本国、本地区设置邻避设施，进而还发展成为"不要在任何人后院"运动（not in anybody's back yard，NIABY）——译者注。

失的人，他们往往会习惯性地认为，提供给他们的货币补偿是一种贿赂，这是他们非常反感的事情。贿赂忽视了人们作为体面公民的自我感，结果产生了负程序效用。[①] 这种情况的确得到了经验上的证明（Frey and Oberholzer-Gee 1997）。在学者研究的事例中，一个项目选址设定在村庄的附近，本来对村庄居住者进行货币补偿，本意是想劝说他们接受项目选址，结果万万没有想到的是，如此做法导致了一个适得其反的反应：支持项目选址的人数减少了。但是，如果不是像上面那样，而是采用这样一种方式提供补偿，也就是解决受影响的人所关心的事，建议的项目就会有一个较大的可能性被接受。例如，如果人们担心核废料填埋场的位置会为其带来健康风险，就应为其配备改善的医疗设施；如果人们担心机场产生的噪音会对其生活产生影响，他们就应得到家园隔音的帮助。如此，依据传统的福利理论，运用具有事先固定模式的物质补偿，这种做法是没有效率的。对于人们关心的事，如果他们觉得过程是公平的，他们就会接受一个对自己较为不利的结果。

不同制度之间的差异也发挥着作用。奥伯霍尔泽·吉等人（Oberholzer-Gee et al. 1995）调查了各种决策程序的可接受性，这些程序都是关于有害设施选址的。在调查的全部 900 人当中，他们排列的程序顺序如下：79% 的人将谈判（讨价还价）视作项目选址可接受的程序，39% 的人发现公民投票（民主）是可接受的，32% 的人发现抽签决定是可接受的，仅仅极少数人将价格制度作为可接受的程序（20% 的人以自愿的形式接受，4% 的人以自愿支付的形式接受）。

10.4.3 对待纳税人

在人们扮演的纳税人角色中，他们可能也非常重视程序方面的差异。在纳税人行为的经济研究中，人们对于程序的重视完全被忽略了。在公共经济学或新古典公共财政理论中，运用纳税人行为模型（Allingham Sandmo 1972）分析其行为。这个模型只是建立在结果考虑的基础之上的，逃避税

---

① 参见 Frey 发展的拥挤理论，1997b。

收的程度消极地取决于两个方面：一是被抓获的可能性的大小；一是被抓获后所受惩罚的大小。[1] 从经验的观点看，这种模型面临着两个主要问题。首先，即使它能解释逃避税收，但是用它来解释逃避税收水平的高低，这也是很难的。鉴于大多数国家应用的低威慑，那么比起他们实际做的来（换言之，税收遵从的成本太高），纳税者本应被期待有更多的逃避行为。就美国来说，阿尔姆等人（Alm et al. 1992，p. 22）指出，"一个纯粹避税赌博的经济分析暗示，如果人们是'理性的'，那么大多数人都会避税，因为将所有骗子都抓起来并进行惩罚，是根本不可能的。"其次，计量经济学因素估计的结果也不是令人满意的。这些估计常常没有证明统计上的显著性，有时它们的结论也与理论不一致（Pommerehne and Weck-Hannemann 1996；Torgler 2005，2007）。因此，通过考虑程序公平的问题，可以得到一个关于税收遵从和税收逃避的全新见解。例如，纳税人可能会对税务当局的对待作出系统性的反应：如果税务官员能够尊重他们，维护他们的尊严，那么他们的纳税意愿就可能得到维持甚至增加。与此相反，如果税务官员仅仅将纳税人视作点头哈腰、逆来顺受的"臣民"（subjects），而"臣民"必须缴纳他们的税金，那么纳税人的反应可能就是积极地设法避税。

　　运用 1970—1995 年间瑞士各州的样本，费尔德和雷伊（Feld and Frey 2002；Frey and Feld 2002）的研究发现了计量经济学证据，这些证据证明纳税者行为的确与上面的预期相符。在征税过程中，当得到更多的尊重时，人们看来也体验到了更多的效用，因此他们看来也更愿意缴纳税收。并且鉴于瑞士税务当局的行为，好像他们也意识到对待纳税人尊重和不尊重，其会做出不同反应。威慑仅仅是诱发当局使用强制力的原因之一，他们更多地还是愿意依赖给予纳税人尊重的税收程序。

10.4.4　再分配和不平等

　　许多人和政府都特别关心社会不平等。不平等所导致的不幸福，常常取

---

[1]　有关概要，参见 Andreoni et al. 1998；Slemrod and Yitzhaki 2002。

决于社会收入分配不平等的程度，也取决于人们在这种分配中所处的位置。不过，这些可能并不是问题的全部。一种具体的社会不平等现象，也可能是由社会程序引起的。例如，比起存在歧视和不公平的社会过程来，如果存在这样一种社会过程，它能为每个人都提供一个公平的机会，这种公平的机会可让每个人获得成功和变得富裕，那么人们可能也会较少地将不平等视为一个问题。可见，社会不平等可能不只是一个结果分配的问题，它还是一个社会程序公平的问题。

人们对于再分配的态度，取决于人们对主要分配原因的感知（Fong 2001，2006）。调查的证据显示，如果人们相信，贫穷是由自己不能控制的环境引起的，那么他们宁愿政府提供更多的再分配。就像前面第 5 章讨论的那样，在欧洲，收入不平等对于人们的幸福有着很大的影响，但是在美国的情况却并非如此。人们对于再分配政策的支持，受到社会向上流动程度的强烈影响，社会向上流动程度越高，人们对于再分配的支持意愿也就越弱。当然，从收入方面考虑，这种情况也可以得到解释：如果人们实现富裕的可能性很大，他们就不可能支持再分配的政策，因为这样他们可能会成为再分配的纯粹付款者。但是，社会流动性也可以从程序方面得到解释：平均而言，从实际收入流动的客观意义上说，如果人们认为社会提供了平等的机会，他们就会较少关心不平等，因为他们将社会过程看作是公平的。对此，阿莱西纳、迪特利亚和麦卡洛克（Alesina，Di Tella，and MacCulloch 2004）的研究提供了证据，这些证据支持了第二种解释。平均说来，尽管社会流动程度降低了对再分配的支持，但是在流动过程中，这种影响主要还是依赖于人们对公平的感知。当流动性较高时，对于那些感觉平等机会真正存在的人，他们就较少关心不平等，他们断定较高流动性的"客观状态"，表明真正给予每个人机会，如此，他们会收回自己对再分配的支持。与此相反，依据这种观点，社会流动性较高——很可能是他们觉得流动性较高，甚至客观看起来也较高时，为一些人们提供了机会，但是并不是为全部所有的人都提供了机会。由此，那些认为社会流动性通常是一个有偏见过程的人，就不会收回对于再分配的支持。

10.4.5 组织

作为程序效用来说，研究最多的还是在组织领域之中。在等级制中，许多决策是依赖权力主义做出的。在这种情况下，人们必然非常关注程序的公正。关于组织中的程序公平或正义，这方面的文献是如此之多，以至于我们能够运用荟萃分析（meta-analyses）[1] 进行研究（Cohen-Charash and Spector 2001）。所有这方面的研究一致发现，人们对于程序公平的关心，与雇佣关系有着非常密切和广泛的联系。在雇员的行为和满足方面，同样在雇员的态度变化方面（兼并和收购、裁员、重组、战略），在人力资源方面（人才选拔、绩效评价和补偿[2]），程序公平都显示出了它的重要性。研究者已经确定了一些重要的程序，包括组织的政策和规定（例如，提供决定事项的事前通知，给予人们表达意见的机会；Greenberg 1990b；Lind and Tyler 1988），而且也包括人际关系（Bies and Moag 1986）。研究者已经发现，人们对公平程序价值的评价，通常超过了对组织结果的评价。当个人的结果得到控制时（这点就像出于分析需要，公平分配得到控制一样），程序公平的影响就处在了首位。毫无疑问，当人们在组织中工作时，程序效用是人们评价事物的一个重要部分。

10.4.6 法律

因为人们经常要服从管理机构的决定，所以就像在组织中人们考虑的一样，在法律领域中，程序方面也被认为是非常重要的。因而在法律领域中，程序公平也得到了全面的分析。许多学者研究发现，人们对不公平法定程序的反应本身，就显示出人们对此的反对态度，而不论法庭作出的客观判决如何。由于不公平程序的原因，使得人们对于管理机构合法性的评价，对于审

---

[1]　meta-analysis 一词的意思是 more comprehensive，即更加全面的综合或超常规，国内译作荟萃分析（或元分析、整合分析、综合分析）。这些名称都表示这样的概念，即对以往的研究结果进行系统的定量分析。meta-analysis 方法的思想最早可追溯到 20 世纪 30 年代，在 60 年代，其开始应用于教育学、心理学等社会科学领域，70 年代初，Ligh 和 Smith 提出可由不同研究结果汇总原始数据进行综合分析，1976 年，Glass 首次将其命名为 meta-analysis——译者注。

[2]　有关概要，参见 Konovsky 2000。

判满意度的评价，两者都不高。不公平的程序也影响到人们对于判决的遵守。[①]

关于程序公平对于判决遵守的影响，在本章 10.1 部分的例子中，一项研究已经做了概述。因为这项研究调查的是现实生活中的行为，所以它对于经济学也将是非常有趣的。在林德等人（Lind et al. 1993）的研究中，他们分析的是，在现实生活中，双方当事人对于仲裁庭裁决的可接受性，分析的当事人包括了联邦法院案件中的公司和个人。他们发现，如果仲裁当事人认为仲裁程序是公正的，他们就非常可能接受仲裁庭作出的裁决（不论客观的结果对他们是否有利）。人们对程序公平的考虑，也极大地影响到这样的决定——是否继续进行正式的审理。这点特别值得注意，因为在研究的该案例中，争论涉及的金额高达 80 万美元。对于实体的方面，包括法官裁决的客观性大小和其他有用的方面，尽管从最低的限度上讲，预计双方当事人也接受了。因此，这项研究显示，在诉讼中，程序带来的效用是重要的，它超过了结果效用。

10.5　程序效用与结果效用之间的关系

如果程序效用存在，那么如何才能将它纳入现有经济方法之中，并且是富有成效地将两者结合起来？本部分探讨的就是这个问题，即程序效用与标准的结果效用之间的理论关系如何。

10.5.1　程序和结果之间是独立的吗？

如果过程能够产生效用，那么这里要问的第一个问题就是，这将如何改变我们对于过程和结果之间关系的理解。这是一个特别重要的问题，它涉及可运用在社会层面的程序研究（例如，决策机制，市场、民主和等级制），它也涉及对于程序产生结果的评估。这个问题触及了重要的社会选择问题，

---

① 有关概要，参见 Tyier 1997。

例如，一个社会如何才能明智地判断社会总体福利。下列思想主要借鉴了阿马蒂亚·森（Amartya Sen 1995）的研究成果，他在美国经济学会的就职演讲中，非常出色地概述了这个问题。①

大多数分析社会福利的经济方法（和大多数政治科学的方法），都是纯粹的结果导向。最激进的形式可能体现在"新福利经济学"（new welfare economics）上。它的社会选择标准是帕累托原则：一种社会改进得以实现（例如，通过举办公共工程、制定规则、放松管制），即假如至少一个人的效用增加了，而同时其他任何人的效用都没有减少。在这种分析方法中，程序没有起到任何实际的作用。毫无疑问，该法也不依附程序方面的内在价值（例如，通过保持人们的基本权利或自由不变，社会是否可以达到一个给定的结果）。同样，对于公共选择的方法或制度经济学的方法，我们也可以提出更加广泛的批评。尽管这些方法也关心对程序的研究，但是这种关心主要还是出于它们对方法产生的结果感兴趣。例如，如果要研究不同民主决策程序，要比较等级制与市场生产的话，它们都是依据制度产生的结果，来评价制度的优劣。由于不考虑人们在整个过程中经历的愉快或不愉快，如此，对于人们幸福的来源而言，这些方法也就忽视了一个潜在的、非常大的来源。对此，就如森（Sen 1995，p12）指出的那样："它是很难让人信服的，我们可以振振有词地评判任何给定的效用分配，而忽视与分配相伴并引导分配的过程（更确切地说，例如，从抽象的无论什么效用分配，到一个具体的效用分配，它们是否由仁慈、征税或酷刑引起，对此，分配过程是没有任何内在重要性的）。"因此，正是程序使一个社会产生了这些结果，所以我们就不应当脱离程序单独做出社会福利的判断；反而，应当对程序效用加以专门地考虑，这些效用源自不同的社会经济决策机制。这种观点已经隐约地出现在一些经济分析之中。

经济学家似乎偏爱将市场作为分配机制，对于在交易双方相互影响的市场分配中，这不仅仅是因为它产生了较好的结果，而且也是因为它制度化了

---

① 也参见 Sugden 1981，1986。

互惠互利的待遇。然而，依然存在的经验方面的问题是，人们是否从市场机制中获得程序效用？在什么条件下获得程序效用？或者，（就像其他经济学家认为的那样）人们的内在价值是否更多地依附于平等主义的决策机制？就像民主一样？

忽视了程序产生的结果，程序还可以合理地评价吗？对此，秉承自由意志主义的人，他们采取了极端肯定的立场，他们当中包括诺齐克（Nozick 1974）。在诺齐克"权利规则"的论述中，个人自由、同样财产权利，被赋予了极高的内在价值，几乎不考虑制度所带来的结果，因为这种制度是建立在财产权利和自由的基础之上的。虽然如此，甚至一种纯粹的程序方法也必须考虑到这样一种可能性，即如此自由的一个社会，它的结果可能是灾难性的。森（Sen 1995，p12）就认为"的确，在诺齐克的制度中，也就是一种人们实现了全部自由主义权利（rights）和具体权益（entitlements）的经济，这种经济中，甚至大饥荒也可能发生，这是能够证明的。"

总的来说，有很多很好的理由说明，当分析社会经济决策机制时，应当将人们对程序和结果的关心同时纳入考虑之中。循着这一考虑，在个人幸福感的相同经验结构中，"正确的程序"和"美好的结果"的相对重要性得到了非常有效的研究。

10.5.2 过程和结果之间的权衡

前面讨论的证据已经证明，哪一种制度安排，可以同时满足人们对过程和结果的关心。例如，在民主参与权的例子中，程序似乎产生了正的程序效用，同样也得到了一个较好的结果。这对于社会经济决策机制而言，可以看作是一个幸运的例子。由于这种决策机制是一个令人满意的过程，同样也有一个美好的结果，因此，人们给予这种决策机制积极的评价。不过，在人们对程序和结果的关心中，必须考虑两者之间的经常性权衡，这样的分析才会更加全面。这一小部分就专门探讨这方面的问题，不过，这种探讨更多地集中在个人层面，远离了对社会选择方面的考虑。

在一个简单的微观经济分析中，除了针对效用注重有用结果的争论外，程序效用还是进入了效用函数，并且权衡程序效用来反对其他争论，这也是完全可能的。运用补偿变化的均衡方法，也是可以付诸实践的。例如，如果工人尊重一个具体组织的程序，并且是发自内心地尊重，那么他们是愿意接受一个较低工资的（一个对自己不利的结果），也愿意在实行这种程序的组织中工作。不过，这并不是一个简单的权衡，因为结果和过程效用之间，两者不可能完全分离。

心理学关于程序效用的研究，强调结果和过程估计之间微妙的交互影响（几乎完全忽略了对均衡的考虑）。一般说来，当结果是坏的时，程序质量就被认为更为重要；而当结果是好的时，就较少与程序质量有关。法律诉讼就是这样一个领域，这里，程序和结果的权衡已经得到彻底的、广泛的研究。[①] 许多研究发现，人们对于不公平司法程序的反应，显示出他们反对的态度，特别是诉讼结果对于他们来说是坏的时候；而当结果是好的时候，在一定程度上，尽管人们仍然在乎程序质量，但是他们在乎得较少。

然而，有时不公平程序是一种自我保护。我们可以考虑组织决定支付的程序。假如某一年，由于你的表现不好，因此你得到的收入也就较少，但是如果决定支付的程序是极端公平的，那么你会更满意你得到的收入吗？是的，部分满意，因为你会仍旧支持一个公平的程序，而非一个不公平的程序。但是，这里存在一个抵消的影响。如果一个程序是公平的，那么对于一个令人不喜欢的结果的产生，原因就只能归咎于人们自己；与此相反，如果一个程序是不公平的，那么对于一个坏结果的产生，人们可能就会责备当局（Brockner and Wiesenfeld 1996；Schroth and Shah 2000；van den Bos et al. 1999）。人们可以运用这种归因效应（attribution effect），预测过程和结果之间的互补关系：当结果是好的时候，公平程序的价值也更高。因此，程序和结果之间的一个具体关系，依赖于替代和互补作用的相对强度。这两种作用已经得到学者的研究，在英国的一个代表样本研究中，工人要决定由支付程序带来的程序效用（Benz and Stutzer 2003）。当他们遇到补偿问题时，工

---

① 参见 Lind and Tyler 的第 4 章，1988。

人们自陈了较高的支付满意，在支付满意方面的收益，对于高工资工人和低工资工人来说，两者的重要性是完全相同的。

10.6 结论

在很多经济和社会领域，经验证据都支持程序效用的存在和关联。将程序效用纳入经济学之中，可恒经济分析更加的全面、深刻，也可使一些现象能够得到解释，而如果运用其他方法，这些现象是很难或不可能得到解释的。尽管在标准经济学中，学者最主要的注意力还是放在了这方面，也就是将结果公平纳入个人效用函数之中（Bolton and Ockenfels 2000；Fehr and Schmidt 1999；Konow 2003）。但是，在某种程度上，程序公平已经得到经济心理学和行为经济学的承认。

制度的作用可以看作是，不仅产生了具体的结果，而且也构成了决策的程序。在完全信息条件下，市场调节可以导致有效率的结果，并且产生程序效用和负程序效用。市场价格具有调节供给和需求，使之达到均衡的作用，然而，这种作用有时会遭遇有关人士的强烈反对。特别是，当消除配给制导致价格上升时，消费者会感知不公平和未受尊重的对待，他们觉得应该运用其他的决策机制完成这个任务。尽管如此，反应常常可以观察到，但是单纯只关心价格制度的经济学家，而且这种关心只是局限在狭隘的功利性方面，他们是无法处理这种经验现象的。关于程序效用的产生，清楚每种决策机制都有优势和劣势，这点依然是重要的。经济学家在提出政策建议之时，在关心政策的可接受性之时，也必须关注依附于各种决策制度的程序效用。

促使经济理论丰富的另一个方面，涉及人们参与社会和经济决策的可能性，这种可能性也会产生程序效用。拥有参与政治和经济决策的权利，这是现代社会的一个重要特征。在政治学中，参与权的范围，从选举中的投票或公民投票，到竞争立法机构的席位。在经济活动中，参与权的范围，从人们在工作的地方和组织中发挥影响，到全面共同地参与公司管理，甚至还包括自我雇佣形式中的完全自我决定。本章讨论的证据证明，人们从如此参与可能性中得到的程序效用，要高于结果产生的效用，因为参与权提供了一种亲历其中、亲历亲为的感觉，同样，也提供了存在、身份和自我决定的感觉。工人参与的正式制度，已经置于神龛之内，被载入一些国家的宪法之中（首要的例子是德国，由于它广泛的共同决定权）。然而，直到目前为止，经济学家主要分析它对结果，特别是对生产率和工资的影响。实际上，纯粹的程序方面也必须纳入考虑。

以上讨论的证据，尽管赋予了经济分析灵感，论证了一些领域的经济政策，例如，消费和工作行为、人们接受公共事业的意愿或纳税、社会不平等问题和公司策略，然而在一些依然尚未探讨的方面，无疑还存在进一步的、大有可为的研究空间。例如，在公共管理和公民之间的关系方面，可以期待程序与人们对公共服务的评价有关。同理，可以在卫生保健制度中普遍运用。在再分配问题上，下列问题可能是重要的，转移支付是用现金还是实物，或是由公共基金还是由私人基金提供。在从事经济活动的组织中，出于程序效用的原因，非营利公司可以期待有计划地应用与营利公司不同的程序（Benz 2005）。等级制引起负程序效用的见解，可以增加我们对于公司边界的理解。在工会和公司的讨价还价中，公平程序很可能形成冲突的决定。最后，在政府的政策中，进一步的研究可能要致力于以下方面的关系，也就是公民对程序的不满和对公共政策的抵制，两者与他们遵从的法律之间的关系。

第 *11* 章

错误预测效用

标准经济理论在分析问题时，常常依赖于人的外显行为。该理论"固执己见"、"自以为是"地认为，从个人行为选择的观点看，所有观察到的行为都实现了效用最大化。在可供选择的消费束中，人们拥有完全的信息，能够做出正确的选择，也能够完美地实现效用最大化。标准经济理论的这些假定暗示，人们在做出决策时，是不会犯任何系统性错误的。幸福理论抛弃了这些影响深远的假定，并将决策行为与得到的效用两者分离开来。因为借助主观幸福感指标独立地测量体验效用，是完全可以做到的，如此，便能确定人们在决策中可能犯的系统性错误。本章分析消费决策——一种特别重要的决策，分析人们在工作和生活之间所做的权衡。在预测效用时，有时人们会犯系统性错误，因此他们依据自己的估计做出的选择，不一定能够实现效用最大化。更为重要的是，他们错误预测了两个方面：一个是从较高的收入中，所能得到的满意；一个是为了得到较高的收入，所需额外努力而产生的不满意。

11.1 错误预测效用的来源和结果

关于人们常常错误预测效用的基本观点，我们可以总结如下：就满足内在需要方面的消费而言（花时间同家庭成员和朋友在一起，花时间培养自己的业余爱好。例如，参见 Gui and Sugden 2005），人们系统性地低估了这方面消费的效用。与此相反，就满足外在欲望（收入和身份）的有关特征性方面的消费而言，人们对于这方面的消费却估价过高。因此，同那些具有极强外在属性的产品和活动相比，人们习惯于少消费具有很强内在属性的产品和活动。人们依据自己的主观估价，当他们在不同的选择之间做出抉择时，他们会做出错误的决策，相对于在其他方面他们本可获得的效用来说，他们会获得一个较低的效用水平。人们会发现，学习不犯错误是困难的，有时甚至是不可能的，因为他们需要比较不同的属性，以知晓哪一个属性会随着时间的推移而显著地改变。

人们错误预测效用的理由，可以分为四个方面：

* 不同的产品和活动，各自具有不同的"内在属性"和"外在属性"特征。

* 人们在制定决策时，在可供选择的多种选项之中，比起外在属性带来的效用来，人们往往低估了来自内在属性的未来效用。

* 同外在属性非常强的产品和活动相比，对于内在属性特征极强的产品和活动，人们往往消费得较少。

* 人们依据自己的估计所做的错误决策，降低了他们的效用。

现在，我们将简要地讨论以上四个方面（有关更加全面的讨论，可以参见 Frey and Stutzer 2004a；Stutzer and Frey 2007b。一次在政治过程中的应用，可以参见 Frey and Stutzer 2006b）。

11.1.1 内在属性和外在属性

标准经济理论假定，人们能够比较由消费产品和活动产生的未来效用，通过一个理性的消费决策，能够实现效用最大化。有时，区别产品和活动（Lancaster 1966；Becker 1965）或选择属性（Keeney and Raiffa 1976）的各种特征，证明是非常有用的，但是这种区别并不影响人们估计未来效用的能力。在大多数情况下，对于大多数产品和活动而言，关于消费者行为的标准经济模型都是适用的。而且对于所有产品和所有活动的估计来说，如果人们仅仅犯了随机的估计错误，或者如果人们估计错误的程度都是相同的，那么理论估计的结果不会受到影响。

在这一章中，我们的分析将偏离这些假定，并且我们认为，在错误估计效用程度方面，人们存在着系统性差异，这种差异源自具有不同选择特征的两种属性。

产品和活动的第一种属性是关于人们的"内在需要"的。由德西和瑞安（Deci and Ryan 2000）提出的自我决定心理学理论，提出了有关这些内在需要的观点，这些观点主要包括三个方面，而且涉及范围极广。

* 对于关系（relatedness）的需要。人们渴望感受到来自他人的爱和感情联系，特别是，渴望来自一个家庭和朋友的感情联系，渴望来自一个社会设置中的感情联系。

* 对于胜任（competence）的需要。人们想控制自己周围的环境，想拥有自己有能力、有效率表现的亲身体验。

* 对于自主（autonomy）的愿望。人们重视他们在各种活动中自己负责的体验，重视由自我引发的体验。

借助"心流体验"（Csikszentmihalyi 1990）一说，人们内在需要的属性特征就可以清楚地显现出来，心流体验发生在一个人完全沉醉在某项活动之际，常常是沉浸于业余爱好之中。

产品和活动的第二种属性是关于人们"外在欲望"的，这种欲望诱使人们获得物质财产，赢得名声、身份或威望。如此，在选择的集合里，收入成为了一个最主要的选择。在大多数情况下，高收入是高标准物质生活的一个前提条件。

　　每一次选择、每一次活动，甚至每一种产品都是多维的。一般来说，在特别的两者中择其一，这种选择往往发生在内在需要属性和外在需要属性之间——简而言之，就是内在属性和外在属性两者之间。一些产品和一些活动有着较强的内在属性成分（例如，与亲朋好友一起共度美好的时光），其他的则是外在属性成分较强，例如，那些远远超过基本物质需要的消费品（例如，由设计师专门设计的服装）。这种分析集中在时间和收入带来的需要满足上，这里的时间和收入是现成的、可任意使用的，这种分析没有考虑人们心理需要的满足。

　　我们的主要观点是，当人们作一项决定时，在诸多不同选择中，外在属性比内在属性更为突出。因此，当人们制定消费决策时，相对于外在属性来说，人们习惯于低估内在属性的价值。这种遭到扭曲的决定的存在，导致预计的效用和体验的效用两者不一致，而且这是一种系统性的不一致（Kahneman，Wakker，and Sarin 1997）。两种效用测量——预计的效用和体验的效用——背离了传统效用决定，传统效用决定将两者合并，眼睛仅仅只盯着从个人行为中获得的效用。

11.1.2　在预计效用时，内在属性被低估

　　在同产品和活动的外在属性比较中，人们为何会低估来自内在属性的未来效用呢？为此，我们可以将主要原因归结如下。

　　1. 人们的适应效应被低估

　　对于做出这样的估计，也就是估计从未来消费中自己能够获得多少效用，人们并不擅长。[1] 这一点有例为证，关于情感预测方面的研究显示，人们往往低估了自己应付消极事件的能力。[2] 因此，通常人们对于感情的强烈程度和持续时间的预期存有偏见。比起人们预见现在的适应来，他们不能预见自己将来会更适应。

---

　　[1]　有关经验证据，参见 Loewenstein and Adler 1995。有关一个广泛的调查，参见 Wilson and Gilbert 2003。
　　[2]　参见 3.1 部分的适应讨论。

比起内在方面来，外在方面的适应受到更强烈的低估。人们较少适应具有很多内在成分的产品和活动，因为（积极的）体验倾向于更新每次新的消费行为。同亲朋好友相聚在一起总是有收益的，从评价这种体验的效用不会越来越少的意义上说，人们不会对朋友聚会产生适应。与此相反，从反面来说也是正确的。每一次与朋友的互动都可能开阔视野，提供全新的愉悦感受。与此类似，当许多学者完全沉浸在撰写论文和专著之中时，他们时常有一种想写的冲动，他们都享受到了心流体验，相应效用也就不会减弱。很多资深学者撰写了大量的论文和专著，比起他们第一次写作来，当他们写出一部新的作品时，他们经历了同等或较高的心流体验。

对于产品和活动的内在属性和外在属性来说，它们的适应作用是各不相同的，许多最新的经验证据已经证明了这一点。[①] 在人们经历的令人不快的事例中，人们的内在需要会受到抑制，因而也就不能合适地预计效用。特别重要的是，在人们存在严重的健康问题时，例如，一种慢性疾病或一种持续恶化的疾病，它们降低了人们的自主能力，引起自陈的主观幸福感的持续下降（Easterlin 2003）。许多人获得的心流体验和满足内在需要的体验，它们都和拥有一个工作有关，比如与同事一起工作，从事需要专业技术的工作，能够自我管理的工作。因此，对于拥有极少爱好的人来说，反复多次的研究已经发现，失业对于他们的主观幸福感有着非常大的负面影响，而且这种影响是非金钱方面的（Clark et al. 2006）。与此相反，就像在前面自我雇佣例子中所表明的那样，拥有一个高度自主的工作，它与高的工作满意度密切相关。正像前面第 7 章所揭示的那样，同受雇于一个等级制组织的人相比，自我雇佣的人从自己的工作中获得了更多的效用，而这些效用与挣得的收入的多少和工作时间的长短无关。结论对于志愿者来说也是相同的，平均而言，他们也更加满意自己的生活。

与此形成鲜明对照，并且也有经验证据证明的是，在一些产品和活动的

---

① 有关研究，参见 Frederick and Loewenstein 1999。

例子中，人们表现出很强的适应性，在这些例子当中，产品和活动的外在方面占据了主导地位。对此，学者已经从收入方面进行了解释（van Praag 1993；Easterlin 2001；Stutzer 2004）。当人们经历一次收入增加时，最初，他们的效用水平也会随之上升，但是在大约仅仅一年之后，这种收益增加中的大部分会消失得无影无踪。研究估计，对于一直处于收入分配中较高阶层的人而言，他们的收入增加引起的效用增加，其中的 60% 会随着时间的推移而消失（van Herwaarden et al. 1977）。

具有内在方面特点的产品和活动，它们呈现出极少或者没有适应的证据，而具有外在方面特点的产品和活动，它们却显示出极强的适应证据。两者都表明，人们低估了适应，甚至忽视了适应效应。总之，由于人们低估或忽视适应效应，造成在估计适应效应这方面，人们往往会犯一个较大的错误。其表现为，同估计外在属性带来的未来效用相比，人们估计内在属性带来的未来效用所犯的错误更大。

2. 体验的记忆受到扭曲

在制定有关未来的消费决策时，人们必须借助于过去的体验。人们是从过去的体验中，反省一些具体的时刻，并且进入各种一般化的情感，这些情感常常发生在某种具体情形下（Robinson and Clore 2002）。如果人们得到了具体的信息，那么在人们的判断中，这种信息就具有了优先权。因此，如果人们体验过一些较难忘的时刻，那么在人们对于过去感情的评估中，这些时刻就会产生一些复杂的影响（Kahneman 1999）。一个情感事件最强烈的时刻（情感达到峰顶）和最近的时刻（情感结束），常常就是"更难忘的"时刻。这种"峰—终定律"（peak-end rule），或"过程忽略"（duration neglect）① 已经在许多实验中得到检验（Kahneman 2003）。

_____

① 心理学家及诺贝尔奖得主 Daniel Kahneman，经过深入研究发现，体验的记忆由两个因素决定：高峰（无论是正向的还是负向的）时与结束时的感觉，这就是峰—终定律（peak/end rule）。这条定律基于潜意识总结体验的特点。对一项事物获得体验之后，所能记住的就只是在峰与终时的体验，而在体验过程中，好与不好体验的比重、好与不好体验时间的长短，对记忆差不多没有影响。许多实验得出的结果支持峰—终理论：人们对过去体验的总体评定，主要反映了体验过程中感受最强的时刻，以及体验结束的时刻，而忽略掉了整个体验——愉悦的或令人讨厌的——持续了多久。Daniel Kahneman（1999）称这种现象为"过程忽略"（duration neglect），这也是心理学对积极体验的研究中反复提到的一个话题——译者注。

内在属性可以看作与长期体验有关，长期体验是一种中等的，但却是持久的积极情感体验。体验互动型享受，人们需要花费时间，但是前面已经提到过，这种享受每次都各有不同。同样，在心流体验中，这种享受能够保持自我沉浸能力不减。与此相对照的是，外在属性是有关短期体验的，特别是峰顶的情感。当人们基于反省来预计效用时，产品和活动内在方面的持续时间（与外在方面的峰顶比较）被低估了。

3. 外在方面比较容易合理化

通常，人们都有一个强烈的冲动，就是为自己所做的决策辩护，并向自己和其他人证明决策的正确性。[1] 这种影响不仅发生在人们预测消费效用的时候（例如，决定购买某物），而且也发生在是否认为他们正在做一笔交易的时候（Thaler 1999）。人们在作出决策时，通常有一种倾向，就是抵制情感的影响，考虑理性主义的属性。奚恺元[2]等人（Hsee et al. 2003）将其称为"基于理性主义原因的选择"。经过多次的实验，奚恺元等人发现，人们在做决策时，主要关心的是绝对经济收益，而不关心非经济的事情。在人们制定决策期间，当被要求说明决策的理由时，结果，对于很容易说清楚的事件方面，人们往往给予了非常大的权重，而对于很重要的体验方面，人们却常常将其忽略了（Wilson and Schooler 1991）。与此类似，人们习惯于依据规则和原则制定决策，而忽视他们对于这些选择后果的预测，而这些后果根据经验往往都是会出现的（Prelec and Herrnstein 1991）。因此，对于选择涉及的各个方面，人们不能做出最佳的考虑，而这种考虑是实现预期效用最大化所不可或缺的。

对于外在属性和内在属性来说，人们在制定决策时，也有一个类似的不协调。比起内在属性来，看重外在属性更容易提供合理的理由。可以思考这样一种情况（是有关工作出价的），有一个工作提供更多的收入，但是只有较少的闲暇时间。多数人发现，这是很容易选择的，接受工作出价，并向自

① 关于预先决定的理由，参见 Shafir et al. 1993。
② 奚恺元（Christopher K. Hsee）生于上海，求学美国。1993 年，获耶鲁大学博士学位，而后在芝加哥大学商学院任教。其研究涉及行为决策理论、心理学、行为经济学、管理学、市场学、幸福学等诸多领域——译者注。

己和其他人证明决策的正确性，因为外在货币方面的属性很突出。与此形成对照，人们发现，说明如下情况却是相当困难的，即更多闲暇的时间所体现内在属性为何非常重要，并且重要得足以使人拒绝收入方面的一个大增加。作为这种困难的结果，人们在制定决策时，比起产品和活动的外在属性来，具有很强内在属性特征的产品和活动，人们往往给予了它们太少的权重。

4. 关于未来效用来源的错误直觉理论

关于什么能够让人幸福，对此存在着不同的直觉理论（Loewenstein and Schkade 1999），对于这些理论的信奉，直接影响到人们对于未来效用的预测，也往往导致人们犯下错误。这些直觉理论信条的作用是引导对过去情感进行重构，让这些情感与自我构想或信念保持一致（Ross 1989）。因此，不同的直觉理论与错误预测的三个来源相互影响，这些错误的预测前面已经讨论过。

一个重要信条是获取和占有财富（换言之，就是物质主义），它将财富作为通向幸福之路的中心目标。① 同重视内在目标的人相比，重视物质或外在生活目标的人，他们自陈了较低的自尊和生活满意度（Kasser and Ryan 1996；Sirgy 1997）。这种相关性可能表明，凭借直觉相信外在属性的人，他们常常错误地预测了效用。与此相反，重视生活目标的人，也就是专注于个人成长、关系和契合社会精神的人，他们运用的直觉理论是强调内在属性的，这使得他们极少错误预测未来效用。结合先前错误预测的原因，这里人们的异质性可以提供更多的、可检验的预测。

5. 制度条件

对于内在属性和外在属性而言，错误预测的影响各不相同，这些不同影响也依赖于决策与市场相互联系的程度。如果人们比正常情况下更看重外在属性，那么产品和活动的货币化就会对他们产生影响。这种观点可应用于工作和消费之中。一个工作中的例子就是引进绩效工资。这种激励常常引导雇员把绩效当做工作的首要方面，这种绩效涉及他们得到的补偿。与此相反，

① 参见，例如 Tatzel 2002。

与报酬无关方面的表现则不予考虑（Frey 1997b；Frey and Osterloh 2005；Osterloh and Frey 2006）。① 在消费领域，做广告常常针对销售产品的外在方面。与此相比，亲朋好友聚会的客厅，它的内在价值则往往是微小的，常常根本就不存在。从商品化产品的程度上讲（Kuttner 1997；Lane 1991），由于人们往往会受广告的影响，因而在预测产品未来效用时，他们常常会犯一些错误。广告诱导人们相信，比起内在属性来，外在属性会让人过上比实际更加幸福的生活。

11.1.3　相关方法和证据

这里提到的理论涉及各种各样的文献，在这些文献中，类似现象已经被发现，已经经过实证研究：

＊关于低估新情况适应方面的问题，已经极好地纳入"跨期决策模型"（models of intertemporal decision）分析之中（Loewenstein et al. 2003）。建立在投影偏差基础之上的模型，可以对各种各样的现象建立模型分析。例如，在人们生命的早期，由于受到耐用产品和消费简介的误导而做出购买行为，人们常常消费过多。因此，对于看似不合理性的储蓄行为，效用预测错误提供了一个行为选择的理由，在人们自我控制问题的框架内，这种行为通常可以得到解释。然而，洛文斯坦等人（Loewenstein et al.）（如前所述）没有明确地将适应方面的差异纳入模型，这些适应差异包括对不同产品的、对不同选择属性的、对不同人的差异。作为忽视这种差异的结果，对于行为和幸福方面决策不一致可能出现的后果，在他们的模型中也就没有得到体现。

＊已经有人提出，现在"工作与生活"（work-life）间的平衡已经受到扭曲。人们往往受到劝诱，结果，工作太多而忽视了生活的其他方面。针对美国的现实情况，这种观点已经被强有力地提了出来。在美国，人们已经被确定为"过度工作"（overworked）（Schor 1991）。这种情况与我们前面的假设完全一致，人们习惯于过分看重具有强烈外在属性的选择，特别是过分看

---

① 有关经验证据调查，参见 Frey and Jegen 2001。

重收入，而不是看重对内在属性的选择。

　　＊为了获取身份、地位而展开的竞争，这种竞争产生了负的外部性，为此，人们要花费太多的努力获得身份，获取"位置商品"（positional goods）（Frank 1985a，1999；Layard 2005）。"位置商品"具有非常强的外在属性。结果，效用预测的错误，常常会放大消费中身份、地位竞争产生的扭曲。

　　＊程序效用（换言之，也就是从过程的中间获得的满足，而不是从过程的结果获得的满足）与人们的先天需求有关。从一个具体程序中获得的效用，它能够满足人们的胜任、关系和自主的需要，因此它也与产品和活动的内在属性有着密切的关系（参见第 10 章和 Frey，Benz，and Stutzer 2004）。在人们的决策中，程序效用的来源常常受到低估。与此观点相一致，实证研究已经证明（Tyler et al. 1999），当人们做出决策时，人们往往更喜欢这样的制度，这种制度能够保证产生有利于自己的结果。但是，事后（ex post）他们认为，他们本应该喜欢与公平程序相适应的制度。

　　＊经济学中有一个长期传统，就是人们过于看重物质产品，忽视提供非物质收益的产品（Lebergott 1993；Lane 1991）。最为重要的是，就如塞托夫斯基（Scitovsky 1976）所言，比起产生"刺激"（stimulation）的产品消费来，人们对于"舒适产品"（comfort goods）的消费已经过度。舒适产品消费被描述为具有防御性的活动，这种活动保护人们免受消极的影响。舒适产品之所以会成为消费品，是因为随着生产率的迅速增长，舒适产品也有着强烈的外在属性。与此相反，刺激来自于创造活动，这种活动提供新奇、惊讶、变化和难度。这些方面强调愉悦的更新，并且这种愉悦更新也强调外在属性。

　　在效用预测错误的经验检验中，斯塔特勒和弗雷（Stutzer and Frey）分析了人们在通勤（commute）方面的决策，这种决策分为较短时间和较长时间两种。通勤决策关系到权衡，一方面是在薪水和通勤时间之间的替代，另一方面是在房屋质量和通勤时间之间的替代。在人们的薪水或房屋质量得到完全补偿之时，此刻才是理性效用最大化者的通勤时间。然而，当人们高估了满足外在需要的产品效用时，他们往往选择了过多的通勤时间，结果遭受效用下降的损失。运用反映德国情况的大量面板数据，二人通过分析发现，通勤成本并没有得到全部补偿。在各种运输方式的通勤时间上，平均花费22分钟（样本均值）的人，他们每月的劳动收入需要增加35%，才能全部补偿效用下降的损失，唯有如此，他们的生活满意度才能与没有通勤时间的人相同。

11.2　为何没有或极少有人学习？

人们在制定重复的决策时，如果能够马上学习，那么现有的系统性效用错误预测，也就极少产生经济学方面的不利后果。如果这种情况存在的话，错误预测仅是一种偶然的现象，这种现象基本不影响这种观点，也就是理性决策制定者追求个人效用最大化。然而，大量的文献表明，学习是一个复杂的过程。如果对于产品和活动的多方面关注，被人们实质上归结成了一个方面，也就是用货币术语表示的方面，那么人们才会学习。在这种情况下，短期内，人们很大程度上可能改正自己的错误。于是，完全可以应用标准的经济模型分析。

这里，在讨论有关选择的各种各样情况时，其中，在人们决策的时候和消费的时候，各种产品和活动的不同属性，它们的重要性是不同的，因而学习也是非常困难的。学习制定未来的消费决策，它必须建立在以前体验的各种情感重构的基础之上。因此，这个决策过程自然受到错误预测的支配，这种错误预测等同于记忆过去体验的效用。而当情景记忆（episodic memory）太少时，人们的决策只好主要依靠直觉理论（intuitive theories）（Robinson and Clore 2002），此时，学习就会受到极大的约束。因此，记忆的效用和预测的效用变得很相似。在相当大的程度上，两者都独立于人们曾经体验过的效用。在三个不同的调查研究中，米切尔等人（Mitchell et al. 1997）证明了上述观点，这些研究是关于三种活动的事前预测、亲身体验时期、事后回忆的享受，活动包括一次欧洲旅行、一次感恩节假期、一次在加拿大的自行车旅行。尽管参与者从旅行中实际上获得的享受比预测的要少，但是在旅行完成之后，他们回忆旅行体验之时，他们自陈的享受水平依然接近他们预测的水平。

一般说来，人们要想准确地预测将来消费产生的效用，需要经历一个非常复杂的学习过程。人们必须回到自己的决策制定活动之中，在这种活动中，外在特性往往支配着内在属性。因此，为了避免预测错误，人们必须努力地制定一个全面性评估，包括吹毛求疵的自我检查，或人们必须借助"双环学习"（double-loop learning）[①]（Argyris and Schön 1978）。因为复杂的学习造成学习的成本较高，并且学习活动本身还容易犯错，所以在一个合理的短期内，人们不能充分地纠正他们的预测错误。很多情况下，他们根本就不能纠正这些错误，如此，随着时间的推移，会导致人们预测未来效用存在错误，也就持续不断地发生。

人们有限的学习，与有缺陷的意识可以很好地并存，这种意识包括人们自己或其他人的效用预测错误。例如，在平衡工作和生活方面，许多人经常谈论他们遇到的困难和所犯的错误。然而，即使如此，他们仍然不断地做出错误决策，也就是相对于外在属性来说，低估了内在属性。

关于人们学习的有限性，一个更为基本的理由可能是，在人类的进化过程中，存在一些效用预测错误的机能。拉约和贝克尔（Rayo and Becker 2007）运用模型说明，在基因复制方面，人们的效用函数是如何获得最大成功的。他们的模型对人们忽视适应做了合理说明（被描述为自讨苦吃的外在表现）。然而，在当今的世界上，这种含有预测错误的效用函数，在保证一个最佳组合方面已不再适用了，这种最佳组合发生在体验效用和追求社会成功的动机之间。

---

　　① 双环学习说法来自阿吉里斯的《组织中的双环学习》一文，他说："工厂经理和营销人员在生产产品 X 时检测到错误并尝试纠正它，这是单环学习；当他们开始质疑是否应该生产产品 X 时，这是双环学习，因为他们是在质询背后的组织政策及目标。"双环学习强调对行动背后的想法加以检视，反思我们看问题的心智模式，进而才能采取真正有效的行动。当发现错误时，其改正方法包括对组织目标、政策和常规程序的修改——译者注。

11.3　影响

　　人们常常错误地预测了产品消费和从事活动的未来效用，而且，这种错误还是一种系统性的错误。比起具有较强外在属性的产品和活动来，例如，大多数消费品，人们往往低估了具有较强内在属性的产品和活动的价值，例如，花时间与家庭成员和朋友共度美好时光，花时间培养自己的兴趣爱好。虽说比较各种各样的属性是必需的，但是这种比较也是复杂的，所以学习将是一个缓慢的，也是不完善的过程。如此，随着时间的推移，人们对于未来效用的预测，往往就会出现许多的扭曲。结果，人们实际获得的效用，也就比他们本该获得的效用要低，也就是低于这种情形时的效用——他们不受系统性错误预测偏差支配时的效用。

　　在一个现实的应用中，运用主观幸福感数据，可以分析人们的通勤决策。人们在通勤方面耗费的时间越长，他们自陈的生活满意度也就越低（换言之，对于通勤造成的负担，他们没有得到完全的补偿，也就是由一份较高的薪酬、一个较好的生活环境或一个较低的租金给予的补偿）。这种分析与人们对未来效用的高估相一致，这种对未来效用的高估，源于工作机会和住房选择的外在属性，也源于人们对于内在属性的忽视，例如通勤的身体负担，能够与朋友和家庭成员在一起的时光的减少。运用直觉理论中人们幸福的变化，一个精确的分析解释了基本假设。学者研究了具有外在导向生活目标的人，他们错误预测效用的可能趋势。结果发现，非常注重外在生活目标的人，他们获得的补偿最少，因此他们受到了通勤的消极影响。

　　人们依据自己利益最大化作出的选择，结果却使自己的生活变得更糟了——这种研究成果与我们的分析不同，也与更加传统的"消费批判"（consumption critique）不同。依据后者的观点，对于自己的利益，人们不能够选择什么是最好的，什么是"最好的"要依据显示出的偏好进行估计。

　　我们的分析不应当成为一种托辞，这种托辞往往断章取义、移花接木。直接依据我们分析的结论，认为政府干预是必要的，甚至是明智的（参见

第三篇）。对于政客和政府官员来说，想象他们具有真知灼见，同时也具有内在激励，能够克服这种预测未来效用的错误，这实际上是不可能的。除此之外，至少有一些人可以借助双环学习，为自己建立起自我约束规则，这些规则有助于他们纠正失衡，也就是对于具有较强内在属性的产品和活动，要给予它们支持，而且这种支持要超过具有较强外在属性的产品和活动。

第 *12* 章

公共品价值

12.1 测量方法

12.1.1 标准方法

因为公共品没有通过市场交换，所以公共品的收益"天生"就很难测量。从而人们支付的价格也就不能作为价值的指标，进而也就不能利用价格衡量价值。然而，学者已经找到了测量偏好的方法，并且这些方法多种多样（参见例如，Freeman 2003）。其中，两种主要的方法已经得以采用：自陈偏好方法（stated preference method）和显示性偏好方法（revealed preference method）。

1. 自陈偏好方法

在自陈偏好方法中，最流行的方法是条件价值评估法（contingent valuation method，CVM）。这种方法采用回答问题的形式，直接要求人们评价公共品的价值。然而，条件价值调查的假想特性，可能意味着答案是不可靠的和肤浅的，并且还可能引发人们的策略性回答行为。

2. 显示性偏好方法

公共品和各种用于市场交换的产品之间，存在着替代和互补关系，这些关系和人们的行为都可用来推测公共品的价值，这种价值是在私人产品的市场交易中表现出来的。其中，最杰出的例子是享乐法（hedonic method，HM）、旅行成本法（travel cost method，TCM）、规避行为法（averting behavior method，ABM）。显示性偏好方法是建立在严格假设基础之上的，一些关键的要素"天生"就很难进行测量，非使用价值是无法记录的。

12.1.2　生活满意度方法

将自陈的主观幸福感作为测量效用的代表，我们就可以利用效用概念，评估公共品价值。基本思想是，通过将公共品或公害品（public bads）的程度与人们自陈的主观幸福感联系起来，公共品的边际效用或公害品的负效用可以得到评估。相对于自陈偏好方法和显示性偏好方法而言，这种方法避免了一些主要的评估困难，而这些困难是前面两种方法自身所固有的。通过测量公共品的边际效用或公害品的负边际效用，以及测量收入的边际效用，我们就可以计算出收入和公共品之间的交换比率。这种方法就是所谓的生活满意度法（the life satisfaction approach）。

运用生活满意度法，可以评估范围广泛的公共品和公害品价值，可以评估负的和正的外部性价值。迄今为止，这种方法仅仅用来评估环境领域的外部性价值。梵·普拉格和巴斯玛（Van Praag and Baarsma 2004）是最先使用生活满意度数据评估环境外部性的学者。他们使用个人数据，分析了阿姆斯特丹机场区域的噪音妨害行为。他们发现，人们的主观幸福感受自身感知的噪音水平的影响，而不是受客观测量的噪音水平的影响，在很大程度上，幸福感和噪音水平是相互独立的。除此之外，噪音水平也依赖于一些中间变量，包括家庭规模、阳台或花园的存在等。结果，对于不同群体的人来说，估计的补偿差异非常大。其他学者也进行了一些跨国分析。例如，维尔斯科（Welsch 2002）确定了城市空气污染（由于二氧化氮所致）对平均生活满意度的负面影响，这种负面影响可以转换成相当大的货币价值，表明改善空气质量所需要的资金。

在此，我们将应用生活满意度法，分析这样一个主题。最近几年，这个主题背负了很多的骂名，在未来许多年里，它也很可能成为人们热衷的政治议程：恐怖主义或安全感，安全感可以定义为没有恐怖主义。[①] 有关恐怖主义活动引起的效用损失，学者对法国 1973—1998 年间的情况进行了估计。

12.2 比较可选择的方法

同前面两种标准的方法，也就是自陈偏好方法和显示性偏好方法相比，生活满意度法具有以下几个优点。

12.2.1 同自陈偏好方法相比的优点

在自陈偏好方法中，最突出的是条件价值评估法，在运用这种方法时，要求被调查者在指定的状态下，评价一个具体的公共品的价值（参见例如，Carson et al. 2003）。这是一种人们不太熟悉的情况，往往会引起被调查者的策略性回答。因此，运用条件价值评估法所得出的结论，存在着可信性、有效性和可靠性的问题，这个问题也成了经济学中一个争议日益升温的问题。对此，学者已经提出了一些指导性方针，以便确保这种方法所得结论的可信性、有效性和可靠性。最重要的是，存在充分信息，选择一种可信（假设）

---

① 有关更广泛的数据和实验策略的讨论，有关另外的和最新的分析结论，参见 Frey, Luechinger, and Stutzer 2007b。

支付机制，使用全民投票模式（唯一的诱导模式，也就是激励相容的模式）（Arrow et al. 1993；Portney 1994）。

除此之外，条件价值评估法还存在一个主要问题。由于被问问题的假设性质，以及人们对调查方法的不熟悉，所以不能排除人们考虑问题的失误，也就是被调查者考虑他们的预算限制和替代影响的失误。象征性的评估很可能会影响结论，这种象征性的评估表现为，姿态性的表示和肤浅性的回答（Kahneman and Knetsch 1992）。与此类似，策略行为问题也只能在有限的程度上得到解决。

比起条件价值评估法来，生活满意度法，它既不受这些问题中的任何一个的影响，它也不依赖被调查者的能力，也就是在提供一个公共品时，考虑一个变化引起的所有相关后果。如果被调查者能以一定的精确度，自陈他们的生活满意度，这种方法就足够了。除此之外，人们没有任何理由去想策略行为。

12.2.2 同显示性偏好方法相比的优点

显示性偏好方法是另外一组非市场评估技术，它们是基于这样的想法，当人们在不同的公共品和私人品消费束中选择时，他们会进行仔细的权衡，在一定的程度上，权衡的结果可以大致反映出他们对这些产品的评价。在一些具体的情境下，会利用私人品的市场交易价值，由此，我们就能够推断出人们对于公共品的支付意愿。

在显示性偏好方法中，最吸引人的也是经常采用的方法，就是享乐法（参见例如，Blomquist，Berger，and Hoehn 1988；Chay and Greenstone 2005）。公共品只是从定性特征方面讲，与住房和劳动市场的产品存在区别；因此，从定量方面讲，住房和劳动市场可以反映公共品价值。工资和租金差异充当了含蓄的价格，在市场均衡中，这种差异与人们对公共品的边际支付意愿相一致（Rosen 1974）。这里，享乐法存在的一个根本问题在于，它是建立在假设基础之上的，这个假设就是住房市场和劳动市场是完全均衡的。然而，只有在满足下列条件的情形下，这种假设才能证明是正确的：当家庭拥有大量的信息时；当存在数量足够大的、各种各样的住房和工作时；当价格调整迅速时；当交易成本和流动成本低时；当不存在市场限制时（Freeman 2003，p. 366）。享乐法还有一个缺陷，就是需要解释人们的调整，这种调整包括人们对一种外部性水平变化做出的反应，包括享乐市场供给方做出的反应。

与享乐法要求住房和劳动市场完全均衡不同，在市场不均衡的情况下，依然可以运用生活满意度法，分析人们的效用损失，这种效用损失可在其他市场获得补偿。然而，我们必须运用横截面分析，对补偿的变化进行解释。如果不对补偿的变化进行解释，那么生活满意度法说明的仅仅只是部分的外部性。在这种情况下，生活满意度法和享乐法可以相互补充。

建立在显示性偏好基础上的所有方法，它们都面临着一个共同的挑战，就是消费和搬迁决策是基于主观感知水平的，而不是基于客观愉悦（或不愉悦）水平的。人们的知觉和客观的测量联系不足，如此，评估就会出现严重的偏差。在一定程度上，同样的告诫也适用于生活满意度法。然而，与显示性偏好方法相反，即使没有任何直接的影响，生活满意度法也反映了外部性对人们效用的间接影响。这种影响可以通过健康和其他渠道产生。例如，鉴于噪音妨害直接影响人们的效用，结果导致相应的国防支出和搬迁决策增加，暴入在核辐射中也会损害健康，而它是通过一个不引人注意的过程发生的，然而，这个过程也拿低了人们的生活满意度。在这个例子中，因为没有外显的行为，所以效用损失也就不能通过显示性偏好方法来测量。出于同样的理由，显示性偏好方法不能评估非使用价值，例如，存在价值（existence value）。在这方面，生活满意度法具有优势，尽管它还不能够分析纯粹的存在价值（或更为一般的纯粹公共品）。另外，行为研究已经显示出两种效用概念之间存在区别：体验效用和决策效用。一种结果的体验效用包括这种结果带来的享乐体验，而决策效用是个人在决策中分配给结果的权重（Kahneman 1994）。如果体验效用和决策效用存在系统性的差异，那么私人品市场中的消费决策，它就不能精确地反映人们在公共品消费中的享乐体验。

就像前面讨论表明的那样，人们已经拥有了一些奇妙的方法，评价公共品的价值。然而，这些方法受到一些问题的困扰，而这些问题又妨碍或阻止了它们被应用到具体产品的兴趣。生活满意度法避免了其中的一部分问题，应用这种方法替代传统方法，或对传统方法形成补充，看起来前途充满着希望。

12. 3　恐怖主义对生活满意度的影响

公民的幸福感会受政治过程的影响，而且是一种系统性的影响。政治过程包括恐怖主义（Frey and Luechinger 2003；Frey 2004）。人们可以合理地预期，比起在秩序井然的政治状况中生活的人来，在一个充满恐怖主义的国家生活的人，他们感到的幸福肯定较少。一个典型的例子是 1962 年的多米尼加共和国，在总统特鲁希略（Trujillo）遭到谋杀后，国家的政治形势处于极为不安定的状态，政治混乱形成了一个现实的威胁。与此同时，在这个国家测量的生活满意度水平，也是有史以来最低的，当时记录的等级分为1. 6（用一个标准的、从 0 到 10 的等级形式表示）。与此相反，在政治稳定的民主国家，诸如瑞士、挪威和丹麦等，人们自陈了高水平的生活满意度。在 20 世纪 90 年代，其生活满意度的评价分别为，丹麦 8. 16，瑞士 8. 02，挪威 7. 66。因此，幸福和政治稳定之间的关系看来非常密切。

然而，这里的因果关系同前面的分析一样，同样可以从两个方向进行解释：尽管看起来显而易见的是，政治不稳定令人不满意，但是我们也可以合理地预期，不满意的人可能会采取示威、罢工和恐怖主义活动，因而又制造了政治的不稳定。但是，在现存的政治条件下，假设不幸福的人，他们自然而然地就会发动革命，这显然是一种充满浪漫主义色彩的观点（Tullock 1987）。大多数政变（葡萄牙语 d'état），甚至革命，它们都是由竞争的政治集团、政党和军方发动的。统治者的交替往往发生在政治阶级，在他们的统治下，人民的不幸福仅仅只能部分推动统治者的交替。特别是，我们看到的大量情况是，人民的不满，只不过是他们哄抢权力的一种借口罢了。

12.3.1　数据和实验策略

使用生活满意度数据，我们可以通过几条途径，评估恐怖主义活动引发的效用损失。一种可能是循着宏观幸福函数这条主线，宏观幸福函数是建立在国际横截面和时间序列分析的基础之上的——例如，设法确定环境条件对幸福的影响（Welsch 2002）。另外，在受到恐怖主义影响的具体地区和城市，人们的生活满意度，可与生活在这个国家其他地方的人进行比较。在前面法国的例子中，这种新奇的方法已经运用过，而且它也被应用到对其他国家的分析之中（Frey, Luechinger, and Stutzer 2007b）。

从欧洲晴雨表调查系列（1970—1999 年）中，我们可以获得生活满意度数据。变量的大小取决于对分类问题的回答，问题为"总体说来，你对自己的生活非常满意［记 4 分］、相当满意［3 分］、不非常满意［2 分］、根本不满意［1 分］吗?"恐怖主义事件的数量可以作为一个指标，用来反映恐怖主义活动的显著性和强度，这个指标的构造是建立在两个信息来源的基础之上的，也就是兰德公司的圣安德鲁斯国际恐怖主义年鉴和国际反恐研究所的恐怖袭击数据库（RAND-St. Andrews Chronology of International Terrorism and the Terror Attack Database of the International Institute for Counter-Terrorism）。将法兰西岛（包括巴黎）的两个地区和普罗旺斯—阿尔卑斯—蓝色海岸大区（在欧洲晴雨表调查系列中，这个地区包括了科西嘉岛），与法国的其他地方进行比较，比较时间为 1973—1998 年。图 12—1 描述了上面三个地区的恐怖主义事件数量，这些事件的数量随着时间的推移而变化。在这些数据库的基础之上，专门建立了一个微观计量经济学的幸福函数。通过各地随时间变化的恐怖主义水平差异，通过人们的家庭收入，通过其他个人特征和社会人口统计特征，通过地区和时间的固定影响，生活在一个具体区域和一个具体时间的人，他的生活满意度就可以得到解释。一个变量的稳健估计量被用来解释随机扰动，这些扰动暗含在群体或集群相互关联之中。这里，估计量采用的是一个具体年份的横截面单位。

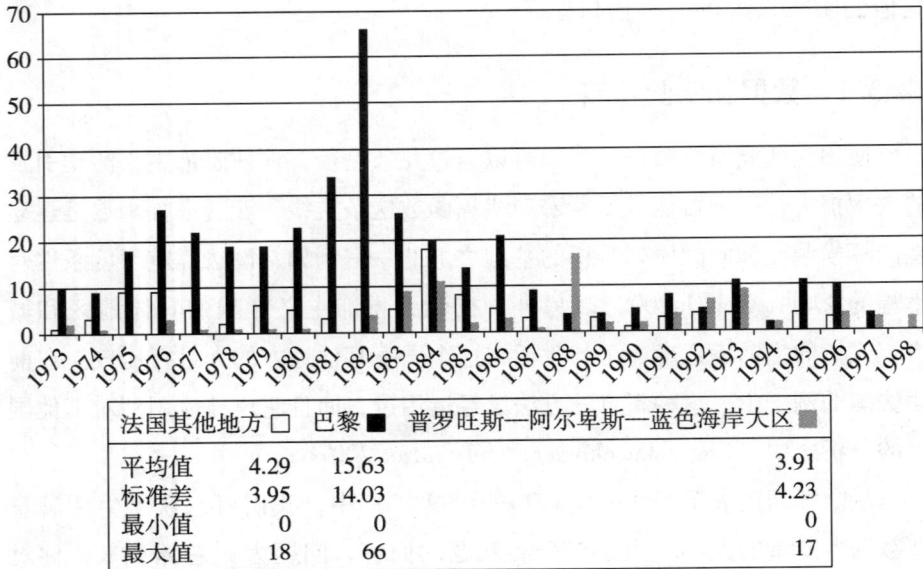

法国其他地方 □	巴黎 ■	普罗旺斯—阿尔卑斯—蓝色海岸大区 ▨
平均值 4.29	15.63	3.91
标准差 3.95	14.03	4.23
最小值 0	0	0
最大值 18	66	17

图 12—1　1973—1998 年间，法国的恐怖主义事件数量

资料来源：Frey，Luechinger，and Stutzer 2007b.

12.3.2　估计结果

估计结果表明，恐怖主义袭击的数量，对于自陈的生活满意度存在负面影响，并且这种影响具有统计显著性。15 次恐怖主义袭击（在所研究的时期内，巴黎受到袭击的大约平均数量），估计平均减少人们的生活满意度 0.04 个单位（生活满意度用 1 到 4 的等级形式表示）。这种影响大约为失去工作（而不是就业）影响的 1/5。因此，一个经常用来描述恐怖主义的指标——恐怖主义事件数量，它与人们的主观幸福感存在关联，并且存在相当大的关联。

估计的系数可以用来计算假想的支付意愿，也就是愿意为单独恐怖主义水平变化所进行的支付。出于比较的目的，生活在法兰西岛（包括巴黎）和生活在法国其他地方（除去普罗旺斯—阿尔卑斯—蓝色海岸大区）的差异，它与恐怖主义有关。一位巴黎居民愿意支付大约他收入（用平均家庭收入表示）的 14%，以将恐怖活动减少到这样一种水平，也就是在国家其他地方更多和平盛行的水平。这是一种含蓄的支付意愿，它可以与有些人在劳动和住房市场上的支付意愿进行比较。布洛奎斯特、伯杰和霍恩（Blomquist, Berger, and Hoehn 1988）就对这种支付意愿的比较进行了研究，研究的对象是美国人，这些人生活在美国具有最高暴力犯罪率的郡（county）。这种应用方面的探索证明，由恐怖主义引起的人们效用损失，运用生活满意度数据，能够很好地对此损失进行评价。

表 12—1　　　　1973—1998 年间，法国恐怖主义与生活满意度

	系数	t 值
恐怖主义事件数量（in 10s）	−0.028 **	−4.03
In（收入）	0.218 **	17.22
控制变量①	是	
地区固定影响	是	
时间固定影响	是	
观测数量	43 231	
聚集数量	70	
Prob>F	0.000	
调整 R^2	0.07	

资料来源：Frey, Luechinger, and Stutzer 2007b. The data are from the Euro-Barometer Survey, 1970-1999, RAND-St. Andrews Chronology of International Terrorism, 1968-2000, provided by the Oklahoma City National Memorial Institute for the Prevention of Terrorism (www. mipt. org) and the Terror Attack Database of the International Institute for Counter-Terrorism (www. ict. org. il).

注：1. 因变量：生活满意度［1～4级］。最小二乘估计；标准误差调整聚集在每年地区内。显著性水平：** $P<0.01$。

2. ①控制变量包括：家庭规模、性别、年龄、年龄平方、现有教育水平、儿童数量、婚姻状况、就业状况和社区类型。

12.4　结论

运用生活满意度数据，测量人们赋予公共品的价值，这不仅是一种全新

的方法，而且也是一种令人倍感兴趣的方法。比起目前广泛使用的其他测量技术来，这种方法克服了它们的一些缺点。

生活满意度法特别适用于这个方面，运用宏观计量经济学进行价值估计，包括对于公共品和公害品价值的估计，例如自然环境或恐怖主义事件。当然，在有些情况下，这种方法的运用也会受到一些限制，当评估一个具体的公共品价值时——例如，一项具体的微观计量经济学项目，在进行成本收益分析的情境下，我们就很难运用这种方法。主要原因在于，在统计关系方面，生活满意度法存在着可靠性问题，对于这种问题的解决来说，足够大的观测数量是至关重要的。

我们的经验研究表明，生活满意度法非常适合分析这种问题，也就是恐怖主义引起的社会成本问题。在经济和统计两个方面，恐怖主义产生的社会成本都是非常显著的。恐怖主义的社会成本超过了纯粹的经济成本。[1] 因此，恐怖主义的精神成本（例如人们的害怕、对死者的悲伤）可能是相当大的。

---

① 有关恐怖主义的经济成本调查，参见 Frey, Luechinger, and Stutzer 2007a。

第三篇

幸福研究对于政策的重要性

对于政策制定来说，幸福研究是非常重要的，对于经济政策制定，更是如此。比起理论和经验研究来，学者对于政策的关注较少。然而，幸福研究所得出的结论，对于政策制定是非常重要的。毕竟，幸福是人们生活中的主要目标，对于许多人来说，幸福就是他们生活的终极目标。

第13章首先关注的是幸福研究提出的建议。这些建议来自有关幸福研究的众多文献，其中，大众媒体已经做出了一些意义深远的结论。与幸福有关的"积极心理学"，它的新分支也已得到发展。

建立在经济学幸福研究基础之上的建议，可以引申出大量的成果，这些成果已为大家广为接受。根据幸福研究的一些建议，诸如调整偏好、增加闲暇时间、提高通货膨胀率且减少失业率等，可以提出具体的经济政策建议。一些学者提出，政府应当追求国家的幸福指数最大化，政府应当提高税收，以便减少位置外部性，在本章中，这些建议全部得到了批判性的讨论。

第14章分析公民幸福和政治制度之间的关系。14.1分析了这样一些证据，也就是当直接民主制度增强政治参与权时，公民的生活也会更加幸福的证据。14.2讨论了这样的研究成果，也就是更多的分散决策能够增加个人的幸福感。本章介绍了一种新的联邦制形式，即功能性重叠竞争管辖权（functional overlapping competing jurisdictions，FOCJ）[1]，作为一种新的制度，其也被建议加以推广使用，这种制度可以克服现有联邦制形式的主要缺点。

第 15 章提出了本书一些结论，并且认为，在方法、理论和政策方面，幸福研究已经构成了经济学上的一场革命。

---

　　① 这个概念是由本书作者 Frey 教授和他的助理 Eichenberger 博士首先提出来的。Frey（1997）的专著对 FOCJ 概念做了最清楚的解释。有兴趣的读者还可参阅 Eichenberger（1996）及 Eichenberger/Frey（1998）的德文著作——译者注。

第 *13* 章

幸福政策

13.1 大众媒体

从现代关于幸福的研究中，可以得出许多不同的结论。在一部一经面世就广为流传的文学作品中，作者试图给每个读者提供一些建议，也就是"如何过得幸福"的建议。在这些建议中，有一些几乎没有什么价值，但是有一些则是完全建立在研究的基础之上的。例如，在《新科学家》（2003）杂志上刊载的一篇文章，它就确定了通向幸福生活的十个基本要素。[①] 对于

---

① 本书分析了这些决定因素的大多数。有关其他的决定因素，参见 Diener and Seligman 2004。

文中建议的每一个要素的重要性，一些幸福研究者已经进行了评估。在一次调查中，《新科学家》杂志使用了这些研究者的评估，这次调查对建议进行了分类，分类用从 0（"非常不重要"）到 5（"非常重要"）的等级形式表示。对于影响个人幸福的十个关键因素，依据它们对个人幸福影响的重要性不同，可以按升序排列如下：

1. "即使你不是一个天才，也请你完全不必担心。"这种说法的权重为 0。运用 IQ 测量的智力水平，它不能让你更加幸福，即使它能让你幸福的话，程度也是很轻的。理由可能在于，聪明的人往往有着较高的期待。

2. "尽量赚取更多的钱（直到某一数量）。"这种说法的权重为 0.5。第 3 章的分析清楚表明，较高的相对收入确实能够买到幸福，但是仅仅是在一个较小的程度上，仅仅要高到一个特定的收入水平，这种特定的收入水平，它不仅在不同国家是变化的，而且在不同时期也是变化的。

3. "优雅地老去。"这种说法的权重为 0.5。一般说来，随着人年龄的增长，生活满意度水平也会增加，就如第 3 章证明的一样。如果健康和其他因素（例如，收入）没有日益恶化的话，事实也的确如此。人们常常听说老年人容易沮丧，显然，这种见解与此说法正好相反。老年人的生活之所以幸福，其中一个重要的原因就是，他们认识到自己生命的时光越来越短，这种认识可以教会他们控制自己的情感：他们会让自己专注于高兴的方面，规避那些让自己不高兴的方面。

4. "尽量不要与他人比较容貌。"这种说法的权重为 1。或许是因为漂亮的人生活较为容易，所以他们的生活常常也较为幸福。但是，如果人们想要生活幸福的话，那么就应当避免将自己容貌与他人进行比较，特别是不要与模特和电影明星进行比较。人们应该知道，自己在公共场所看到的这些人，他们所呈现出的形象，其实是一种虚假的形象，是媒体在人们心目中塑造出了这种虚假的形象。

5. "尽量信仰宗教或信仰一些其他的制度。"这种说法的权重为 1.5。信仰上帝和来世，可以给人一个有意义、有目的生活，还可以减少人的孤独感。因此，宗教成了人们对付灾祸非常有效的方法。

6. "尽量给予他人帮助。"这种说法的权重为 1.5。在幸福与利他主义之间存在一个非常强的联系，这种联系就如第 7 章所分析的一样。慷慨的人和从事志愿工作的人，他们往往更满意自己的生活。

7. "尽量少一些欲望。"这种说法的权重为 2。就像第 3 章的分析已经证明的一样，当人们收入增加时，"愿望差距"妨碍人们变得更幸福。人的愿望少于自己已经拥有的一切，例如，收入、朋友、家庭、工作和健康，这种人会更满意自己的生活。降低自己的愿望，此乃一种增加幸福的有效方式。

8. "尽量结交更多朋友并珍惜朋友。"这种说法的权重为 2.5。拥有极少的物质财富，但是却拥有广泛社会关系的人，他们比起那些缺少这些关系的人，往往生活得更幸福（此理就如第 3 章证明的一样）。但是，结交朋友需要花费时间和努力，并且常常还不是一件容易的事。

9. "尽量结婚。"这种说法的权重为 3。第 8 章的分析提供了这方面的证据，比起单身的人来，那些已婚的人显现出了更多的幸福，并且这种幸福状况具有持续性。令人特别感兴趣的一点是，同居并没有提供与结婚相同的收益，这或许是因为同居关系的牢固程度较低。

10. "制造更多幸福基因。"这种说法的权重为 5。心理学家的研究表明，幸福的"设定值"强烈地影响着生活满意度。在很大程度上，人的遗传基因决定了这个"设定值"。因此，为了自己生活幸福，逐渐养成一些好的个性特征和生活方式，这点是非常重要的。对于那些机会成本高的人来说，这就可能意味着，例如，一个观看较少电视的承诺（正如第 9 章分析的那样）。比起性格内向的人来，性格外向的人常常更加幸福，因为他们更可能去做那些能够带来幸福的事情——例如，与朋友一起享受美妙时光，或与人结成秦晋之好。

最后，还有一句更为重要的忠告，需要特别地提供给大家，就是幸福应当作为一种副产品，看看每一个人的生活，刻意盯着幸福是不能实现幸福的。长久以来，这个道理被称作"享乐悖论"（hedonic paradox）（参见，例如 Mill 1909）。这里的观点是，单独追求幸福可谓是"有心栽花花不开"，与此相反，在追求其他事情的时候，你的幸福可能是"无心插柳柳成荫"。

13.2 "积极心理学"

由马丁·塞利格曼和米哈里·奇克森特米海伊二位（Martin Seligman and Mihaly Csikszentmihalyi）领导的一个团队，这也是一个由备受尊重的学者组成的团队，发起了一场学术运动。发起这场运动的意图在于，从评价人们积极的主观经历方面，推动心理学的研究，例如，对于人们的幸福感、满意、希望、乐观主义和心流体验等方面，展开心理学研究（Csikszentmihalyi 1990；Seligman and Csikszentmihalyi 2000；Seligman 2002；Frederickson 2001，2003；Carr 2003）。过去，极少有人进行这种心理学研究，即研究在一个良性的状态下，普通人是如何健康幸福生活的。心理学已经忽视了一个问题的研究，即如何能够改善"健康"人的生活。与此相反，许多心理学研究专注于人们如何才能生存，如何忍受逆境。从而使得理解大量精神障碍成为可能，也使得为这些精神障碍提供治疗成为可能。

积极心理学有三个主要的原理。

第一，关于人们的积极经历，或者说为何一个时刻比另一个时刻要好的决定因素。卡尼曼（Kahneman 1999）强调，应该将人们现在体验的享乐质量，作为决定幸福的一个主要因素。

第二，积极心理学涉及个性方面，如自我组织（self-organizing）、自我引导（self-directed）和自适应实体（adaptive entities）。自我决定理论（Deci and Ryan 2000；Ryan and Deci 2000）重点关注三个相关方面的人类需要：胜任、归属感、自主。当这些需要能够得到满足时，高水平的个人幸福感也就实现了。体验到如此幸福感的人，他们受内在动机驱动，能够发挥自己的潜力，促进个人的成长。在稳定的状态下，人们甚至在外在压力下也能保持这种内在动机。然而，不是所有学者都将自主当作实现幸福的方式。施瓦兹（Schwartz 2000）就对此提出反对意见，他认为，强调自主可以引起一种心理暴政。太多的自主导致不满，因为这时的自主选择成了一种沉重的负担，也导致了不安全和后悔。在这些情况下，一个有限制的个人选择，实际上是增加了幸福，而不是减少了个人幸福。这种观点与经济学的理性选择观点形成了鲜明的对比，理性选择观点认为，较多的选择总是令人满意的，因为它允许每个人选择他或她喜欢的东西，人们可以没有任何成本地放弃不受欢迎的选择。

第三，积极心理学的最后一个原理，它是深植于这样一种认识的基础之上的，也就是人们和经历都是嵌入在一定社会情境之中的。在积极的组织中生活（例如，教会和家庭），被认为是实现幸福的重要条件。

在前面分析的基础上，有学者建议采用三种谨慎的操作，这些操作的意图，在于引起人们较高水平幸福的心理变化（Nettle 2005，p. 145）：

一是减少消极情感的影响，这种情感是非常有害的。

二是增加积极的情感。

三是改变生活的追求，以避免出现享乐悖论。

然而，这里存在的问题是，"这些操作如何能够得到实施？"事实很可能是这样的，那些生活不幸福的人，正是那些不能够实施这些操作的人。在这种情况下，上述建议也就不能提供真正的帮助。

积极心理学提出的维持和增加人们幸福的建议，经常在大众媒体上出现，也经常在大众媒体上讨论。然而，这些建议并非没有争论，主要原因在于积极心理学运动的边界。现在，这场轰轰烈烈的运动俨然成了一种准宗教运动，而这种运动是不能满足严格的科学话语的需要的。

13.3 经济政策

经济学家通过研究幸福，对于决定幸福的因素，已经提出了让人耳目一新的见解。对于有关幸福的实质，已经提出了令人眼前一亮的观点，而且这些全新的洞察是丰富多彩、令人感到兴趣盎然的。下面就是幸福研究主要结论中的一部分：

* 一般说来，大多数人对于自己的生活都是满意的。这在大多数国家

的大多时期，皆是如此。

　　* 经济状况方面——收入、就业、价格稳定、收入分配公平——它们是决定人们幸福的重要因素。

　　* 生活的非物质方面——家庭、友谊和其他社会纽带——它们对于人们的幸福也是非常重要的。

　　* 人们能够调整自己的幸福水平。在经历了积极或消极的生活事件之后，人们常常会调整他们的基本幸福水平，但是如此调整的速度和程度则是因人而异的，这种差异依赖于调整是否与收入、就业或其他领域等因素有关。

　　* 人们是身份、地位的追求者，并且常常将自己同他人进行比较。

　　* 婚姻让人幸福——但是，不能让人长久地幸福。

　　* 孩子降低了父母的生活满意度，但是一旦孩子长大离开家庭，他们又让父母感到了幸福。

　　* 对于精力充沛的人来说，大量观看电视减少了幸福。

　　* 自愿帮助他人，或者自愿给予他人财政上的支持，两种善举都会增加人们的幸福感。

　　* 人们常常会犯系统性的错误。这表现在人们在评价过去和将来（错误预测）的幸福时，他们饱受自制力弱点的支配。

　　* 程序效用对于幸福的影响也是非常重要的。程序效用发生在结果效用的前面，隐藏在结果效用的后面。

　　* 文化的边际影响极小。决定幸福的因素有很多，比起众多因素的边际影响来，文化具有的边际影响极小。

　　* 政治制度——特别是，公民通过民主和联邦制参与政治的机会——对于增进生活满意度具有重大的、决定性的意义。

　　* 公共品价值是可以测量的（使用生活满意度法）。

　　经济学家在以上这些全新见解的基础上，已经提出了应在各个领域进行政治改革。下面就讨论一些与此相关的政策。

13.3.1　改变偏好

标准的经济理论认为，人的偏好是不变的，据此，学者也就不会设想运用政策，去改变人们的偏好。甚至极少数接受偏好可以改变的经济学家，他们仍然假设，每个人都是他或她利益最好的法官。与此相反，幸福研究证明，偏好是内生的（第 3 章），在决策中，人们可能会犯系统性的错误（第 11 章）。因此，伊斯特林（Easterlin 2003）指出，为了促进更加明智的偏好的形成，应当高度关注决策方法中的错误。然而，伊斯特林没有回答这样的问题，也就是他的建议如何能够得以很好地实现，这点就像莱亚德（Layard 1980，2006，2007）指出的一样，改变人们偏好依赖教育。但是，这里存在的问题是，历史经验告诉我们，引导人们沿着外界期望的方向，改变自己的偏好，这是不容易做到的，有时甚至是不可能做到的。

如果仅仅只是劝说人们，应当好好地考虑这种影响，也就是享乐地适应效应和社会比较效应对他们愿望的影响，这是没有多大作用的。的确，我们可以向人们专门提供讲述"幸福生活教育"的课程（Layard 2005）。但是，就像第 11 章指出的那样，要人们自己纠正对于将来偏好的预测错误，显然，对于他们来说，这是不容易做到的。有关幸福生活的教育，并不存在简单的学习过程，因此，在什么程度上，这种政策能够发挥作用也就不清楚了。如果建议的政策干涉了人们的自主决策权，那么由此就会引发一系列的问题。许多人可能会同意这样的建议，即应当禁止针对儿童的广告（Layard 2005）。与此同时，可能又会有许多人提出相反的建议，认为应当反对更多的政府干预，并将这种反对作为增进幸福政策的一部分（参见 13.4 部分）。

13.3.2　更多的闲暇时间

发达国家往往会呈现一个显著的特征，就是就业者和失业者之间存在强烈的不平等。在欧盟，大约 10% 的劳动力处于失业状态；在德国东部，这一数字接近 20%，在一些地区，失业率甚至高达 30% 以上。对于大多数失业者来说，他们还是喜欢工作的。因此，正如第 4 章分析的那样，当人们失去工作时，他们的生活满意度就会遭受非常大的损失，甚至他们的收入损失得到补偿时，结果也依然如此。与此类似，在退休人员中，其中很大一部分人，他们也希望用一些方式继续工作，但是由于退休制度的原因，他们只能被迫停止工作。这种情况在公共部门中表现得特别明显，主要原因在于它们僵硬的雇佣规则。另外，大量的受雇人员希望每周和每年工作较少的时间，即使需要放弃一部分收入，他们也愿意如此（Sousa Posa 2002）。人们往往必须得到一份全日制工作，这种全日制是一种狭义描述的工作时间。因为这些工作时间的限制，限制了人们的选择，并且是一种强烈的限制，由此，人们就不能实现最优工作时间安排（Di Tella and MacCulloch 2005）。许多雇员都感受到了长期的工作过度、紧张和疲倦。这种情况也是美国雇员最真实的写照（Schor 1991）。因此，在工作时间方面，只需增加人们选择的弹性，很可能就会增加生活满意度。可以实现这种选择弹性的一种方式，就是提供大量的非全日制工作。然而，实施如此做法存在着一些障碍，其中最主要的障碍包括两个方面，也就是现行的税收和社会保障制度。对于兼职工人和全职工人来说，如果两者的社会保障和雇佣负担完全相同，那么实际上这种负担的许多，就被强加到兼职工人身上了。结果，公司和工人都发现，部分雇佣是不划算的。

如果工作时间可以得到更好的配置，那么人们生活满意度就肯定会增加，然而，这并不是一个容易实现的目标。虽然有些人过度工作，与此同时，有些人正在寻找工作或希望得到更多的工作，但是我们不可能用一种机械的方式，在上述两种人之间，进行工作的简单再分配。很大程度上，工作时间的最优配置，依赖于工资率的变化，依赖于设法减少工作者的许多不同意图，它们如何很好地与正在寻找工作者的意图进行协调（这种问题被称为"同步问题"（matching problem））。除此之外，过度工作者工作时间的减少，不应当引起劳动生产率的增加，否则，这种增加不可能给失业者提供额外的工作。

13.3.3 借助通货膨胀减少失业

在幸福研究得出的所有结论中，最确定的、也是最一致的结论之一，就是失业对幸福造成的灾难性影响。通货膨胀率增加 1% 所减少的幸福，它要少于失业增加 1% 所减少的幸福。这里的问题是，平均说来，一个国家必须增加多少通货膨胀，才能达到失业减少 1 个百分点的效果。前面介绍过迪特利亚等人（Di Tella et al. 2001）的研究，他们运用源自欧洲晴雨表的数据，回答了这个问题。迪特利亚等人认为，在有关范围内，可以假设自陈的生活满意度依赖于两个经济因素，并且假设它们之间的关系是线性的。在他们的估计中，他们控制了国家固定影响、年份影响和具体国家时间趋势。计算的结果表明，失业率每上升 1 个百分点，可以得到通货膨胀率下降 1.7 个百分点的补偿。例如，如果失业率上升 5 个百分点（比方说，从 3% 上升到 8%），通货膨胀率就必须下降 8.5 个百分点（比方说，从 10% 下降到 1.5%），如此，人们才能保持同等的生活满意度。所谓的痛苦指数，它仅仅是简单地将失业率和通货膨胀率二者相加，这种做法是存在问题的。相对于通货膨胀对自陈幸福感的影响来说，由于该指数分配给失业影响的权重太小，结果它就扭曲了幸福变化的真实图景。

依据这种宏观经济政策发起人的观点（Di Tella and MacCulloch 2006），当失业率减少 5% 时，只要通货膨胀率的增加低于 8.5%，这时，减少失业的努力就可以增加人们的主观幸福感。不过如此方法正在引起一些误导，因为这种方法表明，经济政策的制定者可以自由地选择，也就是在任何水平上，他们都可以进行失业和通货膨胀之间的替代。这种不受限制的选择是不可能存在的，因为当替代发生转变时，预期的通货膨胀也会变化。除此之外，这种方法要取得效果，还要求如此政策能够精确地操控政策工具，而这本身也是不可能的，特别是在一个小的、开放型的经济体之中。

13.3.4 其他政策

上面所讨论的政策肯定不是唯一的政策。本书在讨论微观和宏观经济计

量幸福函数时，确定了很多影响幸福的因素。原则上，所有系统性影响幸福
的因素，就像本书讨论确定的那些因素，它们都可以成为政府政策干预的候
选对象。如果一个因素对人们的幸福感有着积极的影响，那么政府就应运用
政策发挥这种因素的作用；反之，如果一个因素对人们的幸福感有着消极的
影响，那么政府就应运用政策限制这种因素的作用。下面，我们可以通过一
些例子，对此加以具体的说明。

　　* 婚姻极大地增进了幸福，反之，分居和离婚也极大地减少了幸福，
这点正如第 8 章所表明的那样。因此，一个支持家庭价值的政策，常常可以
增加生活满意度。

　　* 遏制电视中的广告，或者运用其他方式限制电视的内容，这些或许
是增加幸福的好方法，因为它可以减少人们进行不现实的比较，电视是引起
这种不现实比较的典型媒体（同前面第 9 章指出的一样；Layard 2005）。如
果没有电视，我们不会如此频繁地面对这样的人，也就是那些更加富有的、
更美丽的、更成功的、更"酷"的人，因此我们也就会更满足我们拥有的
一切。

　　* 环境恶化对人们的幸福也产生了消极的影响。因此，一个维护和改
善环境状况的政策，也可以增加人们的主观幸福感。

　　* 可以减少对于人口流动性的强调，因为人口流动可以结束重要的社
会往来关系，所以也常常减少人们的幸福。与此相反，应该大力培育人们的
信赖度和忠诚度（Layard 2005；Osterloh et al. 2001，2002；Frey and Osterloh
2002）。

　　* 恐怖主义和犯罪降低了生活满意度，这点就如我们提出的一样，也
如第 12 章实证研究证明的那样。因此，为了让人们生活得更加幸福，遏制
恐怖主义活动是非常重要的。然而，不同的反恐怖主义政策，它们会对人们
的福利产生极其不同的影响。如果采取一种高压的反恐怖主义政策，也就是
建立在威慑（换言之，杀死或监禁恐怖主义者）基础之上的反恐政策，那
么它会对一个国家自己的国民产生许多消极的影响。特别是，他们的人权会
被大幅缩减，旅行会变得更加危险。与此相反，一种积极的反恐怖主义政

策，它应该设法让恐怖主义者回归到公民社会（Frey 2004）。这种政策不仅更为有效，而且副作用也相应较少。我们也可以期待它能够产生较高的回报，这种较高的回报就是人们生活满意度的增加。

13.4　政府应当承担国民幸福指数最大化的责任吗?

这一部分探讨这样一个问题，政府是否应当承担起一种责任，实现一个总体的或国民幸福指数最大化。

13.4.1　国民幸福的概念

衡量一国总体经济活动的标准指标——国民生产总值（GNP），它是一个很好的指标，也是一个被国际组织广泛推行的指标，例如，经济合作与发展组织或联合国。不过，从福利的观点来看，众所周知，运用 GNP 测量总体经济活动，存在着许多缺陷。以下就是五个最重要的缺陷：

＊有关消费的内边际（intra-marginal）① 单位的消费者剩余被忽视。

＊因为考虑到分配的问题，所以我们不可能运用个人消费水平加总的方法，进而得到整体经济福利。

＊没有经过市场交换的社会服务被忽视了，例如，私人家庭没有支付费用，但是却享受了服务（一个主要例外是政府活动，政府活动的规模是由成本来测量的）。

＊影子市场活动（换言之，增加价值的生产活动是在国民经济核算体系之外）被忽视了（这种情况特别适用于非法交易，例如毒品买卖）。

＊一些活动虽说具有生产性，但是这些活动却是"令人遗憾"的，因此它们也减少了人们的福利，例如，发生的道路交通事故，它所引起的灾害性活动。

正是因为 GNP 指标存在上述缺陷，所以该指标也就难以成为一个衡量

---

① 对于"内边际"，国内也有学者将其译作"超边际"——译者注。

人们幸福的合适指标。然而，作为一种测量福利的方法，它经常运用在学术论文或专著之中，也经常运用在流行讨论之中。

一些幸福研究的局外人，包括发展经济学家和"后自闭症经济学家"（postautistic economics①）（Bakshi 2004），他们提出了"国民幸福总值"（gross national happiness，GNH）指标，尝试抵制正统的 GNP 指标。在喜马拉雅王国不丹，这种方法已经得到强烈的支持。国民幸福总值试图依据"总体"（holistic）的术语描述繁荣，试图确定实际的幸福，而不是消费。运用营养质量、住房、教育、医疗保健和社区生活测量"基本幸福"（basic happiness）。国民幸福总值的一个主要的缺陷，也是一个现实的问题，就是在该指标应当如何构造和如何测量方面，学者还没有完全达成共识（Ura and Gatay 2004）。

最近，在幸福研究方面②的一些重要学者，他们也提出一个可供选择的指标——"国民幸福指数"（national happiness indicator，NHI）。为了全面反映一个国家人们的总体幸福感，该指标相应地也包括了一整套的指标，而一国人们的总体幸福感，可以依据主观幸福感进行测量，这种测量在第 2 章中已经讨论过。

卡尼曼等人（Kahneman 2004a，p. 433）提出："公共政策目标不是追求测量的 GNP 最大化，如此，一种较好的幸福感测量方法可能有助于告诉我们政策做什么"，他建议："测量国民幸福感，要考虑到分配给各种活动的时间，并借助于与这些活动相联系的主观体验。"如此测量就涵盖了人们

---

① 所谓"后自闭经济学"（post-autistic economics）的说法源自法国。2000 年，巴黎高等师范经济系部分师生，通过网络提出了一项学术诉求，认为当代经济学已成为一种自闭的学术，学者们只是在搞一些言不及义、不问世事的抽象数学游戏。因而，这些师生主张经济学一定要打破自闭，重建经济学作为一门社会科学的广度与深度，恢复经济学与真实世界的联系。2001 年后，英国剑桥大学 27 位经济学博士生，响应法国同行的诉求，发起一项称为"开放经济学"的抗议。到 2003 年，美国哈佛经济系学生也提出了类似的诉求，希望经济学教科书包含更广阔的视野，他们当时在校园静坐示威，高举"我们要'后自闭经济学'"——他们称其所学为"自闭经济学"（autistic economics）。2002 年，当代美国非主流经济学家黛德瑞·麦克科隆斯基（Deirdre McCloskey）写了一本小书《经济学的秘密之罪》可以替"后自闭经济学"做注脚。黛德瑞原为男性，后来变为女性，他最初是芝加哥大学经济学教授，因为对主流经济学不满而辞职。他在该书里细数了经济学自闭之失，例如，搞不切实际的数学模型游戏，不问该问的问题，对经济学的亚当·斯密及凯恩斯经典缺乏兴趣，对重要的现实问题产生惰性的麻痹等。因此，"后自闭经济学"代表了经济学术界的反思——译者注。
② 参见 Diener 2000；Di Tella et al. 2001；Kahneman et al. 2004a；Diener and Seligman 2004；Di Tella et al. MacCulloch 2005。

的情感幸福感（affective well-being）。卡尼曼等人预期，这样的国民幸福指数具有三个潜在的作用：

* 随着时间的推移，在一个国家，能够确定幸福感的变化，特别是在给定的情况下，能够确定情感方面变化的作用。

* 同样能够确定幸福感差异，这些差异存在于不同群体的人之间——例如，在高收入和低收入群体之间。

* 可以确定和分解不同国家之间的幸福感差异。

迪纳和塞利格曼（Diener and Seligman 2004）也开始批评经济指标，他们认为这些指标所反映的内容，它们仅仅部分与人们的幸福有关。作为经济指标的替代，他们提出了一个"国民幸福感指标体系"（national system of well-being indicators）。这个体系应该远远超过了目前测量生活满意度的体系（例如，欧洲晴雨表和世界价值观调查）。它构成了"一个最大规模的测量，包括抽取某些样本子集的体验，在人们生活的主要领域，例如，工作和健康，同样，较低程度的信任、紧张、生活意义以及幸福感的其他构成部分，对于这些领域中人们幸福和不幸福的变化，这种测量将是敏感的"（同上，p. 21）。依据迪纳和塞利格曼的观点，幸福感包括了积极的情绪和心情（"愉快的生活"）、幸福关系（"美好的生活"）、生活的意义（"有意义的生活"）。二人期待，这套国民幸福指标能够为一些重要的问题提供答案，以确保相关问题能够被公民注意，并得到政策制定者的解决。这些问题包括："经济增长如何影响幸福感？政府如何影响幸福感？什么可以使工作让人感到愉快和有趣？"（同上，p. 22）。

上述观点的支持者非常清楚地意识到，建立新的国民幸福指标需要耗费巨大的资源，因而肯定不是一件轻而易举之事。然而，同时他们也认为，这种做法所得的收益，将能保证支付得起如此巨大的成本。

13.4.2　追求国民幸福指数最大化的优点

在经济政策方面，一个明显的诱惑是把幸福函数看做是相当不错的——或者说至少目前是最好的——社会福利函数的近似，然后，运用经济政策实现这些函数的最大化。依据这种观点，如此派生出来的幸福决定因素的最佳值，它应当成为经济政策实现的目标。将社会福利最大化作为经济政策的最终目标，这是经济学的一个古老梦想，这个梦想最早可以追溯到边沁和埃奇沃思（Bentham 1789；Edgeworth 1881），后由丁伯根和泰尔（Tinbergen 1956；Theil 1964）引入现代经济学之中。这个梦想长期与一种努力密切相关，也就是努力将经济学打造成一门自然科学，甚至可以比得上物理学。为了与这种观点相符，埃奇沃思特意将自己 1881 年的一本著作，命名为《数学心理学》（*Mathematical Psychics*）。然而，这种方法存在着一个主要缺点，也就是社会福利最大化的函数，它不能得到经验性验证。如此看来，运用经济政策实现社会福利最大化，这种定量理论也需要进行填充（截至目前，经验上还是空白）。2001 年，迪特利亚、麦卡洛克和奥斯瓦尔德（Di Tella, MacCulloch, and Oswald 2001）公开发表了一篇论文，这篇论文具有相当大的学术影响，论文所持观点如下：

现代宏观经济学教科书，它是构筑在一个社会福利函数假设的基础之上的，这个函数定义通货膨胀为 π，失业为 U。根据我们的知识，对于如此函数 $W(\pi, U)$，在文献中根本就没有正式证据证明，它曾经存在过……除非知道假设函数 $W(\pi, U)$ 的参数，否则，不可能选择一个优化的政策规则，尽管如此，在宏观经济学中，它并没有阻止理论文献的大量增长（p. 2）。

政府运用各种政策手段，追求国民幸福指数（NHI）最大化，可以认为有其合理性，原因在于以下几个方面：

＊国民幸福指数包括很多方面，但是最为重要的是，它包括了人们福利的非物质（non-material）因素，例如，社会关系、自主和自我决定对主观幸福感的影响。在一个非常重要的方面，它超过了现存 GNP 指标的范围，例如，由诺德豪斯和托宾（Nordhaus and Tobin 1972）设计的"经济福利测量"（measure of economic welfare）；由佐洛塔斯（Zolotas 1981）提出的"经济方面福利"（economic aspects of welfare）；由戴利和科布（Daly and Cobb 1989）发明的"可持续经济福利指数"（index of sustainable economic

welfare)。所有这些指数都有一个共同点，力图将下列资源的使用看作损失
——对于阻止犯罪和修复受损①使用的所有资源。

* 国民幸福指数特别关注结果（outcome）的构成方面，这些结果的构
成通过测量产量已经包括在 GNP 之中。特别是这个指数包括了政府活动的
巨大区域（在 GNP 核算中，政府的活动通过耗费的物质和劳动成本测量）。
这个指数也直接与（公共）健康和教育支出有关。"社会指标"——例如，
"社会进步指数"（index of social progress）（Estes 1988）——主要测量产量
方面，例如医院病床和医生数量、教室和教师数量。

* 国民幸福指数特别关注主观（subjectively）评估的结果。与关注主
观结果相反，能力方法（capabilities approach）（这种方法已经导致世界银
行的"人类发展指数"（human development index）② 产生）关注可观察的能
力和功能（Sen 1985，1992，1999；Nussbaum 1999，2000；Anand，Hunter，
and Smith 2005；Comim 2005）。

* 国民幸福指数为政府提供了一个全新的视野（a new vision）——特
别是这种新视野超越了 GNP 短浅的目光，特别是这种新视野成为了一种非
常重要的信号——政府是否真正关心人民生活幸福。

* 国民幸福指数还提供了这样一种可能性，也就是公民将依据个人幸
福标准，评价政府的总体表现。

* 国民幸福指数具有民主性（democratic），这点特别重要，从一个非
常具体的意义上说，它分配给了每个人同样的权重。与此相反，在 GNP 指
标中，评价产品价值的有关价格，它是由购买力决定的，而购买力又是由市
场参与者的收入和财富决定的。因此，对于那些没有收入可供花费的人来
说，他们的偏好往往也就被忽视了。

通过使用国民幸福指数，实现社会福利最大化，对此，除了赞成的观点
之外，也有学者拒绝接受这种方法，下面就来分析他们提出的一些反对

---

① 有关更加全面的、各种经验福利的测量方法，参见 Michalos 2005。
② "人类发展指数"（human development index，HDI）是由联合国开发计划署（UNDP）在
《1990 年人文发展报告》中提出的，它由三个指标构成：预期寿命、成人识字率和人均 GDP 的对
数。它是用来衡量联合国成员经济社会发展水平的指标——译者注。

理由。

13.4.3　福利经济学对社会福利函数最大化的反对

　　长期以来，古典福利经济学[①]提出的一些基本论点，就是反对使用社会总福利的概念，而宁愿使用个人福利的概念。反对使用社会总福利概念的理由有两种，这两种理由不仅是高度重要的，而且也是部分相关的（Sen 1970）。

　　1. 不可能理论

　　自从阿罗（Arrow 1951）提出不可能理论以后，人们已经广泛接受了这样一种观点，即除非存在一个独裁政府，否则，在一个看似"合理"的条件下，不存在这样的社会福利函数，这种函数能够排列出普遍的、一致的结果。这个结论来自不可能定理假设，这种假设催生出了大量的相关文献（它们归属于"社会选择"术语分类的文献），当假设被修改时，这些文献分析了这种不可能结论的稳健性。在定理提出之后，学者对定理的证明表明，在公理性结构方面几乎所有的变化，都没有改变针对独裁政府的结论。据此，（例如，参见 Sen 1970，1995；Slesnick 1998）学者已经得出结论"对于人们自己认为的一个伦理上满意的基数化，我们运用经验观察的方法，是没有办法观察到的，更不用说一个伦理上满意的社会福利顺序"（Hammond 1991，pp. 220-221）。这个结论也适用于将幸福函数作为社会福利函数，其中存在的一个主要问题是，幸福函数是否能够真正代表社会福利函数。

　　2. 基数和人际间比较

　　古典微观经济学是牢固地扎根于序数主义革命土壤之中的，在经济学上发生的这场革命，理所当然地认为，测量个人福利只能运用序数而不是基数的方式，人际间的效用比较没有任何意义。即使可以完美地测量个人福利，但是由于公共政策目标的原因，在判断社会福利方面存在的基本哲学问题，

---

　　① Robbins（1932），Hicks and Allen（1934）对此产生过决定性影响。

也是不可避免的。例如，那些可以品出更精致味道的人，他们能够识别出质
量上的微小差异，但是在社会选择方面，应当给予他们更大的权重吗?① 非
常有趣的是，心理学家（他们通常要求非常严格的测量）看来更满足于指
标的比较，也就是在不同的人之间，进行个人情感和效用指标的比较
（Kahneman et al. 2004a）。已经积累的证据表明，在实践的层面上，而不是
在理论的层面上，基数和人际间比较两者可能都不是问题（Ng 1996；
Kahneman 1999）。对于满意分数的序数和基数处理，已经能让我们得出结
论，在数量上，这种结论非常近似于微观经济学幸福函数所得结论（就如
第 2 章分析得到的）。这个结论也与收入估计方法得到的结论相一致，在一
定的自由设置范围内，这种方法注重将言辞估计转换成数值数据（van Praag
1991）。一系列言辞符号的含义，与样本中所有人使用的大致相同，因为基
本的间距是大约相等的，所以言辞等级的使用也是有效的。

13.4.4　幸福研究对国民幸福指数最大化的反对

在幸福研究领域内，如果考虑将国民幸福指数作为公共政策目标，那么
就会出现与此相关的两个问题。

1. 幸福是人们的最终目标吗?

正如第 1 章讨论的那样，实现幸福（用幸福各种各样的形式表现）或
许不是人们的最终目标。其他目标可能是人们的最终目标，例如，忠诚、
责任感、自尊、自由或个人发展。就像第 10 章提出的那样，程序方面也
是重要的。社会福利测量或是排除了如此方面，或是没有对它们保持足够
的注意（Lane 2000；Kimball and Willis 2005）。幸福是否是人们的最终目
标，或者它是否是仅仅几个目标中的一个，这些问题构成了哲学中讨论的
一个问题，而且对于这个问题的讨论是深刻和热烈的。但是，无论如何，
国民幸福指数最大化不是公共政策的最终目标，起码不是一个显而易见的
最终目标。

---

① 参见 Stigler 1950。有关最近广泛的讨论，参见 Kimball and Willis 2005。

2. 短期影响与可持续幸福

幸福研究的核心成果之一，就是生活状况对于自陈的生活满意度会产生影响，并且会产生许多的影响，但是这些影响是短暂的（Kahneman and Krueger 2006，pp. 14-15）。一个极端和著名的例子，就是瘫痪者幸福感的变化：在经历了一场事故之后，瘫痪者体验到一个非常低的主观幸福感，但是，在长期，他们自陈的幸福感只比事故发生前略低一点（Brickman，Coates，and Janoff-Bulman 1978）。一项基于纵向数据的最新研究发现，当一个人遭遇中等残疾时，他的平均生活满意度也下降了，但是，在两年后，他的生活满意度就完全恢复到残疾前的水平。仅仅在一个严重残疾的例子中，残疾者生活满意度的恢复是不完全的（Oswald and Powdthavee 2006）。就如第8章所揭示的那样，在临近结婚的时期，人们的平均幸福水平显著增加，但是，在婚姻持续的期间，幸福水平出现了显著的下降，它会一直降到仅仅只略微高于婚前的水平（具体变化可参见第8章图8—1）。就经济学来说，最重要的是第3章强调的享乐或"愿望水车"（aspiration treadmill）[1] 效应，这个效应被用来解释伊斯特林悖论（Easterlin 1974，1995，2001）：人们对于收入增加适应得相当快，收入增加产生的收益，在大约一年的时间后，其中的2/3或更多是会逐渐消失的。

愿望水车对社会福利最大化存在多大的影响，依赖于两个方面：

一是依赖于愿望水车被如何对待。下面的做法很可能会引起争论，也就是对于那些非常快就适应了较高收入的人，应当征收重税，因为他们的效用几乎没有增加，或仅仅只是短暂地增加；与此相反，对于收入增加而效用永久增加的人，则应当征收轻税。然而，这里存在的问题是，微小和短暂的效用增加能够证明此种做法正确吗？并且，如果纳税人预见到如此税收上的不利后果，难道不会做出相应的反应，故意自陈较高的永久幸福水平吗？这里，或许适应的全部问题被忽视了，这些问题的产生，可以归咎于分析时假设就根本没有适应。

---

① 对于 aspiration treadmill，也有译作"原地踏步的追求"——译者注。

二是依赖于记忆效用。一旦收入增加的影响得到充分理解，另外一种可能就依赖于人们曾经记忆的效用。众所周知，由于过程忽略的原因，一个人对于过去的记忆存在着严重的偏见。①

在此，我们可以做出的肯定结论是，建立在国民幸福指数基础之上的社会福利最大化方法，它没有讨论上面提到的可持续幸福方面。作为影响社会福利要素的适应和愿望，它们的作用必须在一个更重要的层面上，加以讨论和决定。我们需要一种决策机制，以此表明适应效应（以及相似效应）是如何得到考虑的。

13.4.5　政治经济对社会福利函数最大化的反对

社会福利函数最大化的方法，它忽视了现有的政治制度和过程，并且千方百计地要替代这些政治制度和过程。这就是所谓的"仁慈的独裁者"的观点，这是一种极其危险的观点，在宪政经济学中已经遭到唾弃（Buchanan and Tullock 1962；Frey 1983；Brennan and Buchanan 1985；Mueller 1996，1997；Vanberg 2005）。宪政经济学的基本思想是，在一个宪法设计的民主社会中，规则和制度允许公民自由地表达自己的偏好，并且为政客们（政府）提供激励，以实现人们的偏好。社会福利函数最大化不适用于这个过程。即使政府注意到了人们的偏好，它们也没有提供任何激励，以满足人们的偏好。社会福利最大化的方法，它是建立在经验估计的幸福函数的基础之上的，它忽视了作为民主基础的制度。公民变成了一个个"计量站"。对于公民和政客们之间的相互影响，对于成立组织团体反映自己的利益诉求，以及与此相伴的信息和学习过程（Bohnet and Frey 1994），诸如此类的全部都被忽视了。

13.4.6　引起激励扭曲

直到目前为止，分析一直在做这样的假设，运用经验估计的幸福函数，

---

①　依据过程忽略概念，随着时间的推移，事件的回忆评估对于变化极其不敏感，这种回忆由高峰和结束时刻的感觉决定，这就是所谓的"峰—终规则"（peak/end rule）（Kahneman et al. 1993；Schreiber and Kahneman 2000）。

可以反映社会总福利，而在利用这种函数制定决策时，不会影响幸福的测量。这种假设必会受到质疑。实际上，幸福函数的政治作用，肯定会在政府和人们之间引发策略互动行为。对此，我们应当考虑这种互动行为引起的两种扭曲。

（1）操纵

一旦幸福函数变得具有政治意义，那么政府、公共官僚机构和利益集团，它们就有动机去操纵它。事实证明也的确如此，这种操纵不仅是对于GNP指标来说，而且对于其他经济指标也是如此，只要这些经济指标成为政府声称的目标。自从失业率成为具有政治重要性的指标后，政府就开始极力操纵它，以便让人联想起劳动市场形势较好的图景，而这种图景常常是言过其实的。例如，对于已经失业很长时间的人，他们就被定义为不再属于劳动力，如此，他们也就不再对官方失业率的增加产生任何影响了。还有一个例子可以说明这点，这个例子是众所周知的。依据欧洲货币联盟规则的要求，每个国家预算赤字不得超过GDP的3%，公共债务不得超过GDP的60%。对此，预算赤字的测量在很大程度上就会受到一些欧洲国家的操纵，许多欧盟成员国（最明显的是希腊和意大利）借助"创造性的计算"（creative accounting）（Jameson 1988）来满足这些要求，实际上，它们的经济现实明显违背了这些要求（Brück and Stephan 2006；von Hagen and Wolff 2006；Forte 2001）。结果，这些指标受到的扭曲是如此之大，以至于一些观察员认为，"计划加入欧洲货币联盟（EMU）成员国的决定因素，看来似乎依赖于广泛地使用公共部门创造性的会计方法"（Dafflon and Rossi 1999，pp. 59～60）。还有（极少）例子表明，如果政府不能操纵一个具体指标，来满足自己的利益，它就有动机创造一些新的指标。毫无疑问，这种情况也完全可能出现在增进幸福的例子中。正如第2章指出的那样，指标的变化可以决定个人幸福感的变化。政府和压力集团会选择对它们各自最有益的指标，甚至会创造出一些新的指标来满足自己的需要。

（2）虚假陈述

第二种激励扭曲也是一种系统性扭曲，它来自幸福调查中被调查者的反应。如果人们意识到，他们知晓自陈的幸福水平，会影响到政客们的作秀时，他们就会陈述虚假的幸福水平，也就是说人们通常也会努力地"玩弄制度"（play the system）。

上面讨论的两种系统性扭曲，它们反映了一种基本现象，这种现象甚至在自然科学中也会存在。海森堡测不准原理（heisenberg uncertainty principle）表明，对一种制度的观察会从根本上扰乱这种观察。在社会科学中，观察和公开报告两者可以改变有关被观察者的行为。这种反应类似于宏观经济学中的古德哈特定律（Goodhart's law）和卢卡斯批判（Lucas critique）。[1] 古德哈特定律（1975）表明，任何观测到的统计关系——诸如幸福函数——一旦出于控制的目的，想利用这种关系，这种关系往往就不存在了。卢卡斯批判涉及更加具体的计量经济学模型：政府不同的决策行为会影响人们的预期，这种预期又会改变理性预期模型中的行为。

13.4.7　如何运用幸福研究制定政策

前面的讨论一直千方百计地说明，运用测量幸福得到的社会福利函数，并促使其最大化的方法，是一种值得怀疑的方法，其理由如下：

＊基数和人际间的比较问题不能完全解决。

＊政府不是由纯粹仁慈的政治家组成的，他们并非一心想着让人们尽可能地幸福；政客的个人利益也是重要的。

＊民主政府的一些基本要素遭到了忽视：政府的职责不单单是记录公民自陈的主观幸福感。

＊政府具有一种激励，操纵幸福指标或创造新的指标，以便适应自己的目标。同样，人们也存在激励，通过有策略地虚假陈述他们的幸福水平，影响政府的政策，使其符合自己的利益。

当然，这些主张并不意味着如此，即比起追求社会福利最大化来，追求 GNP 最大化就更加可取。恰恰相反，学者们的建议是，幸福研究所提供的

---

[1]　参见 Chrystal and Mizen 2003。

见解，它们可以在不同的方面加以运用。

基本社会制度可以形成对政策制定者的激励。一旦这些基本制度确定下来，相应的激励也就确定了，如此，人们要想再影响现行的政治经济进程，也就不大可能了。这是宪政经济学的一个基本启示。因此，经济政策必须有助于建立有关基本制度，让这些制度能够最好地实现人们的偏好。宪政经济学所做的研究，可以帮助我们确定这些制度，可以为实现这一目标服务。幸福研究为我们提供了一些富有创见的洞察力，让我们知道制度如何系统性地影响人们的幸福感，在什么程度上影响人们的幸福感。从幸福研究中获得的结论，应当作为一种特别重要的输入（inputs），纳入政治过程的考虑之中。这些输入必须在政治权力的竞争中证明自己，必须在公民之间的讨论中证明自己，必须在公民和政客们之间的讨论中证明自己。这种见解完全不同于前面的一种方法，也就是努力使社会福利函数最大化的方法。

幸福研究已经得出了许多全新见解，这些见解都可以纳入政治讨论的过程之中。就像下一章将要提出的那样，运用微观计量经济学方法，对于瑞士的幸福函数所做的估计，其结论与实际情况是相符的。这些结论表明，直接民主的制度，诸如民众倡议、公民投票和联邦制，它们都增加了人们的生活满意度。在直接民主和联邦制的国家，人们体验到了一个较高水平的自主——一个影响幸福的重要方面（Ryan and Deci 2001）。

13.4.8 结论

这一章的主题是证明，对于公共政策来说，幸福研究已经成为一种最为有用的研究，并且这种研究能够帮助我们增进社会福利。尽管如此，恰当的做法不是直接地促使总体社会福利达到最大。幸福研究提供的一些见解，应当更多的是作为一种输入，纳入政治运行过程之中（inputs into the political process），这一点非常重要。在这个良性的政治过程中，对于各种各样观点和结论的商议起着主要作用。公民对于有关自己生活的见解，可以自主选择——哪一个见解或许是自己想考虑的。如此，国家家长制主义（state paternalism）的危险消除了，人们获得了机会自己做出决定——采用什么方式来增加他们的幸福感。

13.5 应当增加税收减少位置外部性吗？

这部分讨论一项具有实际操作性的建议，这项建议来自经济幸福研究的主要结论之一，也就是人们不是评价他们收入的绝对水平，而是常常将自己的收入与其他人进行比较。因此，人们为了获得更高的收入，更多的消费，往往就会引发社会福利竞赛，这种竞赛的结果就是，没有人比以前过得更好。

13.5.1 税收建议

位置外部性（positional externalities）的含义为，某人身份的提高，会降低其他人的效用。一些经济学家，尤其是莱亚德和罗伯特·弗兰克（Layard 2005，2006；Robert Frank 1999），对于社会身份的零和博弈性质，印象极为深刻。当一个人的身份提高时，其他人的身份就相应下降了，注意是身份的相对（relative）下降。结果，作为一个整体的群体或社会来说，因此并没有变得更好。当身份通过收入来表现时，作为薪水增加的结果，某人生活感到更幸福了，但是从相对的角度看，其他人的收入就自动下降了。如果人们不是看重绝对收入，而是仅仅重视相对位置，那么一个较高的收入水平就不能增加整体幸福感。同样的道理发生在具体的产品和服务之中，对于某人在社会中的位置而言，这些产品和服务是重要的。如果某人拥有这种重要的产品（例如，一辆豪华的运动跑车），那么对于其他不拥有如此产品的人来说，他就施加了一个非常强的负外部影响给其他人，结果社会整体幸福保持不变（Frank 2003）。作为其结果，从社会的角度看，用于生产和销售如此产品的资源，就属一种纯粹的浪费，因为它们没有增加社会幸福感。因此，对于较高收入和位置产品的消费，征收高额的税收，以便阻止人们从事如此零和博弈的身份竞争，如此这般，显然社会是能从中获益的。

外部性可能由收入方面的差异引起，也可能由消费方面的差异引起。在极端的情况下，一个人由于身份上升获得的效用，会完全被其他人的效用损失所抵消。在这种例子中，存在一种为了提升位置而发生的"位置水车"（positional treadmill）效应，在这种效应中，任何一个人所付出的、相对于他人位置上升的努力，从社会整体角度看，这种努力不产生任何净收益。或许，甚至可能出现如此努力减少个人总福利的现象。在第3章讨论的有关幸福的研究，确实发现了这方面的经验证据，当其他人的平均收入增加时，收入没有增加的那些人，他们的幸福水平就下降了。还有一些令人信服的间接证据同样表明，消费特别是奢侈品消费，具有相同的外部性（Frank 1985a，1997，1999）。

依据标准的福利经济学，当一项活动（这里可以是收入或消费增加）给其他人强加了负的外部性时，征税就很容易得到批准。政府应当介入这种活动，消除收入或消费上的差距，正是这些差距减少了人们的福利。一些学者——特别是弗兰克和莱亚德（Frank 1999；Layard 2006）二人——已经提出就矫正位置外部性征收（高额）税收的建议。莱亚德的建议是直接建立在幸福函数结论的基础之上的，这种幸福函数是依据计量经济学估计出来的。在它最简单的公式中，一个人的幸福 $H(i)$，取决于他或她自己的收入 $Y(i)$，取决于其他人的平均收入 Y^*，取决于一大组 X 的其他社会人口统计、经济、文化和制度等决定因素：

$$H(i) = H(Y(i) - \alpha Y^*, X)$$

α 表示矫正位置外部性的最佳税收，运用计量经济学方法，可以估计出 α 的大小，因为这种估计已经在一些国家的一些时期做过。就美国的情况而言，布兰奇福劳和奥斯瓦尔德（Blanchflower and Oswald 2004b）使用综合社会调查数据，这些调查涉及的被调查者为 33 000 人，时间为 1972—1998 年间，研究发现的 α 大约为 0.3；鲁特莫（Luttmer 2005）使用全国家庭与家户调查（national survey of families and households）数据，调查涉及的人数为 10 000 位成年人，时间为 1987—1988 年和 1992—1994 年，估计的 α 介于 0.23 ~ 0.28 之间。就瑞士的情况而言，斯塔特勒（Stutzer 2004）使用瑞士贫困研究（Swiss poverty study）数据，这些数据覆盖了 1992—1994 年间的

6 000人，估计的结果是 α 大约为0.33，这一结果考虑到了一个间接影响，也就是被引诱的愿望上升的影响。尽管研究必须考虑到这种情况，现有税收或许具有一些减少位置外部性的作用，然而，建议的税收依然是非常高的。这一证据表明，一个具体人的地位上升，会对其他人幸福造成负面影响，对此必须引起人们极大的重视。

然而，矫正位置外部性税收思想也存在一些缺陷。

1. 税收的无效率

政府或许不能或不愿意依据高收入和高消费产生的位置外部性，对高收入者和高消费者征收矫正性税收。还可能出现这种情况，征收矫正税可能引起富人利用大量的机会逃避税收，比起中等和低收入阶层的人来，富人逃避税收的机会要多得多。如此这般，社会收入分配状况甚至可能变得更坏。除此之外，增加税收收入还可能增加政府官僚的浪费，也可能导致政客们将更多的钱用于减少福利的目的。[①]

2. 税收减少福利的作用

较高的税收会对经济造成扭曲。依据前面的建议，首先，较高的收入和消费税会对工作努力产生一种负面的激励，这种影响是众所周知的。因为这种税收内在化了身份外部性。提高税收很可能导致这样的结果，人们不仅会在正式经济中减少劳动供给，而且还会借助于引子经济来逃避税收（Schneider and Enste 2000，2002）。另外，骗税可能也会增加。税收在资源配置方面存在的扭曲，它会逐渐破坏身份外部性的内在化，甚至可能导致整体福利的下降。

以上刚刚描述的两个方面，已经在经济学文献中得到广泛论述，在此就不做进一步的讨论了。这里需要强调的是第三个方面，它表明了一个完全不同的问题。

3. 作为身份追求者的人

作为进化论的一个结果，人们的遗传基因里就有着追求位置差异的倾

---

① 有关公共选择的文献概述，参见 Mueller 1997，2003。

向。从人类开始的早期，提高身份的努力就已经得到继承（Henrich and Gil-White 2001），这种努力得到了进化人类学（Chapais 1991；de Waal 1989）和各种各样社会学理论（Bales 1953；Blau 1964；Stryker and Stratham 1985；Ridgeway and Walker 1995；de Botton 2004）很好的支持。在经济学中，弗兰克、莱亚德（Frank 1985a，1997；Layard 2005，2006）和其他学者①也强调了身份作用的重要性。

主张对位置外部性征税的学者，他们忽视了一种重要的替代行为，人们具有体现身份差异的欲望：当体现身份差异的一个出口被堵塞时，人们又会积极地追求其他方面的差异，体现自己与其他人的不同。即使运用收入和消费的矫正税，成功地消除了负的位置外部性，人们也会设法在其他方面与其他人区别开来。这里关键的问题是，位置外部性在其他方面是较弱还是较强。如果这种外部性是弱的，那么对人们收入和消费方面的差异征税，可能就具有正当理由。从另一方面来说，如果其他方面差异产生的负外部效应是强的，那么对人们收入和消费方面的差异征税，可能就是无效的，甚至是适得其反的。如果人们能够找到一种方法，运用这种方法，一个人排名的上升，只是略微地减少了那些排名较靠后的人的效用，那么建议运用矫正性税收来调节外部性，就会减少社会福利。

13.5.2 身份追求者的行为

人们常常运用富有创造力和想象力的方式，积极寻求新的差异方面。就如上面讨论的那样，当收入和消费方面的差异被高税收堵住后，人们又会从其他方面寻求替代，将自己与其他人区分开来。这些包括很多方面，这里列举最重要方面之中的几个：

1. 政治权力

有关政治位置排名的差异，很可能像人类一般的古老。社会上总是存在

---

① Hirsch 1976；Sen 1983；Bolton and Ockenfels 2000；Fehr and Schmidt 1999。有关工作身份更具体的分析，参见 Nicholson 1988；Loch，Huberman，and Stout 2000；Huberman，Loch，and Öncüler 2004。

"执政党"和"在野党",总是存在"强者"和"弱者"。

2. 奖励

一些人是通过被授予权力、头衔、奖章和其他差异的标志（Frey 2005，2006），获得体现身份的差异，而其他人则什么也没被授予。

3. 教育

接受到的教育越好，显然，拥有的身份也就越高。

4. 其他活动

人们通过从事经济学和政治学以外的活动，也可以寻求到差异。获得差异的重要方式是运动、艺术、学问、社会和志愿活动，或仅仅是一个所谓的"名人"。

（1）闲暇

弗兰克和莱亚德假设，当要么是收入，要么是消费被征税时，人们就会在闲暇方面花更多的时间。看到这种情况是令人感兴趣的：最近几个世纪以来，人们对工作和闲暇的评价已经发生了富有戏剧性的变化。在整个 18 世纪以及 19 世纪的许多时间里，上流社会的人，他们通过比下层社会的人享有多得多的闲暇时间，将自己与他们区别开来，下层社会的人必须工作非常长的时间。凡勃伦（Veblen 1899）因此将上流社会的人称为"有闲阶级"。今天，相反的观点看起来也是真的：过度工作被视作一种重要的、受欢迎的标志，反之，拥有空闲的时间却被认为近乎于失业。

（2）幸福

人们可能试图借助过上一种"美好的生活"，将自己与其他人区别开来。他们可能从事冥想或其他哲学的、宗教的、秘传方面的努力。最近，佛教和其他东方哲学已经流行开来，当然，也包括一个由宗教教团证明的长期基督教传统（Cistercians，Trappists，Carthusians et al.）的盛行。在前面提及的其他方面的差异中，与其中一些形成鲜明对照的是，沉浸于哲学和宗教之中的人，他们极少认为自己属于"较高等级"，但是他们肯定知道自己与其他人的区别。实际上，其他人常常愿意接受这种事实：过上"美好的生活"的人，他们的地位是较高的，而且他们对此极少表示任何怀疑。过上

"美好的生活"的人，他们所引起的位置外部性极少。

13.5.3　位置外部性的决定因素

对于收入和消费引起的位置外部性，当它们被矫正税成功地消除时，为了评估替代其他方面的福利后果，人们需要知道决定外部影响程度的因素，这些外部影响是由于各种各样的排名分类方面的原因而产生的。也有大量决定这些外部影响程度的因素存在。但是，出于探究的目的，我们只专注于两个因素就足够了：接受性和明显性。

1. 差异的接受性

在传统社会中，人们被灌输接受许多种类的位置差异，他们也学会了接受位置差异，这些差异包括经济、政治、社会的各个方面。这种态度得到宗教的不断强化，宗教声称，一个人应当保持他出生时的身份，这是上帝的意志。当人们看到没有办法改变这种位置分配时，他们发现接受这种位置分配是更好的。

认同现代市场社会的人①，他们往往会接受经济不均等，只要不均等的原因是由能力和努力工作的差异形成的。因此，高收入和高消费对其他人没有任何负的外部效应。从一定程度上讲，这种市场思维方式也成功地运用在了其他领域。例如，成功的运动员没有强加任何位置外部性给其他人，因为他们的排名被认为是由他们自身的努力带来的。与此相对照的是，对于政治位置和奖项（诸如特殊荣誉和奖章）来说，同样的市场思维却不认为，它们的位置外部性程度与成功的运动员相同，因为许多人会觉得，这些东西不是通过能力和努力得到的，而是通过非法的手段谋取的。

人们身份上的差异，使强烈主张社会平等者很愤慨，因为平等思想已经广为传扬，由于启蒙运动，由于法国（"平等"Égalité）和美国革命，由于表现为多种形式的社会主义。所有排名方面的差异都会产生负的外部性，但是这种道理最为适用的还是表现在收入、消费和政治权力等三个方面。

---

① 有关广泛的调查，参见 Lane 1991。

2. 差异的明显性

当身份差异明显时，它们更可能遭到人们的愤恨，产生位置外部性。凡勃伦（Veblen 1899）描述的"炫耀性消费"就是一个很好的例子。表现为无聊小报和流行电视台形式的现代媒体，它们往往也使差异变得更加明显，产生的位置外部性不仅涉及收入和消费，而且还包括政治权力，以及不太明显的身份差异，这种差异指的是从事学术、运动、艺术和社会活动的身份差异。

在一些传统和独裁的社会中，政客们尽量努力将自己的高消费秘而不宣。在一定程度上讲，偶尔出现这种情况或许是可能的。然而，在共产主义国家的权贵阶层（nomenklatura）的例子中，对于这个极为特殊的阶层来说，这种努力基本上不存在；一些人甚至相信，政客们的消费水平比在现实中所能看见的还要高。然而，在某种程度上说，这些体现消费方面的身份差异，它们是看不见的，并会继续保持隐藏的状态，从而也就没有人被强加位置外部性。

3. 结合差异的接受性和明显性分析

身份差异的接受性和明显性两者相互影响，必须结合起来加以考虑。当位置外部性的可接受性低，同时它们的明显性高时，就会产生最为强烈的位置外部性。该道理适用于这种社会，例如，一个现代开放的社会，这种社会非常注重平等，当位置差异被接受和隐藏时，这时产生的位置外部性最弱；该道理也适用于这种社会，例如，一个独裁政权统治下的传统社会。关于高可接受性和强明显性组合，或低可接受性和弱明显性组合，由于两者存在相反的作用，因此位置外部性的程度也就不能肯定了。

13.5.4 结论

现在我们可以回到最初讨论的问题上来了：对于收入和消费差异产生的位置外部性，应当征收（高额的）矫正性税收吗？

答案依赖两个著名的影响，一个是税收对工作激励的影响，一个是政府的接受能力和意愿的影响，这种影响关系到政府通过高税收，减少收入不平等。两个影响的关系为：税收引起的扭曲影响越大，政府的接受能力和意愿就越低，如此，借助税收干预经济就会引起更多的危害。

即使这两个影响都不成问题，反对对位置外部性征税的标准论据，它将依靠人们是否企图恢复他们拥有身份差异的愿望，这是一种存乎于心的、根深蒂固的愿望。如果征税后，人们在具有高位置外部性影响方面寻求替代，那么比起收入和消费产生的外部性来，由此产生的外部性甚至可能更大。有关政治位置的、有关奖项的、有关教育的、有关运动成就的、有关艺术成就的、有关学术成就的、有关闲暇的、有关幸福自身的位置外部性，它们也是重要的。如果人们将他们对身份的欲望转换到这些方面，那么对收入和消费方面引起的位置外部性征税，这种征税的标准论据就变弱了。另外，如果传统的收入税仅对工作激励产生很弱的影响，如果人们借助于低位置外部性方面寻求替代，那么就可以认为位置外部性税收是有效率的。

目前，幸福研究在经验方面所呈现的知识程度，还不允许我们对此问题作出断定，即对于收入差异引起的位置外部性，是否应当征税？除此之外，也不存在普遍性的答案，能够保证适用于所有的国家，适用于所有的时期。

到目前为止，已经讨论的各种政策方法都有一个共同的思路：这些方法都是建立在这样的思想基础之上的，即政府都像仁慈的独裁者那般行动。然而，下一章我们将提出，这种方法采用了一种政治经济运作过程的观点，它是一种极其错误的观点。作为替代，在设计制度的过程中，应当遵循宪政的方法，以便人们能够依照自己的方式追求幸福。假如能够很好地设计这些制度，那么在这些好的制度运作的过程中，它们带给消费者、公民、利益集团、组织、政府的结果，可让人们获得高水平的幸福。

第 *14* 章

幸福和政治制度

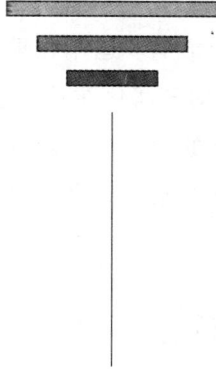

对于政策制定者的激励，来自于基本社会制度的设立。一旦这些基本制度落实到位，对于政策制定者的激励也就基本确立，此时，如果人们再想影响社会经济过程，几乎不大可能。这就是宪政经济学的基本思想。因此，经济政策必须有助于建立基本制度，以便人们能够实现他们心驰神往的幸福。在宪政经济学方面建设性的研究，可以帮助我们确定哪些制度能够实现这一目标，这些制度是否实际上影响幸福，并且这种影响是否具有系统性。

有两种基本制度影响人们的幸福，而且是非常显著的影响，它们就是直接民主和联邦制。本章 14.1 部分分析这样的问题，运用公众提议权和公民投票方式，公民的直接政治参与权是如何影响他们的幸福感的。这些权利远在公民的选举权之上，或者说极大地超越了公民的选举权，选举权仅限于人们选择在立法机关的代表。本章 14.2 部分关注的则是这样的问题，分散的政治单位，因而往往也是小的政治单位，它们对公民的幸福感有何影响。只有这些分散的单位——例如省、州或政治公社（political communes）——拥有大量的权力决定他们自己的事务时，它们才可能影响到结果。从这个理由来说，联邦分权要求次级单位一定要拥有税收权。

14.1　直接政治参与权

除了人口统计和经济因素以外，披着民主外衣的制度状况，它对个人幸福感也有着系统的、相当大的影响。运用在瑞士广泛调查基础上形成的数据，第 6 章的分析已经证明，对于居住在某一地区的人来说，他们的生活满意度随着该地区直接民主制度的发展而变化（有关全面的解释，参见 Frey and Stutzer 2000）。因此，一个重要的政策结论是，直接民主制度应当得到大力的推行。

14.1.1　直接民主决策及传播

关于什么是"直接民主"（direct democracy），对此，存在着很多不同的含义、概念和理解。我们这里的"直接民主"（参见，例如，Butler and Ranney 1994；Kriesi 2005）说法，有以下几个重要含义。

直接民主（更准确地说，是半直接民主）将决定问题的最终权力交给公民。然而，它不能替代立法机构、政府、法院，以及被称为代议制民主的所有特点。直接参与权的程度可能会变化，但是这种权利一定要包括修改宪法的权利，当然，在正常情形下，这种修改需要通过强制性的公民投票。在可选择的公民投票和提议权（允许公民把问题提上政治议程）可能发生之前，它们需要公民预先确定签名的数量。

从历史的角度看，民主的发展可以划分为三个阶段：

＊古典民主。这种民主最先是在雅典和其他希腊城邦开展的。参与权仅限于男性公民拥有，并且范围也只覆盖了一小部分区域。然而，今天，受

人尊敬的、依旧使用的民主原则之种，就是从这里萌发而来。

＊法国大革命。它扩充了民主的覆盖区域。实行代议制原则，使得在民族国家中引入间接政治参与权成为可能。

＊直接民主。这种民主赋予每个公民权利以决定某些问题，如此，它就结合了两种较早民主类型的特点。极端（古典）民主形式，也就是让公民决定每一个问题，决定所有问题。今天，无论在什么地方，这都是不切实际的。不过，就公民可以投票表决问题的数量而言，在不同国家之间的差异则非常大。

复决投票（referenda）是宪法赋予公民的一项重要权利。政府和立法机构受到以下权利约束：即使公民的观点与它们的观点相符，它们也不能自由地询问公民的观点。这就将复决投票与公民投票（plebiscites）区分开来，公民投票是就政府事先（ex post）已经做出的一项决定，由政府组织公民进行的投票表决。在公民投票中，公民未被要求决定一个问题，仅仅不过是对政府已经做出的决定，表示是否支持。复决投票也与现场观点调查有着很大的不同，观点调查不需要政府承担任何后果：政府的工作具有选择性，他们的工作可以依据调查的结果进行，也可以不考虑调查的结果。与此相反，在复决投票中，当公民已经做出一项决定时，宪法条文明确规定，政府必须制定相应的政策加以落实，并且是无条件的落实。

在 1990—2000 年间的世界各地，全国范围内进行的普通复决投票，总数不少于 405 次（Gross and Kaufmann 2002）。这其中，248 次发生在欧洲（而这其中又有一半，是在瑞士开展的），78 次在美国，37 次在非洲，26 次在亚洲，16 次在大洋洲。而在 1980—1990 年间，仅仅只进行过 129 次全国范围内的复决投票。在 2002 年 8 月之前，欧洲一体化问题引发了不少于 30 次的全国范围内的复决投票。有大量的普通复决投票是在地方政府管辖的范围内进行的，特别是在瑞士。那里，成千上万的复决投票，不仅是在联邦政府所管辖的范围内进行的，而且也是在地方、州所管辖的范围内进行的。

现今，在大多数民主国家中，不允许普通选民参与重要事项的决策。除了瑞士和列支敦士登两国之外，无论在什么地方，普通复决投票都没有作为一种有规律的、系统性的方式，在全国范围内加以广泛的使用。在美国，尽管有一些州（例如，加利福尼亚州和俄勒冈州），对于许多有关地方的一般决定，频繁地运用了复决投票，但是却没有联邦一级的复决投票。许多重要的决定，它们很可能影响一个国家几十年的命运，但是它们却都不受制于普通复决投票。一个鲜活的现实例子就是德国，在那里，对于有关兼并民主德国，对于赞成使用欧元而放弃德国马克，对于采用建议中的欧洲宪法等问题的概念和条件，公民没有任何话语权。对于拥有权力的政客来说，他们常常不会认真考虑直接民主决策，因为如果这样的话，他们的权力将会受到严重制约。

14.1.2　直接民主可以防止政客谋求卡特尔

1. 政客与选民

在政治制度约束范围内活动的人，他们拥有很大的激励，利用这种制度来满足自己的利益。虽说政客丝毫不比其他人更坏，但是他们同其他人一样也是利己的。他们千方百计地追求他们自己的利益，这些利益包括物质财富、认可、威望。

在一个民主国家，政客可以运用三个不同的、重要的手段，来剥削普罗大众，以牺牲公民利益为代价谋取租金：

＊政客们可能会故意采取这样的行动，也就是偏离公民偏好的行动。政治演员之所以会如此这般，是因为他们想要实现他们自己的思想意识形态，想要获得物质利益和非物质利益，当然，也可能是因为在他们作出决策时缺乏足够的信息。例如，在经济中，政客们喜欢干预价格制度的制定，而且这种干预是有计划的、直接的，因为假借干预规则之名，实际上，他们通常能够获得大量的租金。

＊政客们为了他们自己或政党的利益，可能会保留大量的、过分的特权，这些特权的表现形式为：巨额的直接收入、养老金或大量的在职消费（例如，轿车、住房、豪华费用账单）。

＊政客们对公民的剥削，可能采取的是一种腐败的形式（换言之，就

是谁直接支付钱给政客，政客就为支付者提供特别服务，但是，对于没有支付钱的其他人，并不提供这种特别服务）。

只要哪里可能存在着租金，政客们就有一个共同的利益，保护和扩大这些租金。这意味着他们有一种强大的激励，谋求政治卡特尔。在许多国家，政客们已经在社会之中形成了一个关系密切的利益共同体，他们已经与社会之中的其他人明显区分开来。他们的主要交往也是保持在这个团体之内的，以至于在这个团体中，即使有极少人敢于摆脱这种政治卡特尔，但是他们的联合反对实际上会受到团体的强烈影响，承担的成本也非常高昂。除此之外，政党领导人管理着卡特尔，以至于在世界上大多数国家、在大多数时期，仅仅只有有限数量的成员，他们能够保持对卡特尔的统治。其结果，卡特尔的其他成员能够快速、有效地对背离卡特尔的成员实施制裁。具体表现，可能是减少获得立法职位的机会（特别是，拥有实权的委员会成员），也可能是减少由州提供的货币支持。

2. 宪法规定

在所有关于政治的活动中，活动者（特别是选民）都非常清楚地意识到，政客们有一种无比强大、无时不在的激励，就是谋求卡特尔，剥削选民的利益。在民主国家，这种意识催生出三种不同制度的建立，而且这些制度的差异非常大。设计它们的目的，就是为了确保政客对选民的剥削行为处于检查之中。

* 在拨款过程中，由于存在政客占用租金的情况，所以在禁止占用过多拨款租金的规则之中，最严厉的规则也就被设计成了防止腐败。然而，只有在这些规则不是很容易被政客规避时，只有在它们都能够得到很好的强制执行时，它们才能有效地发挥作用。不过，对于阻止前面提到的第一种剥削选民利益的行为，如此规定则是完全无效的。换言之，也就是对于系统性偏离公民偏好的行为，这种规则是完全无效的。由于政客们给予他们自己的特权极为不同，并且很难剥夺（特别是关于养老金的特权），因此经验告诉我们，政客们的寻租行为几乎不可能避免。仅仅只有最明显的腐败事例才会暴露出来。由此，我们可以得出的一个肯定结论是，尽管如此规则具有一些作

用，但是，在很大的程度上，这些规则肯定不能防止政客对公民利益进行剥削。

＊可以建立特别法院，由它来承担制止政客对公民利益进行剥削的工作。在所有民主的国家都设有会计法院（courts of account），然而，它们只能发挥有限的作用。会计法院本是设来用于控制政客的（Feld and Voigt 2005；Voigt 2005），但是，法院对政客们的依靠越直接，那么法院的控制作用也就越小。在这方面，由于卡特尔包括了政府之内和以外的政客们，如果会计法院的成员必须回答立法机关（而不是政府）的问题，会计法院也就没有多大帮助了。甚至，会计法院正式独立于政府和立法机关，他们也极少有激励去检查政客们对公民利益的剥削，也极少有能力去这样做。这种情况特别适用于政客偏离公民偏好的行为。作为非直接选举的会计法院，它们必须要专注于政客和行政官员们行为的正确性，但是这种行为的正确性只是形式上的，因此在一些方面，它们加大了政客们提供的东西和人们想要的东西之间的差距。当然，对于这种情况的出现，可能也存在争论（Frey 1994b）。

＊政党之间的竞争是代议制中的经典制度，它被用来制止政客们以牺牲大众的利益为代价，追求他们自己的目标。宪法中包括了各种各样的方法，用来促进竞争，用来使政客之间的勾结变得更困难。一种手段就是在行政、立法、司法三个机构之间实行分权；另一种手段就是建立两院制。但是，由于现有政客之间的相互作用，并且这种相互作用的种类还很多，也由于预期明确的收益，使得这些手段在检查政治阶级的利益时，根本就没有效果。为了刺激政党之间竞争，一个重要的宪法性规定是，保证和方便新的从政者和政党进入政治体系之中。在一个民主国家中，尽管这种规定肯定会迫使已建立的政党，更好地顾及人民的希望，更多地关注特权和腐败问题，但是这种作用常常是短暂的。因为先前处于政治体系之外的人，他们很快就会认识到，容忍政客们的卡特尔所为，甚至同流合污，参与其中，自己也可以获得很多的利益。许多国家已经证明的经验，可以支持这种理论主张的成立。一个典型的例子就是德国的绿党（green party），最初，这个党曾向当时的政治体制猛烈开战，但是，在一个令人惊讶的短时间内，它就学会了利

用纳税人的钱来实现自己的目的。

显然，上面的分析表明，在减少政客对普罗大众利益的剥削方面，宪法规则、法院和政党竞争制度并不是特别的成功。前面已经提到的宪法功能不是没有用，而是它们没有提供足够的保障，反对政客们的寻租行为。因此，寻找和严肃考虑其他的宪法手段，向政治卡特尔开战，这是一个令人心驰神往的方向。

在复决投票中，所有公民都有权参与投票，复决投票给予政治卡特尔之外的人决策权。制定决策的普通公民没有与政治阶级沆瀣一气，相反，他们与政客结成的卡特尔是针锋相对、势不两立的。在复决投票中，公民还可以通过一项特别提议（initiative），明确地反对政治统治集团的代表，包括他们在立法机关和政府中的代表。因此，正是可选择的（optional）和强制的（obligatory）复决投票，二者对于政客们的滥权行为，起到了一个很好的控制作用。因为如果这个控制获得成功的话，那么人们就可以推翻由行政和立法机构做出的决定。

对于一次普通的复决投票（从一个广泛的意义上说），只要政客们不能阻止它进行，通常它就可以达到自己的目的。在许多国家，通常最高有权法院，甚至次级立法机关也有权决定，普通复决投票是否可以进行。决定的标准似乎纯粹是形式上的，但是因为复决投票会威胁到政客们的卡特尔地位，所以实际上，统治集团的成员拥有相当大的可能，阻止这种投票的进行，也有非常大的激励阻止它的进行。他们常常会使用一些模糊的概念，特别是，这种概念是建立在政客们认为的"政变"的基础之上的，"政变"也往往成为了政客们阻止复决投票的一个很好的借口。然而，在瑞士，根本不存在这种可能性，因为即使是一个不合政客意愿的问题，有时甚至是一个政客极端不喜欢的问题，也都可能运用投票来决定。

3. 历史证据

为了反对统治集团谋取一己之私利，必须制定专门的法律，然后，强制通过它们，如此，复决投票就能完全打破政客们的卡特尔。以下两方面例子涉及瑞士（这是一个在复决投票方面出类拔萃（par excellence）的国家）

和一些有关的重要历史事件（Blankart 1992）：

　　* 瑞士早在 19 世纪，依据简单多数的选举规则，就开始了众议院的选举（国民院（the nationalrat））。依据这种规则，最大的政党获利很大。在 70 年的时间里，激进民主党（radical democratic party）一直保持着议会的多数席位。当有人提出建议，选举应当遵循按比例代表原则，允许一些小党进入国民院，但是出于众所皆知的利己原因，统治集团强烈地拒绝了这种提案。然而，到了 1918 年，大多数人和大多数州相继接受了复决投票。因此，在随后的选举中，激进民主党至少失去了它原来席位的 40%。

　　* 直到第二次世界大战，《联邦紧急法》（*dringliche Bundesbeschluesse*）都不受（可选择的）复决投票的制约。政客们为了避免必须征得人们的同意，为了追求自己的利益，在政府和国民院中，统治集团常常宣称联邦法律处于"紧急"状态，即使实际情况根本就不是那么回事。1946 年，有人开始提出一项提议，目的就是为了阻止这种对普通大众利益的漠视。行政和立法机构再一次敦促选民拒绝这项提议，这一事例清楚地显示出政客们的众多私利之一。然而这次，选民接受了这项提议。由此，政客们在制定法律时，无可奈何地、被强制性地要求，要认真考虑公民的利益。

　　瑞士的选举历史，可以提供许多这方面的事例，说明统治者与公民之间的观念冲突。除此之外，政客们还必须做出很大的努力，批准由卡特尔外部的人发起的任何运动，而且还必须尽可能快地批准。有时，现有政党（不过，通常是那些处于卡特尔边缘的政党）或相关利益集团，它们也会提议复决投票。如果这种提议获得成功，那么政客们至少要部分地考虑大众的偏好，必须要降低他们寻租的程度。在这个例子中，正是复决投票这一制度（institution），它直接产生了令人满意的结果，也正是在这一制度中，政客们的卡特尔拥有较少的自由裁量权。公民的提议权也允许将问题"分拆"开来；与此相对照的是，在典型的代议制民主中，往往是将问题捆绑起来。问题分拆产生的政策结果，往往与大众的偏好联系紧密（Besley and Coate 2000；Besley 2006）。

　　政客们非常清楚地意识到，由于普通复决投票限制了他们实施剥削，并且是对公民和纳税人利益剥削的一种严重制约，所以他们会极力反对引进直接民主的原理。然而，一旦政客丧失了权力，他们马上就会认为直接民主更有利于自己——但是，一旦他们回到了权力宝座，他们又会转而反对直接民主。

14.1.3　对于过程的偏好

作为一次公民投票来说，它不仅仅是一次选举。在选举之前和之后的两个过程，同样也是非常重要的。

1. 公民投票之前的过程

在很大程度上，宪法条文的规定，决定了哪些问题可以提到政治议事日程，哪些问题则不会加以考虑。在代议制民主中，对于政客们不喜欢的问题或是对他们不利的问题，他们常常会阻止将这些问题提交给立法机关讨论，而且在这方面他们可谓行家里手。就像理论和经验二者已经表明的那样，如此控制议事日程的权力，可以对选举结果产生显著的影响（Romer and Rosenthal 1978，1982；Weingast and Moran 1983）。

公民投票的一个重要特点，就是存在一个讨论过程（discussion process），这种讨论是在公民之中激发的，是在政客和公民之间激发的（Frey and Kirchgässner 1993，Bohnet and Frey 1983）。① 公民投票之前的讨论，可以解释为平等主体之间的不同主张交换。这种制度引起的讨论，它满足了"理想的话语过程"（ideal discourse process），这种过程就像哈贝马斯（Habermas 1983）设想的一样。公民受到鼓励参与到政治讨论之中的程度，依靠正在讨论问题的重要性。瑞士的经历的确表明，一些公民投票（例如，在有关是否加入欧洲经济空间（european economic space）的公民投票中，同平均参与率大约只有40%比较，瑞士的参与率几乎达到80%）激发了强烈的、意义深远的讨论。选民认为不太重要的其他公民投票，它们产生的讨论也极少，它们的参与率也很低（低至25%）。这种讨论的重要性和参与者

---

① 有关民主一般作用的论述，参见 Dryzek 1990。

强度的变化，彻底推翻了被学者大量研究的所谓"投票悖论"（Tullock
1967；Riker and Ordeshook 1973）。

公民投票之前的过程，它有一个重要的作用，就是增加了参与者拥有的
信息（有关经验证据，参见下一章）。我们可以假设，论点的交流塑造了参
与者的偏好。最为重要的是，虽说政治阶级可以影响这种偏好的形成，但是
他们不能控制它的形成。

公民投票过程的一个更为重要的方面，就是超越结果考虑的方面。公民
可以从过程本身获得利益，众所周知，人们天生就具有参与决策的偏好，这
种偏好能够增强人们自我决定的知觉（Pateman 1970）。[①] 关于直接民主过程
的作用，克罗宁（Cronin 1989，p. 11）研究发现，"在政治过程中，让公民
发挥更多的作用，可以减少疏离和冷漠"。除此之外，由提议权和公民投票
引起的政治讨论过程，可以帮助公民理解不同的政治观点和立场。可以增强
建立在合意基础之上的社会契约，这种契约可以刺激人们超越狭隘的自利活
动。因此，人们直接参与政治的可能性大小，它也成为了感知程序公平的一
个重要缘由，而程序公平常常塑造了个人的行为。

2. 公民投票之后的调整

尽管公民投票可以产生一个正式的政治决定，但是这并不一定意味着政
府和公共管理机构会采取适当的行动实施它。归根结底，实施的程度依赖于
拥有实施权的人，他们是否遵守宪法规则。在一种政治体制中，宪法给予的
合法性越多，不遵循规则的成本也就越高。由于受到不能再次当选的威胁，
政客们也可能被劝导其行动要合法。

在公民投票中，哪一方得到多数票，这不是唯一重要的事情。一次公民
投票还可以显示出很多信息，人们对一件事的感觉如何，少数派来自哪里和
规模有多大。大多数反对派得到明确，他们的偏好一目了然，并进入政治议
程之中（Gerber 1997）。

---

① 有关广泛的论述，参见第 13 章，Lane 2000。

14.1.4 关于直接民主后果的经验文献

关于拥有直接民主权的结果，对其进行经验性测量是很困难的：为了进行测量，需要寻找一个参照系。然而，在不同的国家之间，进行一个综合的比较是不可能的，因为世界上实际仅有一个国家——瑞士，它的选民是通过提议权和强制性或选择性的公民投票，做出所有主要决定的。因此，学者们转而分析比较美国内部与瑞士内部的情况，在两个国家内部，直接民主权的程度在州（美国的州为 states）与州（瑞士的州为 cantons）之间是不同的（有时是比较城市或社区）。[①] 在此，我们只需介绍一些重要的见解，就足以表达对这种研究性质的总体印象。在美国的案例中，计量经济学的研究显示，在其他条件不变的情况下，拥有直接民主越多的州，它们全部的公共支出也就越低，并且这种支出还大多花费在郡（郡（county）在美国是仅次于州的行政区）这一层次，而且更多的是花在教育方面。[②]

就瑞士的情况来说，一些计量经济学的分析已经证明，在其他条件不变的情况下，在州这一级地方，公民享有的直接民主权越广泛，税收道德（tax morale）[③] 水平也就越高，税收负担和公共赤字水平也就越低，公民逃税的也就越少，人均收入也就越高。[④] 在所有这些研究中，独立于直接民主制度的影响因素，它们都受到严格的控制，在一个共同的制度框架内，对各地的司法管辖区域进行比较。作为一个整体，关于自陈的生活满意度证据也得到了考虑，对此，计量经济学研究得出的结论是，在拥有更多直接参与权的司法管辖地区，公民的偏好得到较好的尊重。

---

① 这里，不需要全面地描述这种研究方法。有关评论，参见 Kirchgässner, Feld, and Savioz 1999；Matsusaka 2004；Kriesi 2005；Frey and Stutzer 2006a。
② 有关总支出，参见 Matsusaka 2004；关于公共教育支出，参见 Santerre 1989，1993。
③ 税收道德是衡量纳税人的态度而非行为的，它是纳税人自觉支付税款的意愿——译者注。
④ 关于直接民主对政府总支出、自筹资金比例、税收和债务的影响，参见 Schneider and Pommerehne 1983；Feld and Kirchgässner 1999，2000。关于直接民主对税收道德和税收逃避的影响，参见 Pommerehne and Weck-Hannemann 1996；Frey 1997a；Feld and Frey 2002，2007a，b；Torgler 2004，2005，2007；Torgler et al. 2003；Torgler and Frey 2007。关于直接民主对国内生产总值的影响，参见 Feld and Savioz 1997。

14.1.5　引入直接参与权

1. 先决条件

在任何一个社会中，除非满足某些条件，否则，直接民主制度并不能顺理成章地发挥作用。对于某一个群体的人来说，如果他们不是总觉得自己属于社会中的少数，并因此感觉被利用，那么直接民主才能很好地发挥它的作用。公民必须有足够的信任，政客们会将公民投票的决定付诸实施；政客们也必须相信，当就一些问题进行投票时，公民会做出合理的决定。随着时间的推移，这种互相信任必须得到不断的发展，并且不能简单地从外部灌输。实现代议制到直接民主的跨越，并且是向充分发展的直接民主跨越，任何一个"宏伟"的解决方案都是不现实的，也是不可取的。与此相反，人们应当逐渐地介绍公民的直接参与权，使公民、立法机构、政府都能有一个学习的过程。

公民对提议权和复决投票的使用，是影响社会资本提升的主要因素，特别是影响公民对政府信任形成的主要因素。在这方面，如果公民能够好好学习的话，那么直接民主有助于创造一些必要条件，满足它本身的正常运作。

2. 渐进的程序

对于如何逐步引进直接民主权，我们可以从六个方面加以介绍。

（1）决定水平

最初给予的直接民主权，可以仅仅保持在一个特定的级别状态，如此，可以保持直接民主权处于可掌控的范围内。一种可能性是，最初给予的直接民主权可规定在地方一级，在政治公社中，可以给予公民发起提议和复决投票的选举权。如此，有利于公民使用日常信息形成一种理性的观点。除此之外，涉及的问题必须是立即与本地居民有关的。但是，除非政治公社拥有充分的自治，否则这种程序没有任何意义。最好是这样，政治公社能够拥有两项权力，也就是决定税收和公共支出的权力。另外一种可能性是，当主要问题处在危急状态之时，最初给予的直接民主权就应在国家一级。在一些国家，决定是否加入欧洲联盟，或决定是否接受制定欧洲宪法的建议，这些已经委托给了作为一个整体的公民。既然这些决定是非常重要的，公民清楚地意识到与他们的利益关系紧密，他们肯定是倾向于参与投票的。

（2）问题领域

由于担心"不负责任的"或"不可控制的"结果出现，一些问题可能要从直接投票中排除。宪法的基本规定表明不能更改的问题，可以从直接投票中排除，例如，那些涉及人权、政治权和公民权的规定。所谓的敏感问题也可能要从公民投票中去除。这种问题不仅可能涉及特别重要的少数民族、种族或宗教团体等方面，而且还可能涉及一些其他的方面，例如死刑。

（3）公民能力

有一些问题被认为超出了公民的能力。例如，可以假设为征税举行投票。当然，这种情况是否真的如此，这又属于另外一个问题了（起码在瑞士，公民投票的例子表明，事实并非如此）。

（4）时间

从开始一个提议或开始一个公民投票的过程，再经过投票，直到最后决定产生效果，其间可能需要经过很长的时间。如此，有利于实现宪法的构想（Brennan and Buchanan 1985；Mueller 1996），将人们置于不肯定"面纱"的后面，从而能够让他们采取更加"客观的"态度。一个更具创新的构想是，首先，举行一次具有教育性的投票，然后，在经过足够长的时间以后，允许对这次投票的结果进行一场自由讨论，最后，再举行一次具有决定性的投票。

（5）多数派的规模

在一次普通投票中，通过一项建议可能需要绝对多数的人同意，例如，参与者的2/3。另外一个选择，可能只需要简单的多数人同意，但是这是指整个选民人数的简单多数，包括那些弃权的选民。就普通提议和可选择的公民投票来说，对于二者的一个较强限制，是所需要的签名数量。如此，在有一个低要求的数量（因此，会有很多的公民投票）和有一个高要求数量（因此，会有极少的公民投票）之间，需要进行一个全面的平衡。

（6）共同决定

只有公民的决定得到立法机关（甚至可能是它的两院）相应投票的支持，他们的决定才能生效。另一种可能性是赋予一个否决权给公民或立法机关。人们可能也会考虑一个双重多数的形式，一种是全体公民的形式，一种是所有地区（在瑞士的 cantons 和美国的 states）的形式。在瑞士，双重多数应用的条件是，对于宪法的复决权，它必须得到所有选民的多数和所有州的多数赞成。

3. 控制逐步引进存在的问题

在上面讨论的限制中，其中一些会对直接民主构成极大的威胁。最重要的是，对于直接民主来说，虽然采取一些必要限制，可以让其处于良好状态，但是就有些限制来说，它们对于公民参与政治决策的整个理念，会产生毁灭性的结果。如此，直接民主的制度就不可能发挥它的全部作用。除此之外，公民不能有效地学习直接民主的特殊功用。例如，如果仅将一些不重要的问题纳入投票，或者，如果提议和可选择的公民投票所需的签名数量太多，那么都会造成公民难以体验到直接民主的优点。另外，政客们可能总是声称，他们已经给予公民一个直接民主的机会，但是直接民主并没有发挥它应有的作用。如此，在严格限制的情况下，就会出现一个恶性循环。在普通参与权的引进方面，出现了公民不满意的结果和经历，而不满意的结果和经历，它们又为直接民主的反对者（特别是拥有权力的政客们）提供了很好的理由，进而采取更加严格的限制。在这种情形下，直接民主理所当然也就不能发挥作用了。

14.1.6 结论

依据现有的证据，我们可以得出如下结论：

* 直接民主增加了主观幸福感（公民的幸福），并且这是一种全面的增加。

* 直接参与的可能性增加了程序效用，这种效用是为全体选民所享有，它也是个人幸福感的一个额外来源。

　　* 很多反对直接民主的陈词滥调是难以令人信服的，这些陈词滥调包括，什么公民没有能力和缺乏兴趣参加直接民主啊，什么存在操纵和感情用事的风险啊，什么阻碍进步和破坏公民权啊，什么直接民主成本高啊等诸如此类的借口。

　　* 直接民主决策需要时间和机会展开透彻的讨论。

　　* 直接民主原理可以引入国家级和地方级，然后，可以进一步扩展。

　　* 逐渐引进直接民主的功能，肯定是可行的和明智的，因为这种方法提供了一个必要的学习过程。

　　* 公民应当拥有这些权利，也就是管控引进普通提议权的权利，管控公民投票的过程的权利。

　　直接民主制度通过改进政治结果，同样可以通过增加程序效用，对人们的幸福产生有益的影响。当然，直接民主不是唯一的一种制度——一种通过政治活动能够增加生活满意度的制度。为了增加生活满意度，还存在许多其他富有成效的可能性。然而，就民主的进一步发展来说，它肯定是一个值得努力的方向。

14.2　分散的政治决策

　　实行联邦权力下放和本地自治，这是宪法的另一个特别功能，这种功能同样可以增加公民的幸福，这在第 6 章已经分析过。在公社中进行的政治决策，它会更加接近有关居民的偏好，也更加接近由公民进行的直接控制。

　　通常，人们对于"联邦制"术语的理解是，将国家的疆土划分为较小的单位。将政治公社加起来就成为一个中等单位，中等单位——称为省（provinces）、州（states）或州（cantons）——加起来就成为国家的边界。这里，提出了一个全然一新的建议，这个建议彻底打破了这个规则。有人设计了一种地方分权的新形式，它允许政治管辖权重叠。在制定幸福政策方面，这个建议有助于解决一个重要的问题，也就是考虑应当实行什么样的管辖权。该建议提供的答案是，管辖权不应当简单地归属国家，而应当由更多的具体功能单位行使。

14.2.1 关于联邦制的一个新建议

下面将要说明的一种思想，已经在实践中得到了发展，这种思想是建立在四个条件基础之上的，这些条件是将来的民主政府应当满足的，以便增加公民的幸福。作为对政府的要求来说，这四个条件是：它应当是温和的，它应当是民主的，它应当允许思想多元化，它应当是富有效率的。这种思想提出的建议，特别强调公民在政治进程的作用，主张将每一种政府职能权力下放，下放到最合适的管辖权大小。建议提出的联邦制新概念，被称为功能性重叠竞争管辖权（functional, overlapping competing jurisdictions）。[①] 缩写为FOCJ（这种制度中的管辖权被称为FOCUS）。FOCJ形成了一种政府的分散制度，这种制度不是由上面命令形成的，而是作为对公民偏好的回应，从下方自发出现的。为了确保FOCJ萌芽不被现存管辖权扼杀，例如，直接竞争者或较高级别的政府，一个宪法性的规定是必不可少的。对于最小的政治单位（公社），必须给予它们某种程度的独立，以便它们能够从事组建FOCJ的工作。如此，本地的财政负担会激励公民，要考虑公共支出的收益和成本平衡；反过来，这又会激励较低级别政府单位的政客，运用他们掌握的珍贵资源，为公民的利益服务。

从一定程度上来讲，这里提出的愿景或许有些激进，但是它绝不是脱离实际的天方夜谭：

* 这里提出的民主分散管辖权建议，它是建立在一些重要概念基础之上的，这些概念是经济学和联邦制经济理论的核心，特别是布雷顿和奥茨（Breton 1996；Oates 1999）二位提出的概念，例如，"财政等价"（fiscal equivalence）、"用脚投票"（voting by foot）、"俱乐部"（clubs）。如果我们运用全新的方式将这些概念结合起来，那么就可以形成不同种类的联邦制。

* 这种建议并不需要废除民族国家的形式。截至目前，民族国家可以

---

① 有关FOCJ更广泛的论述，参见 Frey and Eichenberger 1999；Eichenberger and Frey 2002。

存在，因为人们可以证明，在这类国家的领土上，它们能够很好地满足公民的需要。在国家这个层次上，国家的确能够提供一些最好的服务，但是遗憾的是这些服务常常是极少的。其实，在各个层次上，也就是将现有的一些国家和省的领土边界连接起来的层次，它们都可以提供许多较好的公共服务。

　　* 建议是切实可行的，在历史中我们可以找出一些合适的例子。除此之外，可以运用边际分析方法，逐步引进这种建议。

14. 2. 2　构成要素

　　这里，推荐的联邦单位有四个重要特点：

　　* 功能的（F）——换言之，全然一新的政治单位，它们扩展了所要完成任务限定的业务领域。

　　* 重叠的（O）——换言之，与许多不同任务（功能）相联系的行政单位，它们已经超越了不同的地理区域。

　　*竞争的（C）——换言之，人们和/或社区可以选择，他们想属于哪一个行政单位，通过提议权和公民投票，他们享有的政治权利，可以直接表示他们的偏好。

　　* 管辖权（J）——换言之，建立的单位是行政性的，它们拥有强制力，最重要的是，它们可以征税。

　　FOCJ 建立了一种新的政府制度，它不同于标准文献中有关联邦制的制度。联邦制的经济理论被用于分析特定政治单位的行为，包括不同级别的政府行为，而 FOCJ 制度的出现则是对"地理问题"的回应。

　　FOCJ 的四个要素与现在的经济理论有关，同样也与现存的联邦制度有关。这四个要素与现有概念既有相似的方面，又有不同的地方。

　　1. 功能

　　生活在某个地理区域的人，他们从一种具体的公共服务中获取了利益，那么他们也应当为这种服务提供资金（换言之，不应当存在溢出）。提供不同功能的各种行政单位，在满足人的偏好方面，具有区域性差异。为了使成本最小化，这些单位在它们管辖的范围内，必须在生产中利用规模经济的作用。既然规模经济在不同功能之间可能存在极大的差异（例如，学校、警察、医院、发电厂和防务），对于不同规模的单一功能（或很少功能）行政单位，它就有一个额外的理由可以继续存在。这就是"财政等价"（fiscal equivalence）的中心思想，就像奥尔森和奥茨（Olson 1969；Oates 1972）建议的那样。行政单位规模的内生性构成了 FOCJ 的实质部分。然而，财政等价理论极少关心功能单位的决策制定。从而存在两个问题，它不是留下供给过程没有具体说明，就是假设人们的流动性（也包括公司的流动性，这是一个极少提及的事实），它可以自动地引发这些单位考虑个人的偏好。

2. 重叠

FOCJ 可能在两个方面出现重叠：（a）FOCJ 提供的不同功能可能重叠；（b）甚至提供了相同功能的两个或更多的 FOCJ，它们可能在地理上出现交叉（例如，许多学校的 FOCJ 可能存在于同一个地理区域）。一个人或一个政治社区通常同时属于各种各样的 FOCJ。FOCJ 不需要物质的连续，不需要垄断某些区域的土地。它们在一定程度上类似于布坎南（Buchanan 1965）的"俱乐部"（clubs），这些俱乐部可以交叉。这种观念完全不同于古老的民族主义，致力于一片又一片土地的战争掠夺。

3. 竞争

依靠两个机制，FOCJ 的首脑获得动机，接近满足他们成员的偏好：人们和社区退出（exit）的可能性与市场竞争极为相似（Hirschman 1970），人们选举（vote）的权利形成了政治竞争（Mueller 2003）。应当注意的是，迁移是唯一的退出手段；在一个特别的 FOCUS 中，不用改变人们生活居住的地理位置，成员就可以退出。退出不限于人们和公司，就像上面看到的一样，政治社区或它们中的各个部分也可能做出这种选择。除此之外，退出可以是全部的，也可以仅仅是部分的。如果退出是部分的，一个人或一个社区就只能参与有限的 FOCUS 活动。

作为将来欧洲宪法的重要组成部分，成员的退出已被提议纳入其中（Buchanan 1991；欧洲宪法小组（european constitutional group）1993）。退出权的存在，与民族国家和联邦制的普遍概念形成鲜明的对照，依据这些概念退出会遭到严厉禁止，甚至常常遭到武力的阻止。现行的欧洲条约，没有提供一国可从欧盟退出的规定，更不用说（a forliori），提供一国的一部分退出的规定。FOCJ 建立了政府之间的竞争，退出应当尽可能地不受限制。与此相反，进入则不一定是自由的。如果人们想加入一个具体的 FOCUS，想从它的公共品中获益，管辖权和想加入的人可能被要求支付价格。具体 FOCUS 的原有成员必须民主地决定，是否接纳一个新成员，什么是支付的合适进入价格。

进一步说，由于单纯退出这一行为选择，还不足以劝说政府进行有效率的活动，因此，还必须运用政治制度促进竞争。管理 FOCJ 的人应该由公民直接选举，对于具体问题的决定，应该赋予公民发起普通公民投票的权利。从充分满足个人偏好的意义上说，这些民主制度被认为增加了效率。①

4. 管辖权

一个 FOCUS 是一个民主的政府单位，这个单位对它的公民行使权力，包括征税权。依据两种类型的重叠，可以区分两种形式的成员资格：

＊ 对于最小的政治单位（正常情况下为政治社区）和对应的公民来说，如果他们的社区属于 FOCJ，他们也就自然成为 FOCJ 的公民。在这种情况下，一个人只能通过迁移流动才能退出。

＊ 人们可以自由地选择，他们是否想属于一个具体的 FOCUS，不过，只要他们是它的公民，他们就须受制于它的权威。人们必须属于提供某一功能（例如，一个学校的 FOCUS）的 FOCUS，必须缴纳相应的税收。从这个意义上讲，如此 FOCJ 可能是非自愿的（这种情况类似于健康保险，在许多国家，健康保险是强制性的，不过，对于这种强制保险，人们可以自由地选择保险公司）。既然如此，就会出现这样一种情况，属于一个学校 FOCUS 的公民们，他们就会决定，每一个人都必须缴纳税收，以便为一个具体的学校提供资金，而不考虑人们是否有孩子。然而，对于 FOCJ 提供的具有明显再分配效应的功能，由中央政府进行一个最小的调节，可能是合适的，以便增

---

① 有关直接选举，参见 Downs 1957 and Mueller 2003。有关公民复决投票，参见 Kirchgässner, Frey, and Savioz 1999。

加人们的自由选择，例如，没有孩子的公民可以不参加"学校FOCJ"，实际上，没有提供任何学费，相应也就缴纳了低的（或零）税收。

14.2.3 FOCJ 的优点和可能的缺点

1. 优点

比起传统的联邦制形式来，FOCJ具有许多优点。主要表现在：

一方面涉及政府的激励，以及保护人们形形色色、稀奇古怪的偏好。一个属于具体FOCUS的公民，因为他专注于一个功能区域，所以他对于FOCUS的活动拥有较多的信息，他也处在一个较好的位置，将FOCUS的表现和其他政府的表现进行比较。因为很多收益和成本只是涉及相当有限的地理区域，所以FOCJ常常是小的。重叠管辖权的存在，使得退出选择很容易，退出选择也是一个重要手段，这个手段可让行政供给者知道人们的偏好。

另一方面，FOCJ能够以低成本提供公共服务，因为FOCJ的形成，可以将区域间的溢出效应降到最小，可以利用规模经济的作用。如果一项具体活动的收益是不可分割的，并且覆盖了一些大的区域，那么就会使得成本降低，相应地，最优的FOCUS就可以覆盖许多社区，或一些国家，甚至一个更大区域。一个例子可能是防御外来侵略，FOCUS所及区域应该适当地大。

感到不满的公民或社区离开FOCUS的威胁，新公民和社区加入的收益，就给予了行政单位一种激励，一定要考虑人们的偏好，一定要有效率地提供公共服务。FOCJ另一个很大的优点是，它们打破了政客们勾结形成的卡特尔，为有业务能力的外来者提供了机会。鉴于管辖权已经标准化了，这就大大降低了专业知识的要求，这就能够吸引很多具有广泛和非专业知识的人。他们也可以成为政治家，使得在一个具体业务领域拥有充分知识的人（比方说，教育或垃圾收集），他们也可以在FOCJ获得成功。

2. 可能的缺点

到目前为止，我们一直在强调FOCJ的优点，然而它们也可能存在一些缺点，以下将对此进行讨论（也参见Vanberg 2000）。

*公民被投票负担压得不堪重负。在 FOCJ 形式的联邦制中，每一个人都是各种管辖权下的一个公民。在每一次 FOCUS 的决定中，举办的公民投票和选举投票都会让人感到负担过重。不过，在直接民主的 FOCUS 中，公民觉得政治上的参与是更容易的，因为每次他们只需评价一两个具体的问题。

*公民的认知负担过重。一个人面对众多公共服务的供给者，可以说，这种情况无疑会给生活造成不便。然而，FOCJ 没有引起政治领域认知的增加；相反，FOCJ 使得政治变得简单明了。来自私人消费者市场的证据证明，如果公民拥有合适的信息，那么他们能够精确地认知浩如烟海的供给。比起传统的政府形式来，FOCJ 为公民获取政治信息提供了更多的激励和机会。依据地方甚至私人水平决定 FOCJ 的会员资格，通过比较和基准评价，不同功能单位的表现可以很容易地受到监督。为了帮助公民认知，可以提供一种独立的咨询服务，由它向公民提供所需的信息。

*协调是需要的。政府之间的协调不一定是有益的，然而，这种协调显然常常又是必需的。不过，不幸的是，有时，现实中统治集团成员之间的勾结形成了卡特尔，然后，他们就会逃避甚至利用人们的意愿（CEPR 1993；Vaubel 1994；Frey 1994a）。因为 FOCJ 产生了最小的外部性，所以在原来需要增加福利的合作地，现在对于这种合作的需要就会减少。如果在 FOCJ 之间存在较多的溢出效应，那么就会建立新的 FOCJ，处理这些外部性。

*收入需要进行再分配。人们有时声称，所有形式的联邦制——包括 FOCJ——破坏了再分配的作用。FOCJ 也被说成是产生于收入基础之上的。在一定程度上说，再分配是建立在公民团结一致和保险原则的基础之上的，因此这种担心是不必要的。在再分配是一个纯粹公共品的地方才可能产生问题，因此，必须大力避免搭便车行为的出现。即使如此，与传统的联邦制形式比起来，FOCJ 还是具有更大的优势：因为公民不用迁移就可选择行政服务的供给者，所以 FOCJ 引起了较少的地理分离。另外，最近的经验研究（Gold 1991；Kirchgässner and Pommerehne 1996；Ashworth, Heyndels, and

Smolders 2002）表明，在联邦制度中，大量的再分配是可行的。在一定程度上，再分配是一个纯粹的公共品，可以将它委托给较高水平的政府，或委托给专门从事再分配的 FOCJ 进行，这些组织可以是国家级或国际级的。

14.2.4　现有的功能性政治单位

1. 历史

在欧洲历史上，政治单位的分权、重叠已经成为一个重要的特点。在神圣罗马帝国的德国，特别是在我们今天称之为意大利和德国的地方，政府之间的竞争非常激烈。这些政府大多是很小的。很多学者将欧洲的崛起原因，归结于这种行政单位的多样性和竞争，正是这种多样性和竞争培育了技术、经济和艺术创新。① 在 19 世纪，意大利和德国各自统一，尽管这些统一常常作为一种主要的成就而受到称赞，但是它也部分地结束了政府之间竞争的刺激，并导致了民族国家之间你死我活的战争。一些较小的国家回避了统一：列支敦士登、摩纳哥、圣马力诺和瑞士，这些国家保持着政治的独立，与此同时也变得越来越富裕。

然而，从我们运用的 FOCJ 含义上说，上面提及的行政单位不是FOCJ，并且它们具有为劳动和资本竞争的特点。但是，历史也表明，有一些管辖权的例子甚至更接近 FOCJ。非常成功的汉萨同盟在 12 世纪到 16世纪间持续繁荣，尤其包括 Lübeck、Bremen、Köln（今天德国的部分），Stettin 和 Danzig（今天波兰的部分），Kaliningrad（今天俄罗斯的部分），Riga、Reval 和 Dorpat（今天波罗的海各共和国的部分），Groningen 和Deventer（今天荷兰的部分）。除此之外，London（今天英国的部分）、Bruges 和 Antwerp（今天比利时的部分）、Novgorod（今天俄罗斯的部分）为当时的贸易办事处（一种联系会员的机构）。由此可以清楚地看出，一个功能性的行政单位，它可以提供贸易规则和设备，但是它在地理上可以不相互毗邻。

---

① 在欧洲历史中，有关这种竞争的方面，参见 Hayek 1960；Jones 1981；Rosenberg and Birdzell 1986；Weede 1993。

2. 现今例子

在当今的美国和瑞士，从一定程度上说，也存在着功能性的、重叠的和竞争的管辖权。当然，它们不是在所有的情况下，都能够满足所有 FOCJ 的要求。在前面 FOCJ 的介绍中，这些要求已经提出，不过尽管如此，它们已经证明了民主的功能性管辖权是切实可行、行之有效的。

在美国，单一用途的政府称为特别行政区（special districts），它们在美国的联邦体制中起了重大的作用。比起其他类型的管辖权来，它们在数量上增加得更快（Zax 1988）。在一些自治、民主组织起来的地区，它们同样依靠特别行政区的管理（例如，有关防火、娱乐和公园）。经验研究表明，前面的类型明显地具有更高的效率（Mehay 1984）。现存的管辖权常常反对特别行政区的形态。为了使现有市政当局的垄断权力不受到威胁，18 个州的法规规定，在现有市政当局指定的距离内，禁止设立新的市政当局。在许多州，对于最低的人口规模作了规定，各种各样的行政限制已被引进（Nelson 1990）。经验研究显示，这些限制常常降低了本地行政的相对效率（DiLorenzo 1981；Deno and Mehay 1985），它们也常常增加了本地政府的支出（Martin and Wagner 1978）。

在瑞士，很多州拥有重叠的和竞争的功能管辖权，这些管辖权具有 FOCJ 的许多特点。例如，在苏黎世（Zurich）州（拥有 120 万人口，1 700 平方公里土地），有 171 个政治公社，这些公社能够征税，并依次有 3~6 个独立管理、民主组织的专门公社，专门提供特定功能的服务。如此功能公社类型的例子，不仅可以在苏黎世州见到，而且也可以在其他州见到（Casella and Frey 1992）。瑞士——通常被认为是一个擅长组织和精于管理的国家——的例子显示，在直接民主的控制下，多样性的功能性管辖权，它并非一个理论家一厢情愿的空想，而是现实中一个工作得非常好的实体。

同样，在管理民族冲突中，FOCJ 可能也是有用的，对此，基里亚科（Kyriacou 2006）以塞浦路斯（Cyprus）、科索沃（Kosovo）和库尔德人（Kurds）为例所进行的分析，已经证明了这点。

14.2.5　进行思想检验

鉴于 FOCJ 拥有的主要优点，一个经济学家式的问题出现了：倘若这种类型的联邦制真的如此优越，那么为何它没有在更大的范围内成功使用呢？

现今，国家这种组织形式没有采用 FOCJ 模型，主要有两个原因：

* 一个明显和重要的原因是，在人们和社区之中，被禁止建立如此管辖权。在许多国家，如果没有经过中央政府的同意，社区之中甚至不允许建立正式的、公民相互之间的合作（Sparpe 1993）。

* 任何一种 FOCJ 制度都不可能得到发展，一个最重要的原因是，它们违背了政客和公共机构官员的利益，特别是在较高级别政府中的政客和公共机构官员的利益。FOCJ 的存在减少了公共服务供给者的权力，但是却增加了公民的影响力。

FOCJ 对于欧洲一体化将是有用的。目前，欧洲联盟坚决要求，新加入的成员国必须完全接受欧洲共同体（acquis communautaire），即使它们的经济和制度发展，可能与原有成员国存在极大差异。甚至，目前欧洲统一的坚定支持者，他们也意识到，接纳这些国家进入欧盟，不产生严重的经济和社会问题是不可能的。FOCJ 也将为欧盟宪法的建立，呈现一个绝好的机会，以便克服它的"民主赤字"和"分权赤字"。

功能性重叠竞争管辖权，它是一种政治权力下放的全新形式，也是一个伟大的进步。因此，我们可以预期它能够强化联邦制固有的特点。幸福研究已经发现，这种特点可以极大地增进个人幸福感。

第 *15* 章

一场经济学革命

读完本书以后，一些读者或许同意这样的观点，比起标准的经济学来，幸福研究确实得出了一些全新的见解，而且这些独到的创见也确实具有革命性的意味。然而，另一些读者则根本不相信，幸福研究确实扩展了我们的知识，并且这种扩展大大超越了我们事前掌握的知识。他们也不会将此称为经济学革命性的新分支。

诚然，"革命"这一术语具有许多不同的意思和内涵，个人偏好强烈地决定着它的运用。然而，大多数学者可能不会反对这点，"革命"一词涉及一些基本的、崭新的见解。然而，接着问题又来了，"就幸福研究的见解来说，'基本'和'崭新'的含义又是什么?"怀疑论者依然会争辩，引入经济学中的一些幸福研究见解，它们并非基本的、全新的。从"太阳底下没有新东西"的意义上讲,从"几乎每一件事情都曾被思索过、争论过"的意义上讲,无疑,怀疑论者的怀疑是正确的。

然而,我想说明的是,在同标准经济学(表现为教科书)的比较中,幸福研究确实表现出了它的革命性。我的这种主张可从以下的分析中,通过考虑三个方面:方法(15.1 部分)、理论(15.2 部分)和政策(15.3 部分),得到清楚证明。

15.1　方法

在 19 世纪 30 年代,经济理论发生了一个重大变化,引起这个变化的原因是"序数主义革命"的兴起。至此,一个全新的思想开始得到大力的传扬:效用不可能测量,也不必测量,今天,这种思想成为了微观经济学的主要命题。然而,在当时,这种思想就被正确地视作一场(成功的)"革命"。从此以后,微观经济学就将它们视作理论的一个主要的部分——或许是一个基本的部分。在所有现代微观经济理论教科书中,这点是非常清楚的、非常显著的。

幸福理论颠覆了这两个思想主张:

＊运用主观幸福感测量,作为效用理论概念的一个好的(合理的)代表,同样作为偏好满足的代表,这是完全可能的。

有 5 种测量主观幸福感或幸福的方法(就像第 3 章显示的那样)。尽管所有这些方法都可能受到批评,但是它们正在取得持续的进步。对于理论和政策来说,幸福测量的结果将会得到越来越广泛的运用。

＊测量效用有时需要处理经济学面临的重要问题。

显示性偏好没有真实地反映人们的偏好,当我们知晓这种观点时,或者当我们怀疑这种观点时,都必须对效用进行测量。就像第 9 章和第 11 章所表明的那样,由于错误预测消费品未来效用问题的存在,由于自我控制问题的存在,造成人们在决策中常常会犯系统性错误,这点特别值得记住。为了评估公共品的价值,我们也往往需要对效用进行测量。但是,过去对于公共品价值的评估，运用的是支付意愿法（willingness-to-pay method）和享乐市场法，这两种方法存在着严重的缺陷。建立在幸福研究基础之上的方法，至少部分克服了它们的缺陷。这就像第 12 章中的一个例子——恐怖主义造成的福利损失——所表明的那样。

从 19 世纪 30 年代开始，人们就主张效用不可能测量，也不必测量。如果这种主张可以认为是经济学中的一场"革命"，那么现在我们也完全有理由这样认为，对于这些主张的颠覆，同样也是一场革命。就这一点而言，对于标准微观经济学中曾经的"革命"，幸福研究就是这场"革命"的反革命。

15.2 理论

幸福研究之所以被认为是一场经济学中的革命，原因在于它开创了一条崭新的道路，提出了大量全新的观点。然而，到目前为止，这些观点一直被人们所忽视，或一直被认为是非生产性的。有两个例子可以支持这种主张，一个来自微观经济学，另一个则来自宏观经济学。

15.2.1 公共经济学

长期以来，在公共财政理论中，新古典经济学应用最重要的领域之一，一直就属最佳税收理论（Bradford and Rosen 1976）。同样的方法也已用来分析下面两个问题：计算公共企业所提供产品的最优价格（Bös 1981），制定对付逃避税收的最优政策（Allingham and Sandmo 1972；Sandmo 2005）。运用假设的个人效用函数的某些特征，这种方法可以继续加以应用，通过促成这些效用最大化，可以导出最佳政策工具的运用。幸福研究可以为这种方法提供有益的帮助，因为它允许我们提供经验，支持（或拒绝）有关个人效用函数特征的假设。例如，随着收入增加，收入的边际效用出现下降，幸福研究可以得出的一个重要结论，就是这种下降会降到什么程度。这种知识对最佳税收理论的意义最为重大，特别是考虑收入再分配时，更是如此。这种知识将引进一种实用性测量，在最优税收理论运用中，这种测量有时被遗漏了。

15.2.2　经济增长

在宏观经济学中，最优增长理论已经成为一个重要的研究领域。该理论研究收入中多大的份额应该转化为投资，以便人们能够获得最高水平的长期效用。如果投资份额低了，那么经济增长率就会受到限制，人们未来的消费就会较少。相反，如果投资份额高了，那么人们目前的消费就会较少，但是人们将来消费就会更多。为了解决这个最优化问题，人们就必须做出关于福利函数特征的各种假设——特别重要的是，多少未来的消费需要贴现。

对于这种最优化问题，幸福研究可以提供有关的见解。特别是，随着收入增加，边际效用下降，但是这种下降的程度有多大，对于这个非常重要的问题，可以援引幸福研究的经验证据来解决。或许甚至更为重要的是，幸福研究可以指出人们对于较高收入水平的适应性，并且人们会同参照群体的人进行比较（正如第 3 章讨论的那样）。在宏观经济学的增长理论中，这些方面影响着人们幸福感的可持续性，但是它们却被学者几乎完全忽略了。然而，幸福研究表明，这些方面具有极大的经验相关性。如此知识考虑了全新的、重要的程度方面，在什么程度上经济增长增加了个人幸福感，它又是如何增加的。迅速的适应效应以及强烈的位置效应，二者使得将提高人均收入水平，作为增进幸福的主要目标，已经极大地失去了吸引力。

在此，我们需要再次指出的是，纳入经济理论之中的幸福研究成果，它们是否足够大，大到足以称之为一场"革命"，这确实是一个可以争论探讨的问题。但是，幸福研究提供的很多全新见解，对于如何解构最优化的问题，确实也有相当大的帮助，这一点是毋庸置疑的。

15.3　政策

本书已经强调了幸福研究的结论，对于制定经济政策的重要作用。这里，还需再次提醒读者，应该特别注意以下三个方面。

1. 建立因果关系

对于制定经济政策来说，需要具备一个重要的前提条件，就是要确立因果关系对政策结果的影响，而且是要牢固地确立这种因果关系的影响。仅有相关性是不够的，因为相关性可能是由第三个变量或选择性影响所引起的。例如，比起受雇于他人的人来，自我雇佣的人自陈的工作满意度更高；比起不从事志愿工作的人来，从事志愿工作的人更幸福；比起未婚的人来，结婚的人生活更幸福。但是，仅仅据此就立即、简单地得出结论——如果选择自我雇佣、志愿工作和结婚的人增加，人们的幸福感也会增加——那就错了。相反，可能是较幸福的人更可能选择自我雇佣、志愿工作、结婚。在第7章和第8章的讨论中，已经清楚地表明，两者因果关系的方向是相关的。这就是一个关于重要政策后果的见解。这种见解清楚地表明，一项直接或间接支持自我雇佣、志愿工作、婚姻的政策，大概能够增加人们的幸福。但是，这只是一个初步印象（prima facie）。

2. 权衡的评估

有些宏观经济变量之间往往是相互冲突的，当决策者在冲突中面临选择时，幸福研究可以为他们提供重要的经验证据。最重要的经典性权衡，就是失业和通货膨胀之间的权衡。在许多国家，类似重要的权衡发生在经济增长和平等之间，或经济增长和失业之间。第13章警告我们，幸福理论不应当用来设法追求社会总福利最大化。与此相反，幸福研究提供的大量见解，它们应该作为一种重要的输入，纳入这样一个政治过程之中，也就是如何评估宏观经济变量之间的权衡过程。特别需要指出的是，有关幸福的研究强烈建议，失业强加给人一个巨大的成本。同时，它也表明，保障失业者的收入安全是不能完全补偿失业者的。更确切地说，他们心理压力方面的成本也应纳入考虑之中。

3. 制度设计

通过幸福研究，我们能够更加清楚地看到这样一种后果，也就是不同制度设计对人们幸福感的影响。依据第14章援引的经验证据，更广泛的政治参与权和联邦制，它们可以极大地增加人们的生活满意度。然而，还有许多其他的制度，它们对个人效用的影响，不仅可以而且应当加以研究。一个例子是程度的决定问题，一个独立的中央银行和独立的司法制度，它们在什么程度上增加了个人的幸福。

对于经济政策来说，幸福研究已经做出了全然一新、行之有效的贡献，而且这种贡献远远超出了此前的幸福研究。对此，人们可能极少存在怀疑。因此，这里绝非牵强附会地说，幸福研究对于政策也产生了一种革命性的影响。

15.4　革命只是开始

如果可以这样说的话，幸福研究对于经济学（同样也对其他社会科学）产生了一个革命性的影响，那么现有的知识状况也仅仅只是第一步。对于这一点，本书已经一再反复地指出。

非常遗憾的是，我们的知识是不完全的。很多东西仍然处于不知道和不确定的状况，许多令人感兴趣的问题也根本没有予以说明。特别重要的是，我们极少知道，什么结论恰好可以应用到什么情境之中。例如，在瑞士发现的政治参与权增加的积极影响，它适用于其他的时期，其他的民主类型、传统和文化吗？在幸福研究的背景中，这些问题还没有得到研究，但是，我希望将来能够得到研究。

另外，还有一个问题，它也是我们需要更多掌握的一个问题，就是从一个较长远的时期看，人们的幸福到底如何发展。现有的研究强烈表明，比起影响因素的变化来，幸福水平的高低较少依靠影响因素的水平。就很多决定幸福的因素而言，诸如收入或离婚，受到巨大积极或消极因素影响的人，在经过一段时间后，他们的幸福感常常能够回到基线水平。在一定程度上，他们能够适应和应付积极或消极因素的影响。幸福的可持续性（sustainable）非常重要，更多地掌握这些调整过程的特点，将有助于我们较好地理解幸福的可持续性。

如此众多的问题仍待探究，这是对学者的一个挑战；革命大幕只是徐徐开启，这同样是对学者的一个挑战。特别是对于年轻的经济学者，他们理应被吸引到这个领域中来。在这个研究幸福的处女地中，有如此令人感到兴趣盎然的工作，值得年轻的经济学者踊跃地投身其中，大显身手、大展宏图。